Os Orixás na Umbanda e no Candomblé

Diamantino Fernandes Trindade
Ronaldo Antonio Linares
Wagner Veneziani Costa

Os Orixás na Umbanda e no Candomblé

MADRAS

© 2025, Madras Editora Ltda.

Editor:
Wagner Veneziani Costa (*in memoriam*)

Produção e Capa:
Equipe Técnica Madras

Revisão:
Arlete Genari
Denise R. Camargo
Vera Lucia Quintanilha

Dados Internacionais de Catalogação na Publicação (CIP)
(Câmara Brasileira do Livro, SP, Brasil)

Trindade, Diamantino Fernandes
Os orixás na umbanda e no candomblé/
Diamantino Fernandes Trindade, Ronaldo Antonio
Linares, Wagner Veneziani Costa. – São Paulo: Madras, 2025.
ISBN 978-85-370-0412-8

6 ed.

1. África – História 2. Afro-brasileiros –
Religião 3. Candomblé (Culto) 4. Orixás 5. Umbanda
(Culto) I. Linares, Ronaldo Antonio. II. Costa,
Wagner Veneziani. III. Título.
08-07376 CDD-299.6

Índices para catálogo sistemático:
1. Cultos afro-brasileiros: Religião 299.6

Proibida a reprodução total ou parcial desta obra, de qualquer forma ou por qualquer meio eletrônico, mecânico, inclusive por meio de processos xerográficos, incluindo ainda o uso da internet, sem a permissão expressa da Madras Editora, na pessoa de seu editor (Lei nº 9.610, de 19.2.98).
Todos os direitos desta edição reservados pela

MADRAS EDITORA LTDA.
Rua Paulo Gonçalves, 88 — Santana
CEP: 02403-020 — São Paulo/SP
Tel.: (11) 2281-5555 – (11) 98128-7754
www.madras.com.br

Dedicamos
esta obra ao grande médium do
Caboclo das Sete Encruzilhadas
Zélio Fernandino de Moraes,
a Zélia de Moraes Lacerda,
a Zilmeia de Moraes Cunha
e a todos os umbandistas e adeptos dos
cultos afro-brasileiros.

Índice

Os Autores 13
Apresentação 19
Introdução 21
A Criação e Geração dos Orixás – O Nascimento de Exu 23

Capítulo 1
Zélio de Moraes e o Surgimento da Umbanda 29

Capítulo 2
As Sete Linhas da Umbanda 41

Capítulo 3
Lendas Africanas sobre os Orixás 51

Capítulo 4
Oxalá 55
   1. Lenda africana sobre Oxalá 55
   2. Resumo histórico da vida de Jesus Cristo 57
   3. Sincretismo religioso 65
   4. Características de Oxalá 66
   5. Elemento – Domínio – Metal – Ervas – Flor Sagrada 67
   6. Datas comemorativas – Dia da semana 67
   7. Saudações a Oxalá 68
   8. Cores representativas 68
   9. Instrumentos de culto 69

10. Características dos filhos de Oxalá 69
11. Pontos riscados 70
12. Pontos cantados 71
13. Comida de santo (Orixá) e animais consagrados a Oxalá ...75
14. Obrigação a Oxalá na Umbanda...........................76

Capítulo 5
Inhaçã 89
1. Lenda africana sobre Inhaçã.................................89
2. Resumo histórico da vida de Santa Bárbara.......92
3. Resumo histórico da vida de Santa Catarina......94
4. Sincretismo religioso...95
5. Características de Inhaçã......................................96
6. Elemento – Domínio – Metal – Ervas – Flor Sagrada 97
7. Datas comemorativas – Dia da semana..............97
8. Saudações a Inhaçã 98
9. Cores representativas..98
10. Instrumentos de culto 99
11. Características dos filhos de Inhaçã 99
12. Pontos riscados 101
13. Pontos cantados 102
14. Comida de santo (Orixá) e
animais consagrados a Inhaçã 105
15. Obrigação a Inhaçã na Umbanda 105

Capítulo 6
Cosme e Damião (IBEJI)..113
1. Lenda africana sobre Ibeji..................................113
2. Doum – Lenda ou Orixá?...................................116
3. Resumo histórico da vida de São Cosme e São Damião...117
4. Resumo histórico da vida de São Crispim e
São Crispiniano 121
5. Sincretismo religioso...122
6. Características de Ibeji 123
7. Elemento – Domínio – Metal – Ervas – Flor Sagrada 124

8. Datas comemorativas – Dia da semana 124
9. Saudações a Ibeji 125
10. Cores representativas 125
11. Instrumentos de culto 125
12. Características dos filhos de Ibeji (Cosme e Damião) 126
13. Pontos riscados 127
14. Pontos cantados 127
15. Comida de santo (Orixá)
e animais consagrados a Ibeji 129
16. Obrigação a Ibeji na Umbanda 130

Capítulo 7
Ogum 139
1. Lenda africana sobre Ogum 139
2. Resumo histórico da vida de São Jorge 141
3. Resumo histórico da vida de Santo Antonio 145
4. Sincretismo religioso 147
5. Características de Ogum 149
6. Elemento – Domínio – Metal – Ervas – Flor Sagrada 150
7. Datas comemorativas – Dia da semana 150
8. Saudações a Ogum 150
9. Cores representativas 150
10. Instrumentos de culto 151
11. Características dos filhos de Ogum 151
12. Pontos riscados 152
13. Pontos cantados 153
14. Comida de santo (Orixá)
e animais consagrados a Ogum 157
15. Obrigação a Ogum na Umbanda 158

Capítulo 8
Oxóssi 167
1. Lenda africana sobre Oxóssi 167
2. Resumo histórico da vida de São Sebastião 168
3. Sincretismo religioso 172

4. Características de Oxóssi 173
5. Elemento – Domínio – Metal – Ervas – Flor Sagrada 174
6. Datas comemorativas – Dia da semana............................174
7. Saudações a Oxóssi 174
8. Cores representativas 174
9. Instrumentos de culto 175
10. Características dos filhos de Oxóssi................................175
11. Pontos riscados 176
12. Pontos cantados 177
13. Comida de santo (Orixá) e animais consagrados
a Oxóssi..181
14. Obrigação a Oxóssi na Umbanda....................................182

Capítulo 9
Yemanjá...191
1. Lenda africana sobre Yemanjá 191
2. Resumo histórico da vida de Maria...................................192
3. Sincretismo religioso...201
4. Características de Yemanjá 202
5. Elemento – Domínio – Metal – Ervas – Flor Sagrada 202
6. Datas comemorativas – Dia da semana............................202
7. Saudações a Yemanjá..203
8. Cores representativas 204
9. Instrumentos de culto 204
10. Características dos filhos de Yemanjá.............................205
11. Pontos riscados 206
12. Pontos cantados 208
13. Comida de santo (Orixá) e animais consagrados
a Yemanjá...211
14. Obrigação a Yemanjá na Umbanda..................................212

Capítulo 10
Oxum 223
1. Lenda africana sobre Oxum 223
2. Resumo histórico da vida de Maria...................................225

3. Sincretismo religioso...226
4. Características de Oxum 227
5. Elemento – Domínio – Metal – Ervas – Flor Sagrada 228
6. Datas comemorativas – Dia da semana............................228
7. Saudações a Oxum 229
8. Cores representativas..229
9. Instrumentos de culto 229
10. Características dos filhos de Oxum 230
11. Pontos riscados..231
12. Pontos cantados...231
13. Comida de santo (Orixá) e animais consagrados a Oxum...236
14. Obrigação a Oxum na Umbanda 237

Capítulo 11
Xangô...245
1. Lenda africana sobre Xangô..245
2. Resumo histórico da vida de São Jerônimo 247
3. Resumo histórico da vida de Moisés................................250
4. Sincretismo religioso...251
5. Características de Xangô...252
6. Elemento – Domínio – Metal – Ervas – Flor Sagrada 253
7. Datas comemorativas – Dia da semana............................253
8. Saudações a Xangô 254
9. Cores representativas..254
10. Instrumentos de culto 254
11. Características dos filhos de Xangô 255
12. Pontos riscados..256
13. Pontos cantados...258
14. Comida de santo (Orixá) e animais consagrados
a Xangô 263
15. Obrigação a Xangô na Umbanda 264

Capítulo 12
Nanã Buruquê 271
1. Lenda africana sobre Nanã Buruquê 271

2. Resumo histórico da vida de Sant'Ana 273
3. Sincretismo religioso 275
4. Características de Nanã Buruquê 275
5. Elemento – Domínio – Metal – Ervas – Flor Sagrada 276
6. Datas comemorativas – Dia da semana 276
7. Saudações a Nanã Buruquê 277
8. Cores representativas 277
9. Instrumentos de culto 277
10. Características dos filhos de Nanã Buruquê 279
11. Pontos riscados 280
12. Pontos cantados 280
13. Comida de santo (Orixá) e animais consagrados
a Nanã Buruquê 283
14. Obrigação a Nanã Buruquê na Umbanda 283

Capítulo 13
Obaluaiê 291
1. Lenda africana sobre Obaluaiê 291
2. Resumo histórico da vida de São Lázaro 293
3. Resumo histórico da vida de São Roque 296
4. Sincretismo religioso 298
5. Características de Obaluiaê 299
6. Elemento – Domínio – Metal – Ervas – Flor Sagrada 299
7. Datas comemorativas – Dia da semana 300
8. Saudações a Obaluaiê 300
9. Cores representativas 300
10. Instrumentos de culto 300
11. Características dos filhos de Obaluaiê 301
12. Pontos riscados 302
13. Pontos cantados 302
14. Comida de santo (Orixá) e animais consagrados a
Obaluaiê 304
15. Obrigação a Obaluaiê na Umbanda 305

Os Autores

Ronaldo Antonio Linares

Filho de fé do famoso Babalaô Joãozinho da Gomeia, a quem conheceu muito jovem, quando dava seus primeiros passos no Candomblé, nos subúrbios do Rio de Janeiro.

Babalaô da Roça de Candomblé Obá – Ilê (digina do autor).

Radialista especializado em programas de divulgação da Umbanda e do Candomblé na rádio Cacique, de São Caetano do Sul, em que participa dos seguintes programas: "Yemanjá dentro da noite", "Ronaldo fala de Umbanda" e, por quase 18 anos consecutivos, "Umbanda em Marcha", além da programação diária "Momento de Prece".

Foi o primeiro a mencionar a figura de Zélio de Moraes em jornais de grande circulação em São Paulo, como *Diário do Grande ABC* e *Notícias Populares*.

Foi colunista do jornal *A Gazeta do Grande ABC*.

Na televisão, participou durante quase quatro anos do programa "Xênia e você", na TV Bandeirantes. Participou como produtor e apresentador durante seis meses do programa "Domingos Barroso no Folclore, na Umbanda e no Candomblé", programa dominical com duas horas de duração, na TV Gazeta.

Porta-voz oficial do Superior Órgão de Umbanda do Estado de São Paulo (Souesp), título que lhe foi concedido pelo General Nelson Braga Moreira.

Diretor-presidente da Federação Umbandista do Grande ABC desde novembro de 1974.

Criador do primeiro Santuário Umbandista do Brasil, o Santuário Nacional da Umbanda, no Parque do Pedroso, em Santo André, São Paulo.

Membro permanente da diretoria do Souesp desde 1970.

Cavaleiro de Ogum, honraria que lhe foi concedida pelo Círculo Umbandista do Brasil.

Em 15 de novembro de 2005, foi agraciado com a Medalha Zélio de Moraes pelo Instituto Cultural de Apoio às Religiões Afro.

Ronaldo Antonio Linares considera a maior honraria de sua vida a de ter conhecido em vida, e privado da amizade, o senhor Zélio Fernandino de Moraes, Pai da Umbanda, considerando-se filho espiritual de sua filha Zilmeia de Moraes da Cunha.

Diamantino Fernandes Trindade

Professor de História da Ciência do Centro Federal de Educação Tecnológica de São Paulo.

Master Science in Education Science pela City University Los Angeles.

Mestre em Educação pela Universidade Cidade de São Paulo.

Doutor em Educação pela PUC-SP.

Autor de livros sobre Educação e Ciências: *A História da História da Ciência, Temas Especiais de Educação e Ciências, O Ponto de Mutação no Ensino das Ciências, Os Caminhos da Educação e da Ciência no Brasil,* e outros.

Autor de livros sobre Umbanda: *Umbanda e Sua História, Umbanda – Um Ensaio de Ecletismo, Iniciação à Umbanda* e outros.

Filho de fé do Babalaô Ronaldo Antonio Linares.

Foi médium do Templo de Umbanda Ogum Beira-Mar, dirigido por Edison Cardoso de Oliveira durante nove anos.

Vice-Presidente da Federação Umbandista do Grande ABC no período de 1985 a 1989 e Membro do Conselho Consultivo do Superior Órgão de Umbanda do Estado de São Paulo no mesmo período.

Relator do Fórum de Debates: A Umbanda e a Constituinte, realizado na Assembleia Legislativa de São Paulo, em 1988.

Foi colunista do jornal *Notícias Populares*, escrevendo aos domingos sobre a história e os ritos da Umbanda.

Pesquisou os cultos de Umbanda e Candomblé em vários terreiros brasileiros, visitando várias vezes a Tenda Nossa Senhora da Piedade e a Cabana de Pai Antonio, onde conviveu com Zélia de Moraes Lacerda e Zilmeia de Moraes da Cunha.

Durante sete anos, dirigiu o Templo da Confraria da Estrela Dourada do Caboclo Sete Lanças.

Wagner Veneziani Costa

Wagner Veneziani Costa nasceu em 25 de agosto de 1963. É virginiano com ascendente em Virgem e Lua em Escorpião. Em 31 de agosto de 1991, casou-se com Sônia Veneziani Costa. Desta união, nasceram suas duas filhas: Bárbara Veneziani Costa (Saraswatti) e Giovanna Lakshimi Veneziani Costa. É Bacharel em Direito, formado nas Faculdades Metropolitanas Unidas (FMU/SP). Cursou Administração, Economia e Contabilidade na Faculdade Osvaldo Cruz. Como jornalista, é Secretário do Conselho Deliberativo da Associação dos Profissionais de Imprensa de São Paulo (Apisp).

Em sua trajetória, participou de diversos cursos: Inglês, por quatro anos, no CCAA; Curso de Constitucionalista, pelo Instituto Pimenta Bueno; Marketing e Planejamento, pela Fundação Getúlio Vargas (FGV); E-Business, pela ADMB; e Oratória.

Desde sua juventude, Wagner demonstrou interesse em se aprofundar nos estudos relacionados à espiritualidade, em seu sentido amplo. Daí, tornou-se Mestre Terapêutico. É Mestre Reiki, estando plenamente capacitado a iniciar nos níveis I, II e III, nos sistemas Tradicional, Japonês, Usui, Tibetano, Osho e Kahuna. É Terapeuta também em Reflexologia, Cromoterapia, Numerologia, Shiatsu, Massagem Psíquica e Tarô.

Sua principal atividade é a de Diretor-Presidente e Editor-Geral da Editora Madras, embora ainda atue em diversas atividades paralelas.

Em 1980, começou sua jornada espiritual, iniciando-se na Umbanda, na qual trabalhou até 1991. Em meados de 1997, conheceu Geraldo de Pádua, com quem trabalhou até 1999.

Em 1992, ingressou na Maçonaria e a partir daí atuou como Mestre de Cerimônias (1995), Orador (1997), Deputado Federal (1999), chegando a Mestre Instalado em 2001 na ARLS Madras nº 3359.

Recebeu a honraria de Garante de Amizade (*Ancient Free and Accepted Masons of Texas*), conferida pela *The Grand Lodge of Texas*, em 27 de agosto de 2002. É Membro Correspondente da Loja de Pesquisas Maçônicas *Quatuor Coronati Lodge* nº 2076 (Inglaterra). Participa ainda do Rito de York.

Em 1995, passou a fazer parte da Fraternidade Rosacruz – Amorc. Também é membro da Ordo Templi Orientis (OTO), da qual se tornou Frater e da qual recebeu seu nome oculto provindo de Vênus (Fiat Lux), sendo desta forma um Guardião da Luz. Foi batizado no Hinduísmo, também recebendo seu verdadeiro nome, e tem Ganesha como sua grande Deidade. É Xamã, iniciado em Machu Picchu, no ano de 1998, onde conviveu com os Feiticeiros Incas na floresta.

Por sua frequente ação participativa em diversos segmentos, recebeu várias láureas, dentre as quais se destacam: Grã-Cruz, pela Ordem Civil e Militar Cavaleiros do Templo – 1996; Grau de Comendador, pela Associação Brasileira de Arte, Cultura e História – 1998; Grau de Comendador, pela Soberana Ordem de Fraternidade Universal – 1999; Grão-Mestre de Cultura, pela Sociedade de Estudos de Problemas Brasileiros. É, ainda, Baba Elegan (Cargo espiritual). Em 2003, passou a ser Membro do Ilustre Conselho Estadual do GOSP; foi Grande Secretário de Cultura e Educação Maçônicas do GOSP (Gestão 2003/2007).

Foi nomeado vice-presidente da Academia Maçônica Paulista de Letras e conquistou o título de Cavaleiro de Malta, pelo Supremo Grande Capítulo dos Maçons do Arco Real do Grande Oriente do Brasil.

Em 2007, conquistou o cargo de Grande Secretário Adjunto de Relações Maçônicas Exteriores, do Grande Oriente do Brasil (GOB) e Grão-Mestre Adjunto da Grande Loja da Marca do Brasil/GOB. Em 2008, foi empossado como Secretário Geral de Planejamento do

GOB. Em 2009, 13 de novembro, passa a ser o Grande Senescal do Grande Priorado do Brasil e Grão-Mestre Adjunto dos Cavaleiros Templários e de Malta.

Aos 16 anos, Wagner Veneziani Costa já mostrava ser um escritor nato, pois em tenra idade já discorria sobre os mais variados temas. Logo, tornou-se escritor permanente; entre suas diversas obras podemos citar: *Arqueômetro – Comentários e adaptação*; *Contratos – Manual Prático e Teórico*; *Exame de Ordem*; *Dicionário Jurídico*; *Cálculos Trabalhistas*; *Lei do Inquilinato – Comentários*; *Código do Consumidor – Comentários*; *Inventário e Partilha*; *Direito Falimentar*; *Direito Civil – Perguntas e Respostas*; *Lições de Tai Ji Jian – Com Espada*; *Modelos de Contrato, Recibos, Procurações e Requerimentos*; *Filosofia Americana*; *Almas Gêmeas*; *Aromaterapia – A Magia dos Perfumes*; *Diário de Magia*; *Pompoarismo e Tantrismo*; *O Livro Completo dos Heróis Mitos e Lendas – Compilação*; *Os Sete Mestres da Grande Fraternidade Branca; Mahabharata – Poema Épico Indiano*; *O Mundo Encantado dos Orixás*; *Além do que se Ouve; Além do que se Vê; Tarô do Cigano – com 36 cartas coloridas*; *Tarô Encantado dos Gnomos*; *Tarô dos Anjos* e *Palavras de Sabedoria*. Não podemos deixar de mencionar os sucessos estrondosos *Manual Completo para Lojas Maçônicas* e, mais recentemente, *Maçonaria – Escola de Mistérios – A Antiga Tradição e Seus Símbolos,* que teve a 1ª edição esgotada em apenas seis meses.

*Esta obra não é mediúnica nem psicografada.
É fruto de árdua pesquisa e da vivência cotidiana dos
autores nos terreiros de
Umbanda e cultos afro-brasileiros.*

Apresentação

Caro leitor!

A Madras Editora traz até você uma obra que fez muito sucesso entre os umbandistas e adeptos dos cultos afro-brasileiros nas décadas de 1980 e 1990. Ao relançar este livro, a Madras dá continuidade a uma de suas metas, que é: resgatar obras importantes que não estavam disponíveis aos leitores. Nosso objetivo é mostrar a relação desses Orixás entre a Umbanda e o Candomblé, cujos trabalhos, entregas e oferendas diferem em boa parte entre si; e é justamente aí que o umbandista se questiona, quando tem que fazer uma entrega ou uma oferenda. Este livro não tem a finalidade de polemizar nem a Umbanda nem o Candomblé, mas sim de mostrar o que se deve fazer nos rituais das duas religiões.

Os autores estão trilhando um caminho que abre novos horizontes para a religião umbandista, uma vez que das centenas de trabalhos já editados não há nada de comparativo com esta obra.

Neste livro o leitor encontrará, dentre muitos temas, os aspectos históricos da Umbanda, as oferendas, as saudações, os dias da semana consagrados aos Orixás, as lendas africanas sobre os Orixás, a vida dos santos, o sincretismo religioso, as características dos filhos de cada Orixá, cores representativas, instrumentos de culto, pontos cantados e riscados, etc.

Parabéns, caro leitor! Você está de posse de uma obra que é um marco para a Umbanda e o Candomblé. A vivência dos autores está à sua disposição para elucidar questões cotidianas dos milhares de terreiros espalhados por este imenso Brasil.

Madras Editora

Introdução

Sem termos a pretensão de sermos os donos da verdade, sentimos que os adeptos da Umbanda e do Candomblé carecem de uma literatura especializada sobre o assunto de uma forma geral e sobre cada Orixá em particular. Assim sendo, e justamente por encontrarmos tantas informações divergentes, quando não contraditórias, achamos por bem darmos início a um trabalho mais detalhado, estudando com imparcialidade os diferentes Orixás, suas características, sua história e quais as influências que mais comumente atingem seus filhos de fé.

Este estudo se baseia em uma vivência espiritualista iniciada, em 1946, na Roça de Candomblé de Pai Joãozinho da Gomeia, que segue até os dias de hoje, depois de haver passado pela principal tenda de Umbanda do Brasil, a primeira, a Tenda de Umbanda Nossa Senhora da Piedade, fundada em 15 de novembro de 1908 por Zélio Fernandino de Moraes, a quem tivemos o privilégio de conhecer em vida.

Mais do que apenas uma opinião religiosa, esta modesta obra é o fruto de uma pesquisa que não termina nestas páginas, mas que, possivelmente, será incluída em um plano global que prevê uma possível codificação da Religião Umbandista.

Neste livro, abordaremos os Orixás mais cultuados, quer na Umbanda, quer no Candomblé. Sobre cada Orixá, falaremos das lendas africanas que os trouxeram até nós, do motivo do sincretismo com os santos católicos, das características e cores de cada um deles na Umbanda e no Candomblé e das obrigações[1] feitas por seus filhos de fé. Mencionaremos, ainda, os pontos cantados e riscados, a pauta musical de algumas cantigas, fotos representativas das principais cerimônias religiosas, etc.

Esperamos que este honesto e despretensioso trabalho possa ser de utilidade tanto para a família umbandista quanto para a família candomblecista e, ainda, para o leigo estudioso ou simpatizante dos cultos afro-brasileiros.

Saravá pra quem é de Saravá!

Ronaldo Antonio Linares

---

1. Faremos um estudo detalhado das obrigações, incluindo gráficos para uma melhor compreensão.

A Criação e Geração dos Orixás – O Nascimento de Exu

Extraído do livro Lendas da Criação – A Saga dos Orixás com a permissão do seu autor, Rubens Saraceni, nosso amigo, mestre e irmão.

Olorum, que cria e gera o tempo todo, havia individualizado as faculdades geradoras de suas criações. E, após feito isso, continuou a gerar nelas, só que, daí em diante, o que cada matriz gerava ficava dentro da realidade que ela era em si mesma.

E, ainda que todas estivessem em Olorum, as suas gerações já não se integravam ao todo indiferenciado que ele é em si, mas sim, passaram a ser as partes do todo, que é ele em si mesmo.

O que cada uma de sua matrizes gerava permanecia nelas, sendo que o que estava sendo gerado em uma, não sabia do que estava ou havia sido gerado em outra.

Cada uma expandia-se cada vez mais no interior de Olorum, mas sem se tocarem, porque cada uma das matrizes geradoras era uma realidade dentro dele, o senhor de todas as realidades.

Olorum, que tanto vê por fora quanto por dentro quando contempla algo, contemplou-se e viu-se pleno internamente, mas não se viu por fora.

Então ele pensou, e no seu pensar gerou uma matriz que imediatamente começou a gerar o seu exterior.

Mas, como tudo estava no seu interior, no exterior de Olorum formou-se o vazio, gerado pela matriz pensada por Ele. E ela recebeu o nome de Matriz Geradora do Vazio.

Mas, mais tarde, passou a ser chamada de Mãe Geradora do Vazio e de senhora do vazio existente no exterior de Olorum.

Só que, como ela gerava o vazio, ainda que fosse a matriz que o gerava, ela começou a sentir-se vazia. E não adiantou Olorum comunicar-lhe que havia pensado em ocupar o vazio gerado por ele com o que estava gerando nas outras matrizes, pois ela insistia que o vazio era seu e que ele deveria criar algo que o preenchesse.

Olorum pensou, pensou e pensou!

E no seu pensar, pensou uma solução, não só para a sua matriz geradora do vazio à sua volta, como para todas as outras, sobrecarregadas em suas realidades, que não paravam de se expandir no interior dele.

Então, Olorum pensou para a sua matriz geradora do vazio uma geração única, mas que a preencheria totalmente.

E Olorum depositou em sua matriz modeladora o seu pensamento, que logo gerou um ser único na criação, ser esse que a preencheu parcialmente e que, aqui na Terra, é chamado de Orixá Exu!

O Orixá Exu é fruto do desejo de sua matriz, geradora do vazio, de tornar-se plena em si mesma, e da vontade de Olorum de torná-la geradora de algo mais que o vazio.

Exu tem em sua ascendência divina Olorum, que é a plenitude em si, e a matriz geradora do vazio, que é a ausência dele no seu lado de fora.

E assim, daí em diante, sempre que Olorum contemplava a si mesmo, via no seu interior tudo o que todas as suas matrizes haviam gerado e via no seu exterior o vazio infinito, ocupado por Exu que, por ter sido gerado na matriz modeladora da matriz geradora do vazio, ora se sentia pleno, ora se sentia vazio.

Quando Exu se sentia pleno, gargalhava alegre e alegrava Olorum. Mas, quando se sentia vazio, recolhia-se ao âmago de sua matriz geradora e lamentava a solidão em que vivia, incomodando Olorum com seus lamentos, pois era unigênito e não tinha ninguém com quem compartilhar suas alegrias e suas tristezas.

Olorum pensou uma solução para o problema de Exu e, no âmago da sua matriz geradora do vazio, gerou uma forma oposta em tudo a ele mas que o completaria em tudo e o tornaria pleno em si mesmo quando se recolhesse ao âmago da matriz que o havia gerado.

E assim foi gerada uma companheira para alegrar Exu quando ele se recolhesse ao âmago da matriz que o gerara. Essa sua companheira tornou-se a moradora do interior da matriz geradora do vazio.

Mas, quando Exu se deslocava feliz no vazio infinito, ela ficava triste com a ausência dele e chorava de tristeza, lamentando ter como companheiro alguém que ficava alegre e feliz quando saía e que se sentia solitário quando retornava.

Ela só se entristecia e chorava quando ele saía, pois alegrava-se e transbordava de felicidade quando ele retornava para o interior da matriz que o havia gerado.

E ela, nesse seu transbordar de alegria e felicidade, não deixava Exu sentir-se solitário, pois não o largava um só instante, falando e sorrindo feliz o tempo todo.

Só que Exu só se alegrava e gargalhava quando saía do interior da matriz que o gerava, criando o primeiro paradoxo na criação do Divino Criador Olorum.

Não que Exu não gostasse da companhia dela que, com sua alegria e felicidade, anulava a sua solidão.

Olorum a havia pensado para que ela preenchesse a solidão dele. Mas quando ele começava a dar sinais de que estava com saudade da imensidão infinita do vazio, ela começava a entristecer-se e a soluçar.

E não adiantava Exu dizer que só ia dar uma voltinha pelo vazio e que logo estaria de volta, pois nada a alegrava novamente.

Ele virava-lhe as costas e mergulhava no vazio, esquecendo-a e voltando a gargalhar feliz.

Olorum, se de um lado ficava feliz ao ouvir as gargalhadas alegres de seu filho Exu, por outro ficava triste por causa da tristeza da sua filha que habitava no âmago da sua matriz geradora do vazio. Que problema!

Olorum pensou, pensou e pensou. E no seu pensar criou uma solução que iria influenciar tudo dali em diante. Era algo drástico e que colocaria um fim à tristeza daquela sua filha unigênita, pois ela era a única que ele gerara no âmago da sua matriz geradora do vazio no seu lado de fora.

O fato é que, quando Exu retornou e a viu alegre e feliz, desejou multiplicar-se nela e ela desejou multiplicá-lo em sua matriz modeladora e geradora.

E o que Olorum havia pensado realizou-se! E, antes de ele voltar a sentir saudades da liberdade do vazio, ela gerara, ainda pequenino, uma réplica dele, que o chamou de papai assim que balbuciou as primeiras sílabas. E também a chamou de mamãe.

Estava formada a primeira família no imenso vazio do lado de fora de Olorum.

Então ela dividia sua alegria e felicidade com Exu e com seu filhinho que, ao contrário dele, vivia grudado nela não lhe deixando muito tempo para vivenciar sua alegria e felicidade com seu companheiro. Quando ela deixou de lado o filhinho para repetir o que havia sido tão agradável, aí foi a vez do pequenino chorar e berrar que queria o colo da sua mamãe. E só se aquietou quando ela voltou até onde o havia deixado e alegrou-o e tornou-o feliz com seus carinhos maternos.

Exu, vendo aquela criança chamar para si toda a atenção da sua companheira, começou a sentir saudades da imensidão do vazio.

Então, viu que ela já não se entristecia tanto com sua partida, que, em vez de chorar, só soluçou de tristeza.

Mas o pequenino, vendo o seu pai partir e sumir no vazio, começou a chorar e a chamá-lo de volta, fazendo sua mamãe desdobrar-se para alegrá-lo, enquanto dizia-lhe que Exu logo voltaria para o âmago da matriz geradora do vazio, que é onde vive a família dele.

Exu voltou para o vazio infinito e, longe da sua família, sentiu-se livre e gargalhou feliz. Mas, chegou um momento em que começou a sentir saudades da sua companheira e do pequenino que deixara nos braços dela. Então voltou para o âmago da matriz do vazio, feliz e alegre porque sentia saudades dela e do filhinho.

Só que, ao chegar, em vez de encontrar sua companheira sorridente, alegre e rindo de felicidade com a sua volta, a encontrou com um novo filhinho nos braços enquanto o outro, já crescido, procurava chamar sua atenção, pois já estava enciumado porque a sua mãe voltara parte da atenção ao seu irmãozinho mais novo.

Ela, em vez de abraçá-lo toda feliz e contente, começou a reclamar de sua ausência e que tinha de cuidar sozinha de dois filhos, que não a largavam um só instante, não lhe dando descanso.

Foram tantas as reclamações, que Exu nem teve como sentir-se triste e solitário, pois, só para deixar de ouvir as reclamações dela, pegou o filhinho mais novo em um braço e o mais velho em outro e foi dar uma volta com eles, só voltando depois de um bom tempo e com os dois já adormecidos.

Ela, ao ficar sozinha, voltou a ficar triste e a chorar, tanto porque sentia saudade de Exu quanto dos dois filhinhos. Mas, ao vê-lo e aos filhinhos, alegrou-se por completo e sorriu alegre e feliz. Como os pequeninos se cansaram de tanto que brincaram com Exu no vazio infinito, continuaram a dormir, e ela pode tê-lo só para si por algum tempo.

E dali em diante, ainda que vivesse feliz no vazio infinito, no âmago da sua matriz geradora ele nunca mais se sentiu-se solitário e triste, pois sua família, cada vez mais numerosa, não o deixou um só instante solitário... ou em paz!

Então Olorum sorriu e pensou: " Eis aí o modelo de família que ocupará o meu lado de fora, que alegrará meus olhos sempre que eu me contemplar!"

Capítulo 1

Zélio de Moraes e o Surgimento da Umbanda

Quando do primeiro contato de Ronaldo Linares com Zélio de Moraes em 1970, este lhe narrou como tudo começou.

Em 1908, Zélio Fernandino de Moraes estava com 17 anos e havia concluído o curso propedêutico (equivalente ao atual Ensino Médio). Zélio preparava-se para ingressar na Escola Naval, quando fatos estranhos começaram a acontecer.

Às vezes ele assumia a estranha postura de um velho, falando coisas aparentemente desconexas, como se fosse outra pessoa e que havia vivido em outra época. Em outras ocasiões, sua forma física lembrava a de um felino lépido e desembaraçado, que parecia conhecer todos os segredos da natureza, os animais e as plantas.

Esse estado de coisas logo chamou a atenção de seus familiares, principalmente porque estava se preparando para seguir carreira na Marinha, como aluno oficial. Esse estado de coisas foi se agravando, e os chamados "ataques" repetiam-se cada vez com maior intensidade. A família recorreu então ao médico dr. Epaminondas de Morais, tio de Zélio e diretor do Hospício de Vargem Grande.

Após examiná-lo e observá-lo durante vários dias, reencaminhou-o à família, dizendo que a loucura não se enquadrava em nada do que ele havia conhecido, ponderando ainda que melhor seria encaminhá-lo a um padre, pois o garoto mais parecia estar endemoniado. Como acontecia com quase todas as famílias importantes, também havia na família Moraes um padre católico. Por meio desse sacerdote, também tio de Zélio, foi realizado um exorcismo para livrá-lo daqueles incômodos. Entretanto, nem esse nem os dois outros exorcismos realizados posteriormente, inclusive com a participação de outros sacerdotes católicos, conseguiram dar à família Moraes o tão desejado sossego, pois as manifestações prosseguiram, apesar de tudo.

Depois de algum tempo, Zélio passou alguns dias com uma espécie de paralisia, quando repentinamente se levantou e se sentiu-se completamente curado. Um dia alguém sugeriu que isso era coisa de espiritismo, e que o melhor era encaminhá-lo à recém-fundada Federação Kardecista de Niterói, município vizinho àquele onde residia a família Moraes, ou seja, Neves. A Federação era presidida pelo senhor José de Souza, chefe de um departamento da Marinha chamado Toque Toque.

O jovem Zélio foi conduzido, em 15 de novembro de 1908, à presença do senhor José de Souza. Estava em um daqueles "ataques", que nada mais eram do que incorporações involuntárias de diferentes espíritos. Foi conduzido à mesa pelo senhor José de Souza e tomado por uma força estranha e alheia à sua vontade, então, Zélio levantou-se e disse: *Aqui está faltando uma flor.* Ele foi até o jardim e voltou logo a seguir com uma flor, que colocou no centro da mesa. Essa atitude causou um grande tumulto entre os presentes, principalmente porque, ao mesmo tempo em que isso acontecia, ocorreram surpreendentes manifestações de Caboclos e Pretos-Velhos. O diretor da sessão achou aquilo tudo um absurdo e advertiu-os, com aspereza, citando o "seu atraso espiritual" e convidando-os a se retirarem. O senhor José de Souza, médium vidente, interpelou o espírito manifestado no jovem Zélio, e foi aproximadamente este o diálogo ocorrido:

Sr. José: Quem é você que ocupa o corpo deste jovem?

O espírito: Eu sou apenas um caboclo brasileiro.

Sr. José: Você se identifica como um caboclo, mas eu vejo em você restos de vestes clericais.

O espírito: O que você vê em mim são restos de uma existência anterior. Fui padre, meu nome era Gabriel Malagrida e, acusado de bruxaria, fui sacrificado na fogueira da inquisição por haver previsto o terremoto que destruiu Lisboa em 1775. Mas, em minha última existência física, Deus concedeu-me o privilégio de nascer como um caboclo brasileiro.

Sr. José: E qual é o seu nome?

O espírito: Se for preciso que eu tenha um nome, digam que eu sou o Caboclo das Sete Encruzilhadas, *pois para mim não existirão caminhos fechados.* Venho trazer a Umbanda, uma religião que harmonizará as famílias e perdurará até o final dos tempos.

No desenrolar dessa "entrevista", entre muitas outras perguntas, o senhor José de Souza teria perguntado se já não bastariam as religiões existentes e fez menção ao Espiritismo então praticado, e foram estas as palavras do Caboclo das Sete Encruzilhadas: "Deus, em sua infinita bondade, estabeleceu na morte o grande nivelador universal; rico ou pobre, poderoso ou humilde, todos se tornam iguais na morte, mas vocês homens preconceituosos, não contentes em estabelecer diferenças entre os vivos, procuram levar essas mesmas diferenças até mesmo além da barreira da morte. Por que não podem nos visitar esses humildes trabalhadores do espaço apesar de não haverem sido pessoas importantes na Terra, também trazem importantes mensagens do além? Por que o não aos Caboclos e Pretos-Velhos? Acaso não foram eles também filhos do mesmo Deus?"

A seguir, fez uma série de revelações sobre o que estava à espera da humanidade: "Este mundo de iniquidades mais uma vez será varrido pela dor, pela ambição do homem e pelo desrespeito às leis divinas. As mulheres perderão a honra e a vergonha, a vil moeda comprará caracteres e o próprio homem se tornará efeminado. Uma onda de sangue varrerá a Europa e, quando todos pensarem que o pior já foi atingido, uma outra onda de sangue, muito pior do que a primeira, voltará a envolver a humanidade, e um único engenho militar será capaz de destruir, em segundos, milhares de pessoas. O homem será vítima de sua própria máquina de destruição".

Prosseguindo diante do senhor José de Souza, disse ainda o Caboclo das Sete Encruzilhadas: "Amanhã, na casa onde o meu aparelho mora, haverá uma mesa posta a toda e qualquer entidade que queira se manifestar, independentemente daquilo que foi em vida; todos serão ouvidos, e nós aprenderemos com aqueles espíritos que souberem mais e ensinaremos aqueles que souberem menos, e a nenhum viraremos as costas nem diremos não, pois esta é a vontade do Pai".

Sr. José: E que nome darão a essa igreja?

O Caboclo: Tenda Nossa Senhora da Piedade, pois da mesma forma que Maria amparou nos braços o filho querido, também serão amparados os que recorrerem à Umbanda.

A denominação de "Tenda" foi justificada assim pelo Caboclo: Igreja, Templo, Loja dão um aspecto de superioridade, enquanto que Tenda lembra uma casa humilde. Ao final dos trabalhos, o Caboclo das Sete Encruzilhadas pronunciou a seguinte frase: *Levarei daqui uma semente e vou plantá-la nas Neves, onde ela se transformará em árvore frondosa.*

O senhor José de Souza fez ainda uma última pergunta: pensa o irmão que alguém irá assistir ao seu culto? Ao que o Caboclo respondeu: *Cada colina de Niterói atuará como porta-voz anunciando o culto que amanhã iniciarei.*

No dia seguinte, na rua Floriano Peixoto, 30, em Neves, Município de São Gonçalo, Estado do Rio de Janeiro, o Caboclo baixou. Na sala de jantar da família Moraes, às 20 horas do dia 16 de novembro de 1908, um grupo de curiosos kardecistas e dirigentes da Federação Espírita de Niterói estavam presentes para ver como seriam essas incorporações, para eles indesejáveis ou injustificáveis.

Logo após a incorporação, o Caboclo foi atender um paralítico, curando-o imediatamente. Várias pessoas doentes ou perturbadas tomaram passes e algumas se disseram curadas. O diálogo do Caboclo das Sete Encruzilhadas, como passou a ser chamado, havia provocado muita especulação e alguns médiuns que haviam sido banidos das mesas kardecistas, por haverem incorporado Caboclos ou Pretos-Velhos, se solidarizaram com aquele garoto que parecia não estar compreendendo o que lhe acontecia e que de repente se via como líder de um grupo religioso, obra essa que só terminaria com a sua morte, porém suas filhas, Zélia de Moraes e Zilmeia de Moraes, prosseguiram com o mesmo afã.

No final dessa reunião, o Caboclo ditou certas normas para a sequência dos trabalhos, entre elas, atendimento absolutamente gratuito, uso de roupas brancas simples, cânticos baixos e harmoniosos sem o uso de atabaques nem palmas ritmadas. A esse novo tipo de culto, que se estruturava nessa noite, ele denominou Umbanda, que seria *a manifestação do espírito para a caridade.* Posteriormente, reafirmou a Leal de Souza que Umbanda era uma linha de demanda para a caridade. Deve-se ressaltar que inicialmente o Caboclo chamou o novo culto de Alabhanda, mas considerando que não soava bem a sua vibração, substituiu-o por Aumbanda, ou seja, Umbanda. O seu ponto cantado reflete a dimensão da sua missão:

Cheguei, cheguei com Deus
Lá da Aruanda
Trazendo a Luz da Umbanda
Cheguei, cheguei com Deus
Lá da Aruanda
Trabalhador da madrugada
Eu sou Caboclo
Caboclo das Sete Encruzilhadas

Leal de Souza, poeta, escritor e jornalista, foi dirigente da Tenda Nossa Senhora da Conceição, considerada por José Álvares Pessoa uma das tendas mestras. Em uma entrevista publicada no *Jornal de Umbanda*, em outubro de 1952, relatou: *A Linha Branca de Umbanda é realmente a Religião Nacional do Brasil, pois, através de seus ritos, os espíritos ancestrais, os pais da raça, orientam e conduzem suas descendências. O precursor da Linha Branca foi o Caboclo Curuguçu, que trabalhou até o advento do Caboclo das Sete Encruzilhadas que a organizou, isto é, que foi incumbido pelos guias superiores, que regem o nosso ciclo psíquico, de realizar na Terra a concepção do Espaço.*

A história encarregou-se de mostrar e provar a exatidão das previsões do Caboclo das Sete Encruzilhadas. As duas guerras mundiais, as bombas atômicas lançadas sobre Hiroshima e Nagazaki e a grande degeneração da moral, além do poder do dinheiro e o total desrespeito à vida humana, são provas incontestáveis do poder de clarividência do Caboclo das Sete Encruzilhadas.

A comprovação da existência do frei Gabriel Malagrida pode ser feita nos seguintes livros: *Eubiose – A Verdadeira Iniciação*, de Henrique José de Souza, publicado, em 1978, pela Associação Editorial Aquarius, Rio de Janeiro, e *A História de Gabriel Malagrida*, de Paul Mury, publicado em 1992 pela Loyola.

Na Biblioteca de Amsterdã existe uma cópia do famoso processo da inquisição, traduzido da edição de Lisboa, em que é acusado de feitiçaria e de manter pacto com o diabo, que lhe havia revelado o futuro. Mais detalhes sobre o Caboclo das Sete Encruzilhadas pode ser encontrados no nosso livro *Iniciação à Umbanda*, publicado pela Madras Editora.

A Tenda Nossa Senhora da Piedade é reconhecida hoje como a primeira Tenda de Umbanda, e a data de 15 de novembro é considerada a data oficial de fundação da Umbanda.

Ronaldo Linares fez seu primeiro contato com Zélio de Moraes em 1972. Antes disso, em 1969, o pesquisador norte-americano David St. Claire fez a mesma descoberta em sua estada na Brasil, como pode ser visto em seu livro *Drums and Candles* (Tambores e Velas), editado por Doubleday and Company, Inc. – Garden City, Nova York (1971).

Quando Ronaldo Linares efetuou os primeiros contatos com Zélio de Moraes, indagou sobre a origem do ritual umbandista, e ele fez os seguintes esclarecimentos: o rito nasceu naturalmente, como consequência, principalmente, da presença do índio e do elemento negro, não tanto pela presença física do negro, mas sim pela presença do Preto-Velho incorporado, e, para ser mais preciso, no mesmo dia da primeira sessão, em 16 de novembro de 1908, Zélio incorporou Pai Antonio pela primeira vez. O Caboclo das Sete Encruzilhadas havia avisado que subiria para dar passagem a outra entidade que desejava se manifestar.

Assim, manifestou-se no corpo de Zélio de Moraes o espírito do velho ex-escravo, que parecia se sentir pouco à vontade diante de tanta gente e que, recusando-se a permanecer na mesa onde ocorrera a incorporação, procurava passar despercebido, humilde, curvado, o que dava ao jovem Zélio um aspecto estranho, quase irreal. Essa entidade parecia tão pouco à vontade que logo despertou um profundo sentimento de compaixão e de solidariedade entre os presentes. Perguntado então por que não se sentava à mesa com os demais irmãos encarnados, respondeu: *Nego num senta não, meu sinhô, nego fica aqui mesmo. Isso é coisa de sinhô branco i nego deve arrespeitá....*

Era a primeira manifestação desse espírito iluminado, mas a morte que não retoca seu escolhido, mudando-o para o bem ou para o mal, não havia afastado desse injustiçado o medo que ele tantas vezes havia sentido ante à prepotência do branco escravagista e, ante a insistência dos seus interlocutores, disse: *Num carece preocupá não, nego fica no toco que é lugá di nego....* Procurava, assim, demonstrar que se contentava em ocupar um lugar mais singelo, para não melindrar nenhum dos presentes.

Indagado sobre o seu nome, disse que era "Tonho", um preto escravo que, na senzala, era chamado de Pai Antonio. Surgiu, assim, a forma de chamar os Pretos-Velhos de Pai.

Perguntado sobre como havia sido a sua morte, disse que havia ido à mata apanhar lenha, sentiu alguma coisa estranha, sentou-se e de nada mais se lembrava.

Sensibilizado com tanta humildade, alguém lhe perguntou, respeitosamente: "Vovô, o senhor tem saudade de alguma coisa que deixou ficar na Terra?". E este respondeu: *Minha cachimba, nego qué o pito que deixou no toco... Manda muréque busca.* Grande espanto tomou conta dos presentes. Era a primeira vez que algum espírito pedia alguma coisa de material, e a surpresa foi logo substituída pelo desejo de atender ao pedido do velhinho. Mas ninguém tinha um cachimbo para ceder-lhe.

Na reunião seguinte, muitos pensaram no pedido, e uma porção de cachimbos dos mais diferentes tipos apareceu nas mãos dos frequentadores da casa, incluindo alguns médiuns que haviam sido afastados de centros kardecistas, justamente porque haviam permitido a incorporação de índios, pobres ou pretos como aquele e que, solidários, buscavam na nova casa, a Tenda Nossa Senhora da Piedade, a oportunidade que lhes fora negada em seus centros de origem. A alegria do velhinho em poder pitar novamente o seu cachimbo logo seria repetida, quando os outros médiuns já mencionados também passaram livremente a permitir a presença de seus Caboclos, de seus Pretos-Velhos e das demais entidades consideradas não doutas pelos kardecistas de então, pobres tolos preconceituosos que confundiam cultura com bondade.

Desse fato surgiu um ponto de Preto-Velho muito cantado nos terreiros de Umbanda:

Minha cachimba tá no toco
Manda muréque buscá
Minha cachimba tá no toco
Manda muréque buscá
No alto da derrubada
Minha cachimba ficou lá
No alto da derrubada
Minha cachimba ficou lá

Foi dessa maneira que foi introduzido na "mesa" espírita o primeiro rito. Outros lhe seguiram, por exemplo, quando houve a informação de que os índios tinham o hábito de fumar, pois foram eles quem primeiro descobriram as propriedades dessa planta que, enrolada em um enorme charuto, era usada coletivamente por todos os participantes de seus cultos religiosos, sendo dessa forma uma espécie de planta sagrada.

Desde que haja moderação e cautela, negar o pito ao Preto-Velho seria hoje uma grande maldade. Entretanto, deve-se sempre ter em mente que o seu uso deve ater-se somente ao rito, evitando os abusos e as deturpações que testemunhamos constantemente, não raras vezes tocando as raias do absurdo e do escândalo, para desprestígio desta religião que nasceu sob o signo da paz e do amor.

Atualmente, sabe-se que o uso do fumo pelas entidades incorporadas tem o efeito purificador, quando estas atendem algum consulente com problemas espirituais. A fumaça age como um desagregador de maus fluidos, atingindo o corpo astral dos espíritos obsessores. Além disso, a fumaça produzida pelos charutos e pelo fumo dos cachimbos cria um escudo de proteção para a aura do médium.

Por extensão desses hábitos incorporados ao terreiro, passou-se a oferecer doces às crianças incorporadas. Contudo, o que é usual nesses casos, naturalmente influindo desta ou daquela forma nas demais incorporações, sempre tem o objetivo de tratar os espíritos incorporantes como velhos e queridos amigos a quem recebemos com grande satisfação.

Com a "liberdade" trazida pelo Caboclo das Sete Encruzilhadas, as pessoas afugentadas da elitizada mesa kardecista passaram a frequentar a nova religião. Uma boa parcela dessas pessoas era da etnia negra (no Rio de Janeiro). Isso fez a Umbanda passasse a contar com uma boa parte de médiuns dessa etnia, que se sentiam muito à vontade pela ausência de preconceitos. Esses médiuns começaram a enriquecer o ritual umbandista com práticas dos cultos africanos, principalmente do Candomblé, conhecidas por eles como o sincretismo dos Orixás com santos católicos, etc.

Foram introduzidos, assim, comidas de santo, atabaques, agogôs e outros instrumentos musicais. Esses fatos ocorreram com as tendas nascidas da Tenda Nossa Senhora da Piedade, pois nesta nunca foram utilizados instrumentos musicais e palmas.

Outro fator determinante da etnia negra no Candomblé são as oferendas (obrigações aos Orixás). Os africanos tinham o hábito de fazer oferendas aos seus Orixás utilizando, por exemplo, o vinho de palma. Na situação de escravos, não tinham permissão para cultuar os seus Orixás e, tampouco, de fazer tais oferendas.

Alguns escravos, que demonstravam dotes mediúnicos, eram escolhidos pela comunidade para serem iniciados nos mistérios da sua religião. Esses escravos eram retirados, à noite, das senzalas para serem iniciados no interior da mata, junto à Natureza. O escravo iniciado deveria fazer uma oferenda ao seu Orixá. Na ausência do vinho de palma, o escravo era obrigado a "tirar" algo de valor do senhor branco (geralmente bebidas vindas de Portugal, tal como o vinho, a aguardente, etc.) para oferecer ao seu Orixá.

Justifica-se assim as obrigações dadas pelos médiuns aos seus Orixás junto à Natureza (matas, cachoeiras, pedreiras, mar, rios, etc.), geralmente à noite, em função da tradição do elemento negro.

Na Umbanda, não existem dogmas, e todos os rituais, quer para entidades, quer para os Orixás, têm a sua razão de ser, como pudemos ver nos parágrafos anteriores.

Havia na Tenda Nossa Senhora da Piedade um médium vidente, com certos dotes artísticos, que retratou o Caboclo das Sete Encruzilhadas e o Pai Antonio. A seguir mostraremos, além dessas duas pinturas, uma foto de Zélio de Moraes (abaixo).

Figura 1: Zélio de Moraes

Figura 2: Caboclo das Sete Encruzilhadas

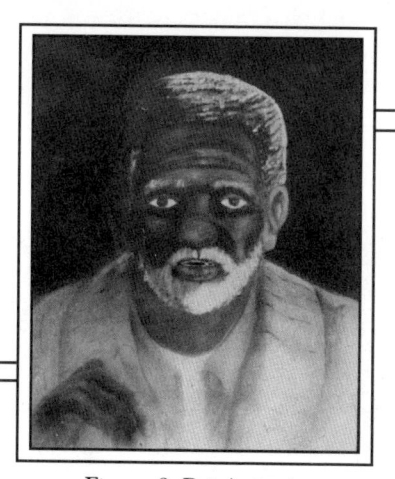

Figura 3: Pai Antonio

Capítulo 2

As Sete Linhas da Umbanda

De todos os assuntos discutidos na Umbanda, certamente o que mais provoca controvérsias é o das inúmeras linhas, ou mais propriamente "pseudolinhas" de Umbanda que, via de regra, encontramos nos mais diferentes terreiros.

Uma pesquisa realizada junto a um grupo de 48 alunos do Curso de Formação de Sacerdotes de Umbanda, da Federação Umbandista do Grande ABC, revelou que, no cômputo geral, esses alunos conheciam 33 linhas de Umbanda.

Erroneamente, costuma-se chamar linha de Umbanda toda e qualquer manifestação espiritual. Determinadas pessoas costumam enquadrar espíritos que em vida pertenceram a determinadas categorias profissionais ou viveram em determinadas regiões como pertencentes a uma certa linha de Umbanda. Exemplos disso são as "linhas" de Baianos e de Boiadeiros.

Existem ainda os que consideram as mil e uma subdivisões existentes em uma mesma linha como sendo também uma linha de Umbanda. Como exemplo podemos citar a linha de Oxóssi e as "pseudolinhas" correspondentes, tais como: linha das Matas, linha de Pena Branca, linha de Jurema, etc.

Na realidade, as linhas de Umbanda são apenas sete e, absolutamente, não comportam um universo quadrado com subdivisões exatas de sete em sete, como pretendem alguns autores que, esquecendo ou desconhecendo o papel importante desempenhado por Zélio de Moraes e pelo seu guia espiritual, o Caboclo das Sete Encruzilhadas, perdem-se em meio a um mundo de desinformações, quando na verdade basta fazer um estudo de mente aberta sobre as raízes da Umbanda, como culto de terreiro, para ver então que existe uma lógica impressionante, um crescendo notável, que, envolvendo os diferentes aspectos da existência humana, vai do nascimento à morte, do romper da aurora ao pôr do sol.

A palavra Orixá significa literalmente "Senhor da Cabeça" e, como tal, o "Santo" principal a que está ligado espiritualmente qualquer pessoa humana. "O Santo da Cabeça" é uma expressão bastante significativa, de acepção universal, sendo bastante comum o seu uso.

Em relação ao Candomblé, há uma nítida diferenciação no que se refere aos Orixás. O umbandista parte do princípio de que todo Orixá é Santo mas nem todo Santo é Orixá, em virtude do plano de hierarquia de acordo com as missões que desempenham ou desempenharam na Terra.

O Santo não é a imagem nem a história de sua vida ou de seus milagres, mas sim um foco irradiando forças espirituais em que possa atuar e um plano de vibrações na escala da espiritualidade acudindo os adeptos na busca do aperfeiçoamento.

Quando se fala em Orixá, no conceito africano, como força da natureza divinizada, compreende-se uma significação semelhante ao Deva do Hinduísmo, paralela ao que entendemos como seres ou divindades relacionadas com o homem, mas habitando os mundos que lhes são próprios.

O Orixá, em função da sua vibração na sua falange, dentro da sua linha, influi diretamente nos mensageiros espirituais, que são as entidades que incorporam o médium para os trabalhos a serem realizados. Na dualidade Santo-Orixá, há os que viveram e os que nunca tiveram passagens terrenas, da mesma maneira que os Anjos e Arcanjos, todos centralizando focos de magia astral que se procura fixar em símbolos, cores e características litúrgicas como forma de entrosamento entre o crente e o plano divino. Dessa maneira, permite ao homem que, pelo uso instrumental ou material dos objetos rituais, possa fixar o pensamento para sintonizar na intimidade do ser a convicção da sua fé e ingressar na iniciação religiosa, galgando o desenvolvimento espiritual.

O Orixá age no campo astral, imperceptível ao nosso conhecimento, para ser cultuado de maneira a haver entendimento pela maioria. Tem sido representado de forma perceptível aos nossos sentidos, simbolicamente, ou pertencendo a linhas divisórias de vibrações, como se dominassem determinados campos humanos ou naturais.

Os Orixás, na Umbanda, entrelaçam-se nas linhas de cultuação, que apresentam muita controvérsia em suas denominações e divisões, abrangendo reinos e falanges, de tal modo que não há uma unidade de entendimento, sendo geralmente distribuídos em Sete Linhas.

Leal de Souza foi o primeiro ensaísta de uma espécie de codificação umbandista e, em 1925, tentava classificar (segundo o seu conhecimento) as Sete Linhas da Umbanda sincretizadas com os Santos da Igreja Católica. Em entrevista a um jornal do Paraná, chamado *Mundo Espírita*, classificou da seguinte maneira as Sete Linhas:

OXALÁ (Nosso Senhor do Bonfim)
OGUM (São Jorge)
EUXOCE (São Sebastião)
SHANGÔ (São Jerônimo)
NHAN-SAN (Santa Bárbara)
AMANJAR (Nossa Senhora da Conceição)
AS ALMAS

Devido ao seu prestígio e conhecimento, o Primeiro Congresso Brasileiro do Espiritismo de Umbanda, realizado em 1941, no Rio de Janeiro, aprovou essas Sete Linhas.

A Tenda Nossa Senhora da Piedade tornou-se muito conhecida pelas curas "milagrosas" e fatos excepcionais; quanto mais esses fatos se repetiam, maior era o número de adeptos.

Por inspiração do Caboclo das Sete Encruzilhadas, os médiuns mais capazes foram sendo preparados para a importante missão de levar adiante o trabalho pioneiro de Zélio de Moraes que, incentivando novos médiuns, chegou mesmo a financiar contratos de aluguéis e ser, ele próprio, fiador em muitos casos dos imóveis onde seriam instaladas novas tendas, até que estas tivessem condições de se manter com a contribuição dos seus próprios médiuns.

Assim foram surgindo outras tendas: a *Tenda Nossa Senhora da Guia*, com Durval de Souza; a *Tenda Nossa Senhora da Conceição*, com Leal de Souza; a *Tenda Santa Bárbara*, com João Aguiar; a *Tenda São Pedro*, com José Meireles; a *Tenda Oxalá*, com Paulo Lavois; a *Tenda São Jorge*, com João Severino Ramos; e a *Tenda São Jerônimo*, com José Álvares Pessoa. Outra tenda nascida da Tenda Nossa Senhora da Piedade, e que ganhou projeção no Rio de Janeiro, foi a *Tenda Mirim*, fundada em 13 de outubro de 1924.

Com o decorrer dos anos, novas tendas foram surgindo no Rio de Janeiro e em outros Estados, favorecendo a rápida expansão do Movimento Umbandista. Surgiram então as tendas *Cosme e Damião, Nossa Senhora de Sant' Ana, São Lázaro, Nossa Senhora dos Navegantes, Nossa Senhora da Guia* e outras.

Inquirido, por Ronaldo Linares, a respeito de todas as Tendas levarem o nome de santos católicos (na época, o Catolicismo era a religião dominante), Zélio de Moraes justificou dizendo que tinha formação católica e que, quando iniciara o culto umbandista, o fizera a mando do Caboclo das Sete Encruzilhadas. Quase nada conhecia do africanismo. Em sua tenda, quase tudo o que existia de africanismo se instalara em consequência da presença do Preto-Velho incorporado, e não da presença física do elemento negro.

Embora houvesse negros desde o princípio frequentando a Tenda Nossa Senhora da Piedade, estes constituíam uma minoria, pois a maioria dos elementos negros procurava mais os candomblés, em que o branco era considerado estrangeiro na época.

Desde o seu início, a Umbanda nasceu caritativa. O senhor Zélio de Moraes proibia que se executassem cobranças de trabalhos espirituais. Os membros do corpo mediúnico e os adeptos se cotizavam para fazer frente às despesas havidas e, de vez em quando, alguém melhor situado na vida fazia alguma coisa mais concreta, materialmente, pela tenda, com doações em dinheiro; mas cobrar por trabalhos não era permitido. Quando do nascimento das primeiras tendas antes mencionadas e a delegação dos poderes para gerir essas mesmas tendas, alguns dos novos filhos de fé, a exemplo do que ocorre em outras formas de culto, desvirtuaram, em parte, os ensinamentos do Caboclo das Sete Encruzilhadas.

Zélio de Moraes esclareceu que dessas tendas originárias da Tenda Nossa Senhora da Piedade deveriam nascer as Sete Linhas da Umbanda, que seriam representadas por sete cores.

A primeira linha é caracterizada pela cor amarelo-ouro bem clarinho, que seria a cor da Tenda de Santa Bárbara. O Orixá correspondente é **INHAÇÃ**, que se caracteriza por ser um Orixá guerreiro, que domina também as águas, como todas as Santas Senhoras, mas exerce, além disso, seu domínio sobre os raios, as chuvas e os ventos.

Inhaçã simboliza a força mágica capaz de afastar males e influências negativas, atendendo às súplicas dos que recorrem ao seu poder vibratório, como o poder de descarregar cargas nocivas de enfeitiçamento.

A segunda linha é caracterizada pela cor rosa, correspondente à Tenda Cosme e Damião. É a linha dos espíritos das crianças, espíritos puros em corpos físicos recém-libertos do útero materno, espíritos que não tiveram a oportunidade de ampla vivência em corpos físicos, considerados ainda espíritos aprendizes. O Orixá correspondente é **IBEJI**. A universalidade dessa cultuação religiosa abrange povos que viveram em épocas distintas, bem como locais distanciados na face da Terra, em correspondência com áreas espirituais que envolvem todas as falanges e que foram simbolizadas nos cultos dos gêmeos. Nessa compreensão, apresenta um ritual apropriado, segundo antigas práticas, mas com suas raízes milenares no âmago espiritual de todos os povos, quando nem se pensava ainda em uma estruturação dos cultos espíritas.

Os cultos africanos, introduzidos pelos nagôs e bantos, trouxeram uma noção de transe infantil denominado "ERÊ" e uma concepção singular do Orixá Ibeji, representado por gêmeos, sob várias denominações (Alabá e Idolu, Cosme e Damião, Crispim e Crispiniano, etc.). Esse transe era muito considerado pela limpeza fluídica que fazia nos filhos de fé ao final das práticas de terreiro.

É interessante lembrar que os grandes homens também já foram crianças. Como existem as outras falanges de Caboclos e Pretos-Velhos, existem também as falanges de Crianças, sendo esta a única falange que consegue realmente dominar a magia, em virtude da pureza de suas vibrações.

A terceira linha é caracterizada pela cor azul. Essa é a única linha que possui mais de uma representação, com vários Santos Católicos sincretizados com ela, a saber: Nossa Senhora da Glória, Nossa Senhora da Conceição, Nossa Senhora dos Navegantes e Nossa Senhora da Guia. O Orixá correspondente é **YEMANJÁ**. Essa linha é também a primeira a ter um nome negro, que significa "Mãe Peixe". A cor azul de Yemanjá lembra o período em que a vida é gerada no útero materno, é o próprio e complexo ato da fecundação, seguido do período de desenvolvimento do feto no meio aquoso salino. Daí ser confundido ou bipartido, dando-se a Nossa Senhora da Conceição, a mãe de Jesus, o sincretismo com o Orixá da água-doce ou potável, dos rios e cachoeiras, o Orixá **OXUM**.

Yemanjá é o Orixá que possui maior cultuação, e os milhões de adeptos a homenageiam coletivamente no findar e iniciar de cada ano, fazendo a entrega das oferendas apropriadas. É, seguramente, a maior demonstração popular religiosa no Brasil ao despontar o primeiro de janeiro de cada ano.

Oxum é o Orixá que domina a água-doce, o arco-íris e suas ligações. Porém, exerce o domínio mais acentuado nas cachoeiras, em um sentido geral de purificação. Consolida no filho de fé a força mágica (axé) pelas vibrações que o envolvem, fortificando a mediunidade nos banhos de cachoeira.

A quarta linha é caracterizada pela cor verde, representativo da Tenda São Sebastião. Representa o elemento verde da natureza, as matas e o povo que nela habita, os chamados índios e seus mestiços, os Caboclos. O Orixá correspondente é **OXÓSSI**. O culto a Oxóssi envolve uma vasta falange de Caboclos que representam o elemento jovem, o espírito idealista, sendo honestos e desinteressados.

Na Umbanda, esse Orixá recebeu ou absorveu a cultuação dedicada a Ossanha, bem como as suas prerrogativas no campo das ervas medicinais, sendo de muita expressão na magia das plantas. É compreendido ainda como desbravador das almas, no aspecto espiritual, daí o sentido e a força na manifestação dos Caboclos e de suas falanges em uma altivez encorajadora dos filhos que ficam animados pela segurança dessas vibrações firmes.

Oxóssi, por meio dos fluidos das ervas, prepara e limpa com os seus banhos todas as vibrações inferiores, harmonizando as vibrações com perfumes e aromas florais. É o uso da força vital cósmica em relação às épocas lunares ou solares que se refletem nas matas e na seiva das plantas em consonância com as revoluções do sol e da lua, como na Igreja Católica determinam os ciclos das festas dos Santos.

Em seus trabalhos, os Caboclos controlam o íntimo dos consulentes com aplicações de fluidos perfumados das matas, controlando os impulsos instintivos de cada ser. Com essa ordem de emanações hauridas das matas, coloca em planos intermediários determinadas vibrações para começar a cortar a magia no astral. É o equilíbrio das forças ante a magia e a demanda. É a força cósmica da natureza, comandando a mente por intermédio dos aromas e princípios curativos das ervas, inclusive da descarga humana, por meio dos banhos e defumações purificadores que recebem das matas os elementos primordiais dessas magias.

A quinta linha é caracterizada pela cor vermelha, representando a Tenda São Jorge. O Orixá correspondente é **OGUM**, patrono da força que garante a execução da lei. É a força aplicada à manutenção da ordem e é constituída pelos espíritos de guerreiros. Ogum é um Orixá muito cultuado na Umbanda, apresentando várias entidades, que se manifestam nos terreiros de Umbanda sob os mais variados nomes, entre eles: Ogum Beira-Mar, Ogum Rompe Mato, Ogum Nagô, Ogum Sete Ondas, Ogum Yara, etc.

Ogum simboliza o vencedor de demandas com vibrações positivas, escolhidas para combater as forças do mal, luta contra as magias antepondo-se aos espíritos negativos. Com sua espada, corta a demanda sem interferência do corpo material magiado. Com ela, atinge o alvo de mais alta expressão nos campos da magia. Ogum determina a luta nesses setores vibratórios de batalhas enfrentando todos os planos de malefícios para aliviar o corpo magiado ou a mente ensombrada pelo reino das trevas.

A sexta linha é caracterizada pela cor marrom, representando a Tenda São Jerônimo. Essa linha é constituída pela força da justiça. Seu Orixá correspondente é **XANGÔ** e significa a força que resolve as pendências, dando a quem é devido o que lhe é de direito. É sempre representado como o homem no apogeu de seu desenvolvimento físico e mental, o homem maduro.

Na Umbanda, Xangô é comumente representado pela imagem de Moisés, de Michelângelo, tendo ao lado o leão submisso, que significa a vitória da razão sobre a força.

A invocação de Xangô envolve desde os 12 Apóstolos a todos os santos velhos, evidenciando a sabedoria que só o tempo e a experiência coroam, conjugando-se na sublimação da justiça, em consonância com os signos zodiacais.

No apelo comum a Xangô, afluem as forças poderosas que reluzem qual relâmpago na continuidade do trovão, cujo domínio está sob seu poder e têm no sílex ou meteorito os simbolismos imutáveis, inflexíveis da justiça, e sob cuja égide é invocado. Xangô simboliza a lei de causa e efeito, lembrando o carma, como o ribombar do trovão quebra o silêncio envolvente, como ecoa na mata o estrépito da árvore abatida pelo machado ou estronda a pedra que rola na cachoeira. Recorrem a Xangô todos os injustiçados, elevando as vibrações de suas preces e apelos, confiantes em um amanhã de redenção espiritual.

A sétima linha é caracterizada pela cor violeta ou roxo, correspondente à Tenda de Nossa Senhora Santana, que representa o elemento velho e senil. É o período em que, consciente de toda a sua existência, mas já ocupando um corpo gasto, o indivíduo espera a libertação que virá com a morte.

O Orixá correspondente é **NANÃ BURUQUÊ**. Esse Orixá é considerado como a Senhora Suprema da Umbanda. O culto que lhe é dirigido é mais restrito, assim como sua invocação é menos pronunciada; entretanto, são altamente considerados os filhos de Nanã, os quais se revelam calmos, pacientes e ponderados. Representam, entretanto, uma torrente de forças e segurança na direção dos trabalhos, sendo Nanã carinhosamente chamada, pelos adeptos, de Vovó da Umbanda.

Finalmente, temos o preto, correspondente à Tenda de São Lázaro. É a ausência da cor e da luz da vida. Zélio de Moraes explicou que as cores branco e preto não fazem parte das sete linhas, pois o branco, que é a presença da luz, existe em todas elas e o negro, que é justamente a ausência da luz, está justamente na falta delas.

O santo católico São Lázaro é sincretizado com o Orixá **OBALUAIÊ** ou **OMOLU**. Esse Orixá chefia a falange dos mortos, mas não no sentido distante, de muito tempo, por ser uma divindade ligada à terra que procede à purificação material dos corpos por meio de suas vibrações especiais, como surdas e melancólicas, que ajudam a despir o envoltório grosseiro do físico sujeito às vicissitudes e à morte. Esse Orixá encaminha as almas dos recém-falecidos e delas absorve os fluidos que se exalam da substância material, no terra-a-terra aderido ao nosso planeta, daí sua ligação aos cemitérios, onde se condensam as vibrações desse gênero, como também nos cruzeiros locais.

Contribui, assim, para o desenvolvimento do espírito na sua libertação do corpo carnal. É um Orixá que protege, e não tem o caráter vingativo que lhe pretendem atribuir; é uma porta que se abre nos trabalhos para desfazer magias maléficas, porém, exigindo muito conhecimento e segurança dos que trabalham no seu campo vibratório, sem precisar de certas matanças impressionistas, porque já dispõe, no seu próprio campo, dos fluidos cadavéricos necessários à sua atuação.

Esse Orixá é conhecido ainda pelos nomes de **XAPANÃ, ATOTÔ OMOLU** e **BABALU,** e é também sincretizado com São Roque.

O Orixá maior da Umbanda é **OXALÁ**. O respeito profundo e a forma superlativa do nome Oxalá já ressaltam em si mesmo ser mais que Orixá, pois é o Supremo para o qual convergem todas as linhas, assim perfeitamente identificado na invocação com Jesus Cristo.

Nas contas brancas dedicadas a Oxalá, sobressai o sentido de pureza, sem mácula, nessa cor que é a síntese de todas as cores irmanadas, ressaltando nesse simbolismo convergente a Força Máxima da Umbanda que constitui a Linha Suprema em que se abrigam todas as linhas e falanges, pois o seu poder é bem maior.

Capítulo 3

Lendas Africanas sobre os Orixás

São muitas e, não raras vezes, conflitantes as lendas sobre os Orixás africanos, fato justificado pela transmissão oral de fatos reais ou fantasiosos ocorridos em tempos imemoriais. Dessa forma, é preciso que, ao analisá-los, nos lembremos da mitologia greco-romana, com a qual, aliás, às vezes se confunde e outras se parecem em razão de os personagens divinos se apresentarem com hábitos, costumes e necessidades humanas.

Assim conta Nina Rodrigues, em *Os Africanos no Brasil**:

"Do consórcio de Obatalá, o céu, com Odudua, a terra, nasceram dois filhos: Aganju e Yemanjá (Aganju, a terra firme, e Yemanjá, as águas). Desposando seu irmão Aganju, Yemanjá deu à luz Orugan, o ar, as alturas, o espaço entre o céu e a terra. Orugan concebe incestuoso amor por sua mãe e, aproveitando a ausência paterna, raptou-a e a violou. Aflita, e entregue a violento desespero, Yemanjá desprende-se dos braços do filho e foge alucinada, desprezando as infames propostas de continuação às escondidas daquele amor criminoso. Orugan a persegue, mas, prestes a deitar-lhe a mão, Yemanjá cai morta. Desmesuradamente, cresce-lhe o corpo e, dos seios monstruosos, nascem dois rios que adiante se reúnem, constituindo uma lagoa. Do ventre enorme que se rompe nasceram:

---

* N. E.: *Os Africanos no Brasil*, de Nina Rodrigues, é mais um lançamento da Madras Editora.

- Dadá, deusa ou orixá dos vegetais.
- Xangô, deus do trovão.
- Ogum, deus do ferro e da guerra.
- Olokun, deus do mar.
- Oloxá, deus dos lagos.
- Oiá, deusa do rio Niger.
- Oxum, deusa do rio Oxum.
- Obá, deusa do rio Obá.
- Okô, orixá da agricultura.
- Oxóssi, deus dos caçadores.
- Ajê-Xalagá ou Ajê-Xalungá, deus da saúde.
- Xankpanã ou Xapanã, deus da varíola.
- Orum, o sol.
- Oxu, a lua.

Assim, do relacionamento incestuoso de Orugan, nosso Édipo Africano, com sua mãe Yemanjá é que nasceram os demais Orixás, cabendo então a Orugan, e não ao seu pai Aganju, a paternidade dos mencionados Orixás. Veja-se, também, que Orugan tenta manter e continuar este romance, criando assim o primeiro triângulo amoroso na história africana: deuses com paixões humanas".

Dessa mesma opinião já não concorda o não menos importante pesquisador Artur Ramos, que, em sua obra *O Folclore Negro no Brasil,* explica:

"Pode-se dizer que é com o casamento de Obatalá, o céu, com Oduduá, a terra, que se iniciam as peripécias místicas dos deuses africanos da Costa dos Escravos. Desse consórcio, nasceram Aganju, a terra firme, e Yemanjá, a água. Como nas velhas mitologias, aqui também a terra e a água se unem. Yemanjá desposa seu irmão Aganju e tem um filho, Orugan. Orugan, o Édipo Africano, representante de um motivo universal, apaixona-se por sua mãe, que procura fugir-lhe aos ímpetos arrebatados. Mas Orugan não pode renunciar àquela paixão e aproveitando-se, certo dia, da ausência de Aganju, seu pai, decide violentar Yemanjá. Esta foge e põe-se a correr, perseguida por Orugan. Ia este quase alcançá-la, quando Yemanjá cai no chão de costas e morre. Então começa seu corpo a dilatar-se. Dos enormes seios brotam duas correntes d'água que se reúnem mais adiante, até formar um grande lago.

Do ventre desmesurado que se rompe, nascem os seguintes deuses:

- Dada, deus dos vegetais.
- Xangô, deus do trovão.
- Ogum, deus do ferro e da guerra.
- Olokun, deus do mar.
- Oloxá, deusa dos lagos.
- Oiá, deusa do rio Niger.
- Oxum, deusa do rio Oxum.
- Oba, deusa do rio Obá.
- Orixá Okê, deus da agricultura.
- Oxóssi, deus dos caçadores.
- Okê, deus dos montes.
- Ajê Xalugá, deus da riqueza.
- Xapanan ou Shankpannã, deus da varíola.
- Orum, o sol.
- Oxu, a lua.

Capítulo 4

Oxalá

1. Lenda africana sobre Oxalá

Dentre todos os deuses iorubás, Oxalá é o que ocupa o lugar de maior destaque, recebendo ainda os nomes de Obatalá, O Grande Orixá, Orixalá, O Rei do Pano Branco, etc.

São inúmeras as lendas africanas sobre Oxalá. Relatamos uma lenda que nos parece das mais tradicionais, contada pelo Babalaô Pierre Fatumbi Verger, na sua obra *Orixás*, publicada pela Editora Corrupio.

Segundo Verger, Oxalá recebeu de Oludumaré (o deus supremo) a incumbência de criar o mundo com o poder de sugerir e realizar. O poder que lhe havia sido confiado não o dispensava, no entanto, de passar por certas provações e submeter se a determinadas regras e respeitar diversas obrigações como os outros Orixás.

Verger cita uma história de Ifá que conta como, em razão de sua altivez, se recusou a fazer alguns sacrifícios e oferendas a Exu, antes de iniciar sua viagem para criar o mundo.

Oxalá seguiu o seu caminho apoiado no seu cajado de estanho. Quando ia ultrapassar a porta do Além, encontrou Exu, que tinha, como uma de suas obrigações fiscalizar as comunicações entre os dois mundos. A recusa de Oxalá em realizar os sacrifícios e as oferendas causou grande descontentamento a Exu, que se vingou fazendo-o sentir uma sede intensa. Para saciar a sede, Oxalá furou, com seu cajado, a casca do tronco de um dendezeiro. O vinho de palma escorreu desse tronco, e ele bebeu com grande avidez, ficando bêbado e sem saber onde estava, adormecendo em seguida. Após haver adormecido, Exu roubou-lhe o saco da criação e dirigiu-se a Oludumaré para mostrar-lhe o estado de Oxalá. Oludumaré exclamou: "Se ele está nesse estado, vá você, Oduduá! Vá criar o mundo!". Oduduá saiu assim do além e se encontrou diante de uma extensão ilimitada de água. Deixou cair a substância marrom contida no saco da criação. Era a Terra. Formou se, então, um montículo que ultrapassou a superfície das águas. Ele colocou uma galinha cujos pés tinham cinco garras. Esta começou a arranhar e a espalhar a terra sobre a superfície das águas. Onde ciscava, cobria as águas, e a terra ia se alargando cada vez mais. Oduduá ali se estabeleceu, seguido pelos outros Orixás, e tornou se assim o rei da Terra.

Quando Oxalá acordou, não mais encontrou a seu lado o saco da criação. Nutrindo grande despeito, voltou a Oludumaré. Este, como castigo pela sua bebedeira, proibiu-o, assim como aos outros de sua família, os Orixás funfun, ou Orixás brancos, de beber vinho de palma e mesmo de usar azeite de dendê. Confiou-lhe, entretanto, como consolo, a tarefa de modelar no barro o corpo dos seres humanos, aos quais ele, Oludumaré, insuflaria a vida.

Oxalá aceitou essa incumbência; porém, não levou a sério a proibição de beber o vinho de palma e, nos dias em que se excedia no vinho, os homens saíam de suas mãos com vários defeitos físicos. Alguns eram retirados do forno antes da hora, e suas cores eram muito pálidas (albinos). Vem daí o fato de os albinos serem adoradores de Oxalá.

Nos cultos de nação, Oxalá é representado de duas formas: Oxaguian e Oxalufan. Oxaguian é o Oxalá Menino, geralmente sincretizado com o Menino Jesus de Praga. É um Orixá funfun jovem e guerreiro relacionado com o sustento cotidiano, gosta de mesa farta. Seu sustento é proveniente do fundo da terra ou da floresta. É o guerreiro da paz. Segundo algumas lendas, foi rei de Ejigbo. Gosta muito de inhame pilado e seu nome significa "Orixá que come inhame pilado". Oxalufan é o Oxalá Velho, sincretizado com Jesus Cristo. Segundo algumas lendas, foi rei de Ifan. É um Oxalá velho, curvado pelos anos, que anda com dificuldade, como se estivesse acometido de reumatismo.

Figura 4: Representação africana de Oxaguian

2. Resumo histórico da vida de Jesus Cristo

Para cerca de 800 milhões de cristãos espalhados pelo mundo inteiro, foi Jesus Cristo o Salvador, o Filho de Deus feito homem, com a missão de sofrer e morrer como os homens e resgatar, com seu sacrifício, os pecados da humanidade. Humanizou sua divindade, espiritualizando assim a humanidade. Para os historiadores em geral, mesmo os que lhe recusam a divindade, foi um dos mais extraordinários vultos de todos os tempos. Até hoje, dois mil anos depois de Cristo, uma leitura dos Evangelhos torna novamente viva sua figura, feita de terrível autoridade e grande doçura, a figura do irado profeta que expulsou os vendilhões do Templo e do manso pregador do Sermão da Montanha. As ideias de Jesus Cristo, que o Império Romano do seu tempo mal escutou de e que nenhum historiador de Roma anotou vivem e atuam ainda no mundo.

O nome de Jesus Cristo vem do hebreu *Jeshua*, Deus é o seu auxílio, e do grego *Khristós*, Cristo, tradução dada ao termo hebreu *Maxiah*, Messias, Ungido.

Figura 5: Representação africana de Oxalufan

O nascimento de Jesus Cristo ocorreu provavelmente no ano de Roma de 749, quatro antes de nossa era. Sua existência histórica é admitida pela totalidade dos críticos sérios. Assim, a única fonte para estabelecer-se a vida do Cristo é o Novo Testamento, sobretudo os quatro Evangelhos, os Atos dos Apóstolos e as Cartas de Paulo. Os autores desses escritos foram discípulos contemporâneos de Jesus Cristo. Há controvérsias sobre o valor histórico do Novo Testamento, formado de escritos religiosos.

Jesus nasceu em Belém de Judá. Seus pais foram José, descendente da família real de David, e Maria, também de estirpe real. Mateus e Lucas dão sua genealogia. O primeiro inclui a presença de duas ligações ilegítimas na linhagem de Cristo: Judá, filho de Jacó com Tamar (g. XXXVIII), e David, com a mulher de seu general Urias (II Sm. XI).

José e Maria moravam em Nazaré e foram para Belém para o censo decretado por Augusto, imperador romano. Não encontrando hospedaria na cidade, refugiaram-se em uma gruta-estábulo, onde nasceu Jesus. Pastores da região e príncipes do Oriente reconheceram na criança o Messias esperado.

O casal fugiu para o Egito. Herodes, informado da impressão causada pelo nascimento de Jesus e temeroso de seu futuro, ordenou a matança das crianças de Belém e arredores (Mt. 2,16), na esperança de, entre eles, matar Jesus. Depois da morte de Herodes, José e Maria regressaram do Egito e passaram a morar em Nazaré, onde ele era carpinteiro. Ali viveu Jesus.

No período da vida oculta do nascimento à vida pública sabemos que Jesus esteve em Jerusalém para ser circuncidado e sua mãe purificada (Lc. 2, 21 e 22), e todos os anos para a festa da Páscoa (Lc. 2, 41).

Aos 12 anos de idade, em uma dessas visitas a Jerusalém, Jesus deslumbrou os doutores do Templo pela sua interpretação das escrituras. No ano 15 do reinado de Tibério, Jesus reapareceu para ser batizado por João Batista.

Após um período de ascese (recolhimento) no deserto, passou a explicar as Escrituras na Sinagoga de sua cidade, Nazaré, na Galileia (Lc. 4, 14) e iniciando a pregação e a afirmação de poderes extraordinários que arrastavam as multidões. Dali passou para a Judeia, a Samaria e Jerusalém.

Tornou-se famoso pelo seu estilo oratório simples e incisivo, pela suave força de sua doutrina quanto às relações com Deus (Mt. 6, 9) e os semelhantes, pela fraternidade universal, pelas ações contra o sectarismo e o ritualismo dos fariseus, pela exaltação dos humildes, dos mansos e dos pobres (Mt. 5), pelo caráter universal da religião que pregava. Mais ou menos aos 33 anos, foi acusado de subverter a lei religiosa e a ordem política da Judeia.

Traído por Judas Iscariotes (hoje, com a descoberta de alguns manuscritos de Judas Iscariotes, existem controvérsias sobre esse fato), seu discípulo, foi preso no Jardim das Oliveiras, após haver celebrado a Ceia Pascal com os discípulos. Entregue ao Sinédrio, passou uma noite de humilhações, flagelos e pancadas, sendo, em seguida, levado ao governador Pôncio Pilatos que o remeteu ao rei Herodes. Este o devolveu novamente a Pilatos, que, julgando-o inocente e inócuo ao Império Romano, pensou apaziguar o povo irado com um simples castigo de açoites. Mas o povo, incitado pelos sacerdotes, gritou que o crucificassem, preferindo a liberdade do ladrão Barrabás à libertação de Jesus, que foi crucificado entre os ladrões no Monte Gólgota, também denominado Calvário.

Mesmo considerando sua história até este ponto, Jesus não pode ser confundido com os profetas que surgiram em Israel como fenômenos crônicos. Basta que se compare o conteúdo de sua mensagem acima do que havia de mais respeitado em Israel, à Lei de Moisés e os Profetas (Lc. 24, 44). Contrariando todas as tendências de seu povo, ele se identifica com Deus (Lc. 22, 69).

A diferença entre Cristo e os fundadores de religiões como Buda, Maomé e todos os demais é que ele é simultaneamente o revelador e a revelação de Deus (Jo. 2, 18, 36; 12, 48).

Os evangelhos e as epístolas não encerram a vida de Jesus com a crucificação. Três dias após o sepultamento, seus discípulos, mulheres e homens amedrontados declaram tê-lo visto, de início, aqui e ali, depois, durante quarenta dias, de maneira contínua, até sua ascensão aos céus.

Esse é o ponto central do Cristianismo, sem o qual ele se torna inútil e vão, como declara Paulo, em sua primeira Carta aos Coríntios (X Co. 15, 14). Todos os historiadores concordam que os primeiros cristãos acreditaram na sobrevivência gloriosa de Jesus. Divergem quanto à origem dessa crença. Para Reimarus (1777), foi má-fé dos discípulos que roubaram o cadáver. Para Salomão Reinack, foi a contaminação de fatores não cristãos com a ressurreição dos deuses e o culto dos heróis. Teríamos, então, uma exacerbação do messianismo judaico. Os apóstolos precisavam desenvolver um objeto de culto, fazer que o Jesus terrestre, que eles admiravam, ressuscitasse o Jesus de fé. Os cristãos católicos, ortodoxos e evangélicos colocam na origem dessa crença uma intervenção objetiva e não apenas subjetiva.

O dogma católico diz que a ressurreição de Cristo não deve ser considerada simples mistério de fé, nem como a reanimação de um cadáver, mas como mistério e fato histórico.

Há uma grande diferença contraditória entre os evangelhos apócrifos e os evangelhos a respeito da ressurreição. Os apócrifos não pormenorizam o modo da ressurreição; os sinóticos e o Evangelho de João apresentam a crença, baseada em fatos negativos, como sepultura e túmulo vazios, e positivo, como as aparições, que são distintas de visões. Não são apresentados argumentos mas testemunhas (At. 2, 32; 3, 15), que são apenas seus seguidores.

A história de Jesus Cristo e todas suas consequências prolongam a questão persistente nos Evangelhos: "Quem pensam que sou?" (Mc. 8, 27). E ele dá a resposta na perspectiva do problema psicológico e humano da salvação: aceitá-lo ou negá-lo é optar definitivamente (Mt. 10, 33; Jo. 14, 8 e 9). Respondendo à pergunta de quem era Jesus, os Evangelhos apresentam expressões com que ele mesmo se designou: Filho de Deus e Filho do Homem.

Todos esses termos devem ser entendidos de acordo com o sentido histórico. Messias não é um termo técnico do Antigo Testamento, aplicando-se a todo o povo como nação ungida, reino sacerdotal. Mas, na época de Jesus, quando o povo vivia sob o jugo romano, o termo tinha conotação que hoje seria de Libertador. O mesmo pode afirmar-se dos termos: dileto, o eleito (Lc 9, 35; 23, 35), o Filho de Davi.

Jesus teve profunda concepção de paternidade divina, entendia a Deus como Pai (17 vezes no sermão da montanha, 107 vezes no Evangelho de João). Daí o termo Filho de Deus revestir-se de particular importância, sobretudo porque ele distingue sua filiação da dos discípulos (Mt. 11, 27; Mt. 6, 9).

O calendário litúrgico acompanha os principais acontecimentos da vida de Cristo, que o fiel procura reviver: Natal ou Advento (novembro e dezembro), Quaresma, Semana da Paixão, Páscoa, Ascensão. O domingo é dedicado à Ressurreição, ao passo que na quinta-feira cememora-se a Paixão.

Fontes não biblicas sobre Jesus

A história de Jesus não está registrada em anais nem nas atas oficiais do Estado Romano, tampouco em uma obra de história judaica. As fontes não bíblicas que o mencionam são poucas e lacônicas. A mais importante é uma notícia de Tácito, historiador romano do início do século II, nos seus *Annales*.

Referindo à primeira perseguição aos cristãos, sob o imperador Nero (64 d.C.), Tácito dá a seguinte explicação à palavra cristãos: "Este nome lhes vem de Cristo, que, sob o principado de Tibério, o procurador Pôncio Pilatos havia condenado ao suplício" (Annales 15, 44).

Na vida do imperador Cláudio, o biógrafo imperial Suetônio (século II d.C) diz que: "Cláudio expulsou de Roma os judeus, que por instigação de CRESTOS (Cristo?), não cessavam de provocar tumultos" (Cláudio 25, 4). Plínio, em carta ao imperador Trajano (110 d.C.), fala dos cristãos como representantes de grosseira superstição, e conta entre outras coisas que eles se reuniam em um determinado dia e cantavam um hino à glória de Cristo, como em honra de um Deus.

É curioso notar que os seguidores de Zélio de Moraes merecem hoje, de nossa parte, umbandistas, a mesma designação usada há quase 2 mil anos aos primeiros cristãos, ou seja, representantes de grosseira superstição. Em Flavius Josephus,* cuja extensa obra, *Antiguidades Judaicas*, apareceu por volta do ano 90 d.C, Jesus é mencionado apenas em uma nota ocasional, a propósito do processo e do apedrejamento de Tiago, irmão de Jesus, o assim chamado Cristo (XX 9,1). Finalmente, o Talmude babilônico fala de Jesus, como um mago, um sedutor público, que zombou das palavras dos sábios. Teve cinco discípulos e foi enforcado na véspera da Páscoa.

Todos esses fatos servem para deixar claro que os documentos redigidos na época da Igreja primitiva, mesmo quando falam de Jesus, não o consideram um acontecimento de alcance histórico, embora não neguem que ele tenha existido.

Uma outra fonte importante sobre o assunto é a obra *Rosacruz – A vida mística de Jesus,* de H. Spencer Lewis, ex-imperator da Ordem Rosacruz (AMORC). O autor, grande pesquisador, procurou junto aos arquivos secretos da Ordem dados a respeito de Jesus e, além disso, no ano de 1929, comandou uma numerosa comitiva em uma jornada pela Palestina, Egito, Itália, Turquia, Grécia e outros países, complementando sua pesquisa.**

---

*N.E.: Sugerimos a leitura de *Seleções de Flavius Josephus,* de Flavius Josefus, Madras Editora.
**N.E.: Sugerimos a leitura de *A Vida Oculta e Mística de Jesus,* de A. Leterre, Madras Editora.

Nessa obra, o dr. H. Spencer Lewis faz menção a fatos importantes sobre Jesus, não citados nos Evangelhos. Dentre eles, destacamos os seguintes:

• Jesus pertencia à Fraternidade Essênia, um ramo da iluminada fraternidade da Grande Loja Branca, que nasceu no Egito nos anos que precederam Akhenaton, faraó do Egito e grande fundador da primeira religião monoteísta.

• Nas páginas 56, 57 e 58 dessa obra, encontramos o seguinte:

Em grande parte da literatura cristã, Jesus é chamado Nazareno, sendo comum acreditar-se que Jesus nasceu ou passou a maior parte de sua vida em Nazaré. É estranho que os estudiosos da literatura bíblica, especialmente os que escreveram tão exaustivamente sobre a vida de Jesus, apresentando em seus ensinamentos e preleções os detalhes pitorescos de sua vida, nunca tivessem dado a devida atenção ao título de Nazareno nem investigado sua significação. Todas essas autoridades, escritores e professores, presumiram que, sendo Jesus chamado Nazareno, deveria ser da cidade de Nazaré, e que, visto que ele e seus pais viveram na Galileia, a cidade de Nazaré deveria estar localizada naquela região. Com base neste raciocínio, afirma-se, de modo geral, que Nazaré foi a cidade natal dos pais de Jesus, e que Nazaré, na Galileia, foi o lugar onde Jesus passou sua infância.

O dr. H. Spencer Lewis observa, na página 57, que esteve em Nazaré por volta de 1928, e fez exaustivas pesquisas com o propósito de comprovar as declarações contidas nos registros Rosacruzes; o autor diz que, ao tempo em que Jesus nasceu, não havia cidade ou vila na Galileia com o nome de Nazaré, e que a cidade que hoje traz este nome, na Galileia, não só é uma cidade recente, mas também veio a ter este nome por causa da insistência dos investigadores em encontrar alguma localidade que tivesse o nome de Nazaré, na Galileia.

O autor justifica o título Nazareno, dado a Jesus, da seguinte maneira:

O título de Nazareno era dado pelos judeus a pessoas estranhas que não seguiam sua religião e que pareciam pertencer a um culto ou seita secreta, que existira ao Norte da Palestina por muitos séculos;

podemos verificar na Bíblia cristã que o próprio João Batista era chamado de Nazareno.

Existiu realmente uma seita chamada Os Nazarenos, citada nos registros judaicos como seita de primitivos cristãos ou, em outras palavras, aqueles que eram essencialmente preparados para aceitar as doutrinas cristãs. As enciclopédias judaicas também afirmam ser bastante evidente que os Nazarenos e os Essênios tinham muitas características em comum, e mostravam, portanto, tendência para o misticismo.

Figura 6: Imagem de Jesus Cristo

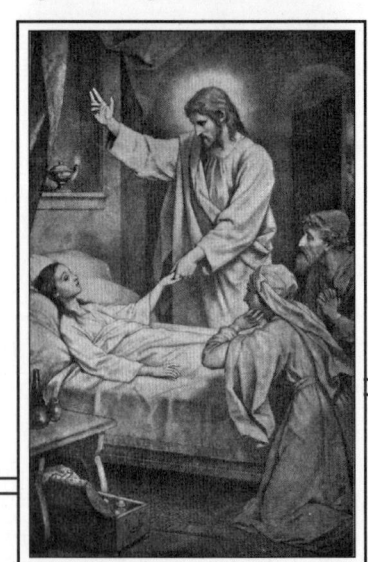

Figura 7: Jesus curador

Figura 8: A foto do congá do Templo Espiritual de Umbanda Ogum Beira Mar, São Bernardo do Campo-SP, mostra a forma mais comum de representação de Jesus nos terreiros de Umbanda.

3. Sincretismo religioso

O sincretismo religioso transfere para a pessoa de Jesus Cristo o seu símile africano Oxalá, também conhecido como Orixalá ou Obatalá. Na verdade, no período colonial, o negro escravo ouvia constantemente nas igrejas o nome de Jesus Cristo e da Sagrada Família, e pouco ou nenhuma referência ao Deus Pai do Velho Testamento, mesmo porque divulgar o Velho Testamento não era conveniente para a Igreja de então, da mesma forma que fazem hoje os chamados evangélicos, grupo dissidente do Cristianismo que, visando estabelecer o reinado do fanatismo religioso, ignora deliberadamente o Velho Testamento.

Exemplificamos com o próprio Jesus Cristo. Judeu, foi criado na atmosfera dos ensinamentos da Lei Mosaica; consequentemente, deve ter assistido e quiçá participado até mesmo de sacrifícios de animais, pois isso era rotina no Templo judeu. Segundo Hermann Wouk, na sua obra *Este é meu Deus*, o templo era parcialmente um matadouro, embora esses sacrifícios de animais tivessem sempre objetivo religioso.

A Igreja Católica substituiu o sacrifício animal pela hóstia consagrada; as Evangélicas utilizam as ceias sagradas, ambas visando evitar o Velho Testamento. Daí encontrarmos poucas referências a Deus, sem forma física, onipotente, onisciente e onipresente. Este Deus, para os africanos, acabou sincretizado com Ifá, o Espírito Santo. Seu filho Oxalá sincretizou-se, por analogia, com Jesus Cristo.

Esse sincretismo religioso sofre variações de acordo com o culto da nação, e no Novo Mundo chega até mesmo a sincretizar-se com Nossa Senhora das Mercedes (em Cuba, La Virgem de Las Mercedes).

4. Características de Oxalá

O povo africano tem, a exemplo dos cristãos, uma tríade de representações para Oxalá: Oxalá, Oxaguian e Oxalufan. Oxalá é a figura que estamos acostumados a ver representada no Meigo Rabi da Galileia, como já foi exposto. Oxalufan é representado como um elemento velho, idoso. Oxaguian, ao contrário, teria a equivalência do Menino Jesus, jovem e pujante de vida.

Por ser o principal Orixá, ou melhor, por ser um Orixá acima dos demais, intervém diretamente em todos os outros cultuados na Umbanda. No Candomblé, diferencia-se, pois o elemento negro acreditava que um ser tão superior dificilmente se importaria com o povo comum; decorre daí idolatrarem mais os Orixás comuns, fazendo apenas referências a Oxalá, a quem respeitam e temem, mas raramente lhe fazem pedidos.

Oxalá tem temperamento ao mesmo tempo calmo, sóbrio e determinado, e prende-se a minúcias. Seus filhos geralmente são muito detalhistas. Os africanos creem que sua influência é muito grande no mecanismo da fecundação.

É, em síntese, a Majestade, a Magnitude, o Ser Superior; um dos muitos nomes que lhe são atribuídos define-se por si mesmo: ODUDUÁ, o ser que existe por si próprio. Nada mais natural que, com todas essas características, ele esteja tão acima dos demais Orixás que, ao contrário destes, raramente expressa desejos humanos. É, em suma, o mais respeitado de todos os Orixás.

5. Elemento – Domínio – Metal – Ervas – Flor Sagrada

Elemento: energia espiritual
Domínio: saúde, progresso, paz, alimentação
Metal: ouro
Erva: oliveira
Flores sagradas: maracujá e girassol

Para os banhos, podem ser usadas as seguintes ervas: arruda, guiné, erva-cidreira, alecrim e hortelã. Durante o período da obrigação a Oxalá, deve ser feito um banho especial que mostraremos no item 14.

6. Datas comemorativas – Dia da semana

Uma vez que tanto o umbandista como o candomblecista seguem o calendário litúrgico apostólico romano, Oxalá é festejado em 25 de dezembro, dia de Natal, embora esta data não seja cronologicamente exata.

Por ser a iniciadora e, ao que sabemos, a única federação a realizar a festa de Oxalá, a Federação Umbandista do Grande ABC comemora Oxalá no dia 25 de dezembro. Pela dificuldade de reunir os adeptos em uma data tão voltada à família, costuma-se realizar a festa de Oxalá no dia 15 de novembro, data da fundação da Umbanda.

Na Bahia, há uma festa exclusiva dedicada a Oxalá, realizada paradoxalmente nas escadarias de um templo da Igreja Católica Apostólica Romana, o que no passado já causou sérios desentendimentos entre sacerdotes católicos e adeptos do Candomblé. Hoje tornou-se ponto de convergência turística a chamada Lavagem do Bonfim (Oxalá também sincretiza-se com o Senhor do Bonfim).

Roger Bastide nos informa que a lavagem da igreja foi primitivamente promessa de um soldado português, que voltou ileso da Guerra do Paraguai (1865-1870). Lavou o átrio e daí em diante a devoção virou hábito. Varrer e lavar igrejas por promessas é tradição portuguesa e vestígio oblacional romano.

De início, a lavagem era feita na igreja toda, e centenas de homens e mulheres, a pretexto de lavar a igreja, cantavam, dançavam, comiam e bebiam dentro do templo, sacudindo toneladas de água e quebrando centenas de vassouras. Depois da lavagem, os padres mandavam verdadeiramente lavar a igreja, suja e repleta de resíduos do ágape interminável (Câmara Cascudo, *Dicionário do Folclore Brasileiro*).

O arcebispo da Bahia, dom Luís Antônio dos Santos, por portaria de 9 de dezembro de 1889, proibiu a lavagem da Igreja do Bonfim. A partir de então, passou-se a lavar apenas as escadarias do templo.

Essa festa ocorre na quinta-feira precedente ao domingo do Bonfim.

Sobre o assunto, assim se manifesta Pierre Verger:

Essa festa é, atualmente, uma das mais populares da Bahia. Nesse dia, as baianas, vestidas de branco, cor de Oxalá, vão em cortejo à Igreja do Bonfim. Trazem na cabeça potes contendo água para lavar o chão da igreja e flores para enfeitar o altar. São acompanhadas por uma multidão, em que sempre figuram autoridades civis do estado da Bahia e da cidade de Salvador.

Em alguns candomblés da Bahia, o ano religioso inicia-se no dia 22 de setembro (entrada da Primavera). Nessa data, realiza-se a cerimônia das Águas de Oxalá, que tem a finalidade de preparar a casa para as demais cerimônias do ano religioso. Nessa cerimônia, faz-se a limpeza e a purificação de todo o terreiro abrangendo a parte espiritual e a material.

O dia da semana consagrado a Oxalá é domingo.

7. Saudações a Oxalá

A saudação mais usual a Oxalá é:
Epê, Epê, Babá!

No Candomblé, essa saudação recebe a seguinte resposta:
Babá, Okê!

8. Cores representativas

A cor representativa de Oxalá é o branco para qualquer das suas manifestações, quer na Umbanda, quer no Candomblé. Às vezes, é também representado pelo níquel ou prata ou platina polida, porque também refletem a luz intensa e se aproximam mais do branco (seria um branco metálico).

Mesmo na África negra, os filhos de Oxalá vestem-se exclusivamente de branco, e os sacerdotes de Oxalá são sempre negros albinos. Popularmente, o negro albino é chamado no Brasil de negoaço. Oxalá é também conhecido como o Rei do Pano Branco.

9. Instrumentos de culto

Na Umbanda, apenas dois objetos são considerados instrumentos de culto de Oxalá: a toalha imaculadamente branca e a guia, geralmente confeccionada com contas de cor branco leitoso.

No Candomblé, o instrumento mais tradicional é encontrado na figura de Oxalufan, que se manifesta com adé filá (*adé* = tiara; *filá* = cortina de contas). Ele apoia seus passos cambaleantes sobre um paxorô, grande bastão de metal branco, encimado por uma imagem de um pássaro e enfeitado com discos de metal e pequenos sinos. Esse instrumento já se tornou fruto de disputa pelos turistas, dada sua beleza plástica, que o torna um vistoso adorno.

Oxaguian também utiliza como cor exclusivamente o branco e o prata metálico; mas, ao contrário de Oxalufan, que dança como velho apoiado ao bastão, sua manifestação é caracterizada por atitudes lépidas, próprias da juventude, e traz nas mãos uma mão de pilão geralmente estilizado e feita de latão cromado ou mesmo de prata, um objeto também muito cobiçado pelos turistas. Na outra mão carrega uma espada.

A simples figura de Oxalá é exclusiva da Umbanda, não se manifestando como Oxalufan ou Oxaguian.

10. Características dos filhos de Oxalá

A mercê da própria presença soberana do Orixá maior da Umbanda, os filhos de Oxalá também marcam naturalmente suas próprias presenças. Destacam-se com facilidade em qualquer ambiente, são cuidadosos, generosos e, dada sua exigência no sentido de conseguir sempre a perfeição, são também detalhistas ao extremo. Curiosos, procuram saber detalhes, às vezes chegando mesmo a tornar-se aborrecidos por isso.

Pais excelentes, mães amorosas, dedicam-se com um carinho excepcional às crianças, com quem se relacionam muito naturalmente e de quem não gostam de se afastar.

Relacionam-se com facilidade com filhos dos outros Orixás; todavia, têm sempre uma certa prevenção com relação às pessoas que não conhecem muito bem. São um tanto inconstantes e se amuam ou zangam com grande facilidade. Impõem sua opinião até os extremos e, não raramente, por causa dessa característica, desentendem-se com filhos de Ogum, Inhaçã e Xangô, principalmente.

São também pessoas de grande capacidade de mando, tornando-se, não raras vezes, líderes em suas comunidades. Por outro lado, são também ensimesmados, tendo alguma dificuldade em expor problemas ou desabafar com estranhos e, às vezes, até mesmo com pessoas íntimas. A velhice tende a tornar os filhos de Oxalá irritados e rabugentos.

Por paradoxal que pareça, a vaidade masculina encontra seu mais alto ponto nos filhos de Oxalá, sempre preocupados em ostentar boa aparência e em serem agradáveis.

As filhas de Oxalá são boas mães e esposas, embora, às vezes, mostrem-se dominadoras e ciumentas. Também gostam de apresentar-se bem, embora discretamente.

11. Pontos riscados

Por influência do Cristianismo, o ponto riscado mais comum é a cruz emitindo raios de luz.

A representação mais correta, segundo o Conselho de Culto da Federação Umbandista do Grande ABC, é a figura mística e milenar do triângulo equilátero.

Figura 9

Figura 10

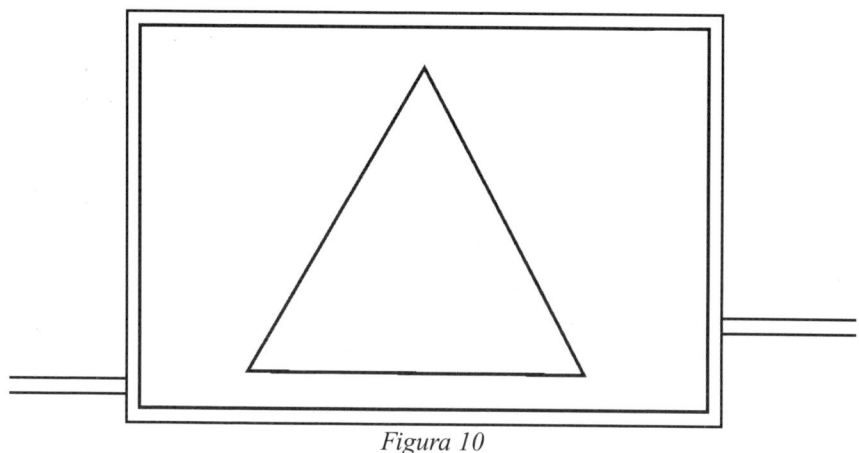

12. Pontos cantados

O ponto cantado, em sua letra singela, é apenas uma oração, uma reza cantada a Oxalá ou a qualquer outro Orixá. Citamos alguns pontos do Candomblé, normalmente chamados de "Cantigas ou Ingorossis", extraídos do trabalho Melodias Registradas por meios não mecânicos, Arquivo Folclórico da Discoteca Pública Municipal de São Paulo, volume 1, 1946.

Já na Umbanda, contamos com centenas de pontos cantados, dos quais reproduzimos os mais populares.

OFIRIMÃ

(Canto para Oxalá)

Bahia, capital — Candomblé (nagô)

Ofirimã ofirimã
ofirimã Oxaokô
Ofirimã ofirimã
ofirimã Oxaorô

"Oxaokô ou Oxaorô é o mesmo que Oxalá."

BÊRÊ KÊ TURÊ

(Oxalá)

Bahia, capital — Candomblé (nagô)

Bêrê kê turê
Bêrê kê turê ma iumba
Ossiá lá dorigena
Bêrê kê turê Babá

Ê ÓDARAMBÔ

(Canto de Oxalá)

Bahia, capital   Candomblé (nagô)

[partitura musical]

Ê ó da ram bô a ka la ô i á mo jé di dê
Ê o da ram bô a ka la ô i á mo jé di dê

E ódarambô a kalaô iá mojé di dê
E ódarambô a kalaô iá mojé di dê

"Tradução do texto nagô: Oxalá chega à roda (terreiro). Todos vão cumprimentá-lo. Ele agradece dizendo que tudo está bom, e manda-os levantar-se."

O FILÁ

(Canto de Oxalá)

Bahia, capital   Candomblé (nagô)

[partitura musical]

O fi lá la rê ô mo ri uá O xa lá la rê ô mo ri uá

O filá larêô moriuá
Oxalá larêô moriuá

> **AIDURÊ**
>
> (Canto de Oxalá)
>
> Bahia, capital   Candomblé (nagô)
>
> *[partitura musical: A-i-du-rê, A-i-du-rê, A-i-la-la da-ma fi-ra O-xa-gri-á ô]*
>
> Aidurê
> Aidurê
> **Ailala dama fira**
> Oxagriá ô

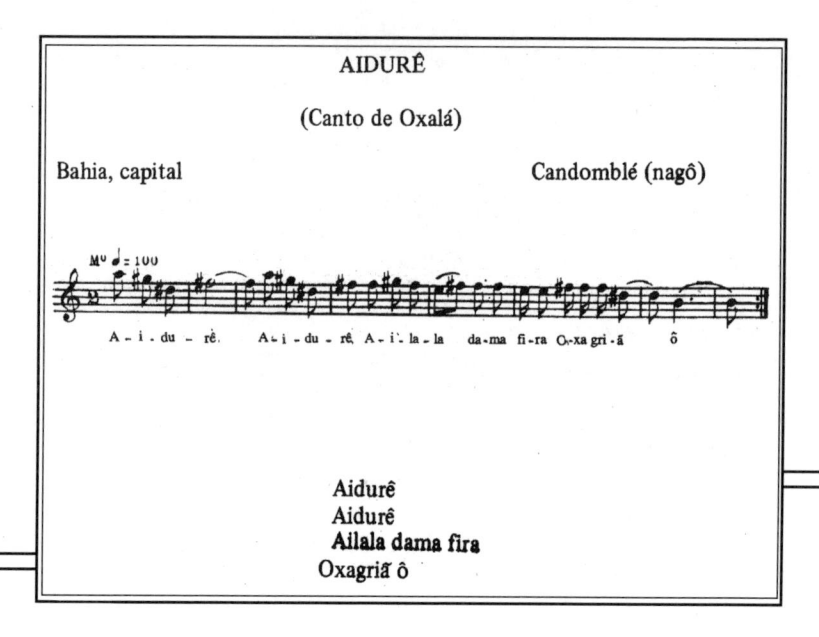

Pontos cantados de Oxalá na Umbanda

Oxalá, meu Pai!
Tem pena de nós, tem dó
A volta do mundo é grande
Seu poder ainda é maior!

Saravá sua banda! Saravá seu congá!
E São Salvador e meu Pai Oxalá!

Anjo da Guarda
Luz dos meus dias
Mandai sua Estrela
Firmai sua gira

Abre as portas gente
Que aí vem Jesus
Ele vem carregando
O peso da cruz

Vem de porta em porta
Vem de rua em rua
Para salvar as almas
Sem culpar nenhuma

Candeeiro meu, ilumina a fé
Leva essa luz, lá pro pé da cruz
Lá pro pé da cruz
Do Senhor Jesus

Quem está de ronda
Deixa ele rondar
Vai entrar de guarda
Gente de Oxalá

Já entrou de guarda
Gente de Oxalá
Quem está de ronda
Deixa ele rondar

Deu um balanço no mundo
Quando o bom Jesus nasceu
Tremeu céu, tremeu a terra
Caboclo também tremeu

Chamei, chamei
Chamei seu Orixá (bis)
Papai Oxalá é quem manda chamar
Na força da terra, na força do mar
Caboclo de Umbanda desceu da Aruanda

13. Comida de santo (Orixá) e animais consagrados a Oxalá

A comida mais usada para Oxalá é o inhame pilado e o milho cozido sem sal e sem azeite de dendê. Come também milho branco e catassol (igbim). O catassol, popularmente chamado caracol gigante, recebe a denominação de boi de Oxalá.

Oxalá come cabra, conquém (galinha d'Angola) branca e pombo branco.

14. Obrigação a Oxalá na Umbanda

O batismo ou a obrigação a Oxalá é, sem sombra de dúvidas, a mais importante de todas as obrigações, pois somente aquele que é batizado poderá participar das demais obrigações. É também a mais singela de todas. Inicia-se pela escolha dos padrinhos, que deverão anunciar ao Pai Espiritual oficiante a intenção desse filho de fé em ser iniciado em um templo em caráter oficial. A indumentária será sempre branca, evitando-se luxo e adereços desnecessários.

Antes da obrigação a Oxalá, o Babalaô joga os búzios para cada filho de fé com a finalidade de determinar seu Orixá de frente e o juntó (para mais detalhes consultar o livro *Jogo de Búzios*, de Ronaldo Antonio Linares, Madras Editora).

MATERIAL NECESSÁRIO

1. Um alguidar de tamanho médio
2. Uma vela de batismo branca (vela de cera)
3. Meio metro de fita branca (para adornar a vela)
4. Uma guia de Oxalá (miçangão branco leitoso)
5. Dois banhos de Oxalá (geralmente industrializados, pois facilita a obrigação para o filho de fé)
6. Uma toalha ritualística (para envolver a cabeça do filho de fé)
7. Duas espadas-de-são-jorge (planta)
8. Uma pemba branca

Nos três dias que antecedem a obrigação, deve-se evitar:

Carne: porque nela residem ainda restos da vibração negativa resultante da morte do animal;

Sexo: não porque seja pecado, mas porque em todo relacionamento sexual existe uma permuta de vibrações entre os participantes, e o filho de fé deve tentar ofertar sua vibração original em cada obrigação;

Álcool: pois, além de provocar alterações no campo vibratório, também exerce grande atração sobre espíritos inferiores. Os banhos são realizados na véspera e no dia da cerimônia, e consistem em diluir os produtos industrializados em mais ou menos quatro ou cinco litros de água morna, que serão despejados sobre os ombros do filho de fé após o banho de higiene. Depois de deixar escorrer todo o banho, esfregar-se vigorosamente com uma toalha felpuda bem seca.

MATERIAL UTILIZADO PELO PAI ESPIRITUAL

O material utilizado pelo Pai Espiritual para essa cerimônia constitui-se de: um alguidar onde as guias serão arrumadas, enroladas como ninhos, que, além de não permitir que essas embaracem, representem ainda a vida intrauterina, ou seja, a vida ainda dentro do elemento líquido, que caracteriza o período da formação do feto no ventre materno. É o renascimento para a vida espiritual. As guias são conservadas em elemento salino, isto é, água do mar.

1. Uma quartinha com amaci (extraído de plantas tenras; significa a força da vida).
2. Uma concha marinha ou pote de barro, ou cerâmica, contendo banha de ori (extraída da glândula suprarrenal do cordeiro, animal sagrado).
3. Uma concha natural com que o pai espiritual realiza a cerimônia das águas.
4. Uma quartinha com água do mar.
5. Uma quartinha com água da cachoeira.
6. Um amarrado de folhas de samambaia, lembrando um pincel, com o qual será espalhado o amaci na cabeça do filho de fé.

Nota explicativa

Esse cerimonial é aquele realizado apenas quando o filho de fé já tem discernimento para decidir-se pela religião umbandista. Há um outro ritual, também intitulado batismo, que se destina apenas às crianças introduzidas ainda em tenra idade no templo de Umbanda, consistindo na apresentação formal da criança à família umbandista e de pedido de bênção e luzes espirituais a Deus e aos Orixás (mais detalhes podem ser encontrados no livro *Iniciação à Umbanda,* de nossa autoria, Madras Editora).

Descrição do ritual

Após a abertura dos trabalhos, realizado normalmente, inicia-se o ritual com o Pai Espiritual (ou Mãe Espiritual) oficiante sentado em frente do congá em uma cadeira ou banco coberto com uma toalha branca, símbolo da própria Umbanda. Defronte e aos pés do Pai Espiritual ficará estendida uma esteira.

Iniciando o ritual, o médium será levado por seus padrinhos até o Pai Espiritual, e devem pedir ao novo afilhado que se ajoelhe; dirá ao mesmo que o Pai Espiritual lhe ensinará o caminho de Deus. A madrinha, que ficará à direita, mantendo acesa a vela de cera, cuja chama simboliza a Luz Divina a iluminar o iniciante, dirá ao Pai Espiritual:

"Senhor, apresento-lhe (nome completo do afilhado em alto e bom tom), que deseja ser batizado dentro da Sagrada Lei da Umbanda".

O iniciando deverá ajoelhar-se diante do Pai Espiritual e estender suas mãos para a frente, com as palmas voltadas para o alto em sinal de submissão e respeito ao mesmo. Um dos ogãs passa a pemba ao Pai Espiritual que, tomando a mão direita do iniciando, lhe traça na palma o símbolo da Umbanda (dois triângulos entrelaçados), enquanto diz:

"Com este sinal, eu te identifico como filho de fé, por Olurum, por Oxalá e por Ifá".

Esse ritual deverá ser repetido na outra palma. Em seguida, repete este mesmo sinal, três vezes, na testa do filho de fé, sempre invocando a Olurum, Oxalá e Ifá a Santíssima Trindade Umbandista ou africana.

Abaixando a cabeça do filho de fé, o Pai Espiritual cruzará seu pescoço na altura da sétima vértebra cervical, também chamada de proeminente, pois ela se destaca das demais, sendo facilmente perceptível; por ela passam os feixes nervosos que distribuem as ordens do cérebro a todo o corpo.

Nota

Cruzar as mãos em primeiro lugar simboliza que as suas mãos consagradas a Deus nunca poderão promover o mal; a cabeça, em segundo lugar, significa que as decisões devem situar-se acima dos sentidos e dos sentimentos.

Após o cruzamento com a pemba, o Pai Espiritual utiliza a banha de ori, somente na testa e no pescoço do filho de fé, enquanto diz:

"Com o ori Sagrado do Cordeiro de Deus eu te consagro, por Olorum, por Oxalá e por Ifá".

Em seguida, utilizando-se de um punhado de sal grosso, esfrega-o no alto da cabeça do filho de fé, enquanto diz:

"Você, que não passa de um punhado de terra revivida, receba em teu camutuê[2] um pouco do sal que dá vida à Terra, por Olurum, por Oxalá e por Ifá".

Usará, em seguida, a água da cachoeira, cuja concha um ogã deverá manter cheia e, despejando-a sobre a cabeça do filho de fé, dirá:

"Receba em teu camutuê um pouco da água que preserva a vida, por Olurum, por Oxalá e por Ifá".

Esse ritual deverá ser repetido com água do mar, a que deu a vida.

Terminando esta parte do cerimonial, o Pai Espiritual juntará em cruz, na altura da testa do filho de fé, as duas espadas-de-são-jorge, invertendo a posição das mesmas, enquanto diz:

"Para que nunca lhe falte a proteção de Oxóssi e Ogum, eu cruzo sua fronte com as ervas da macaia,[3] por Olurum, Oxalá e Ifá".

Nesse momento, o ogã descobre a quartinha que contém o amaci, e o Pai Espiritual, tirando dela as folhas de samambaia, lava a cabeça do filho de fé, enquanto diz:

---
2. Cabeça.
3. Mata.

"Com o amaci das flores de jurema e as ervas da macaia, cruzo teu camutuê para que mais nada reste da tua vida profana, por Olurum, por Oxalá e por Ifá".

Em seguida, pega uma das guias que se encontram no alguidar e a coloca no pescoço do filho de fé, dizendo algumas palavras. Essas palavras devem ser pessoais e diferentes para cada filho de fé; vêm sempre como fruto da observação que o pai espiritual faz do filho durante sua permanência no templo. São palavras que o Pai Espiritual tira do coração para cada filho em particular.

Depois de receber a bênção do Pai Espiritual, o filho de fé toma também a bênção dos seus padrinhos que, devolvendo-lhe a vela de cera já apagada, explicam que ela foi consagrada a lfá e, como tal, é uma vela sagrada, que será utilizada nos momentos mais importantes.

O alguidar guarda em si o axé da obrigação do batismo, da consagração do filho de fé a Oxalá e será posteriormente utilizado na obrigação a Oxum.

A toalha utilizada após a cerimônia para cobrir a cabeça do filho de fé deverá manter por mais tempo para manter os axés em sua cabeça.

O filho de fé deverá segurar o alguidar quando receber a água do mar, da cachoeira, o sal e o amaci para recolher os axés.

Cuidados com o material utilizado durante o batismo

O alguidar deve ser guardado cuidadosamente, pois, além de conter em si o axé da obrigação do batismo, será usado na obrigação a Oxum.

A pemba só poderá ser usada pelo filho de fé, ou futuro Pai ou Mãe Espiritual do templo, em situações especiais que exijam mais firmeza, ou para cruzar os seus filhos de fé.

As espadas-de-são-jorge devem ser secas e utilizadas em defumações ou banhos pelo filho de fé, quando em situações difíceis. Podem, ainda, ser colocadas em água para brotar; esses brotos podem ser utilizados em vasos ou canteiros para uso posterior, mas as duas espadas originais, após brotarem, deverão ser secadas e guardadas.

A vela do batismo foi consagrada a Ifá, podendo ser acesa aos poucos ou de uma só vez, quando o filho de fé tiver problemas graves a serem resolvidos.

A cabeça do filho de fé não deve ser lavada até as 12 horas do dia seguinte, e o preceito também será seguido igualmente até as 12 horas do dia seguinte.

Figura 11: O Pai Espiritual joga os búzios para determinar o Orixá de frente e o juntó da filha de fé

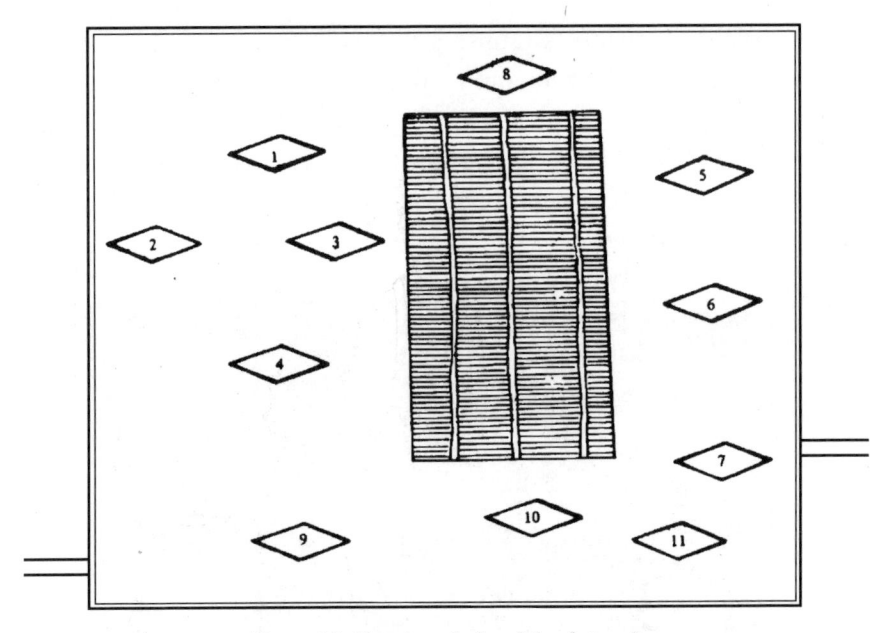

Figura 12: Esquema do local da obrigação

1: pote com água do mar; 2: pote com água da cachoeira; 3: ori ou óleo de oliva; 4: sal grosso; 5: alguidar com amaci e guia (a guia deve ficar sete dias em amaci com a vela de quarta em frente do congá – guia iluminada); 6: pote com amaci e amarrado de folhas; 7: alguidar com amaci, vela de quarta branca acesa; 8: Pai Espiritual; 9: madrinha; 10: afilhado; 11: padrinho.

Figura 13: Esquema da Obrigação a Oxalá

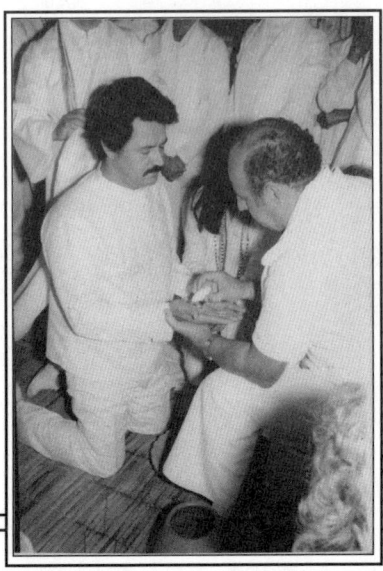

Figura 14: Pai Espiritual cruza as mãos do filho de fé.

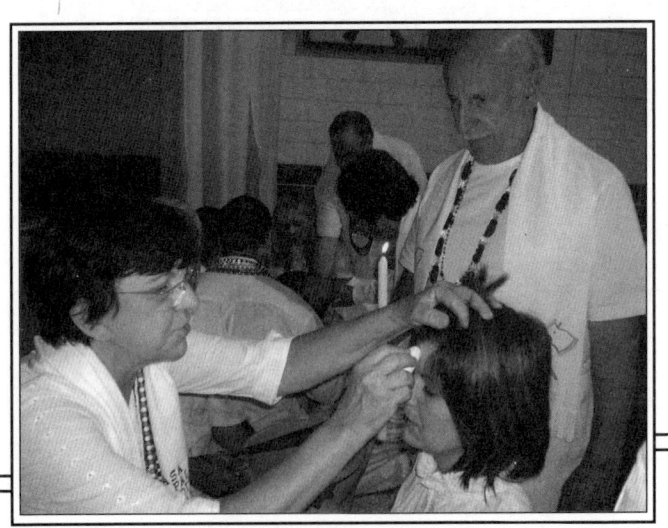

Figura 15: A Mãe Espiritual cruza a fronte da filha de fé

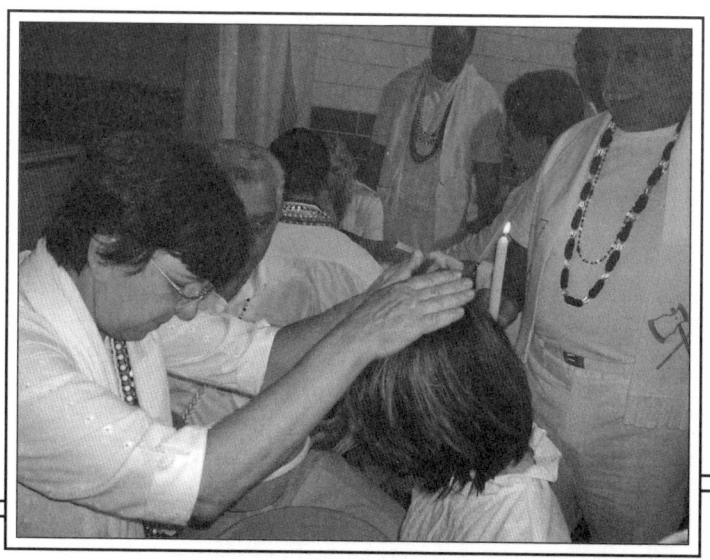

Figura 16: A Mãe Espiritual coloca sal na cabeça da filha de fé

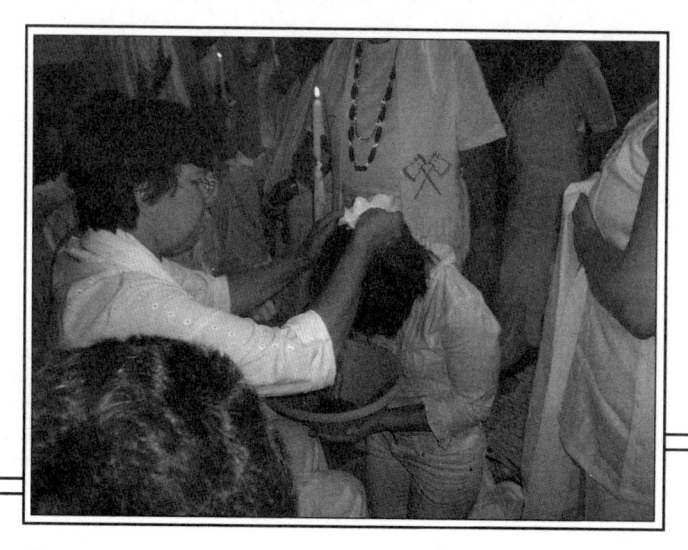

Figura 17: A Mãe Espiritual coloca água na cabeça da filha de fé

Figura 18: A Mãe Espiritual cruza as mãos do filho de fé

Figura 19: A Mãe Espiritual lava a cabeça da filha de fé com amaci

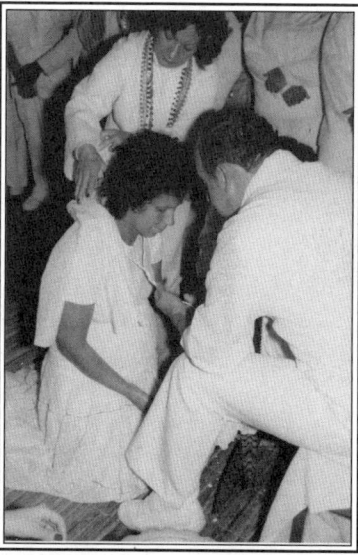

Figura 20: Filha de fé recebe a guia das mãos do Pai Espiritual

Figura 21: Prece de encerramento

Capítulo 5

Inhaçã

1. Lenda africana sobre Inhaçã (ou Iansã)

Diante das divergências comumente encontradas entre as diferentes lendas sobre os Orixás, usualmente utilizamos aquelas cujas fontes merecem maior crédito. Pierre Verger, Roger Bastide, Nina Rodrigues, Edison Carneiro e outros estudiosos são normalmente transcritos para que não reste a menor dúvida sobre a seriedade do nosso trabalho.

Da lenda de Xangô, contada por Nina Rodrigues (*Os Africanos no Brasil*[4]), extraímos o seguinte:

"Um dia Obatalá, pai de Xangô, fornecera-lhe um encanto poderoso capaz de o fazer vitorioso diante de todos ou qualquer inimigo. Xangô comeu a maior parte do *encanto* e o restante deu-o a Inhaçã para guardá-lo. Na ausência de Xangô, Inhaçã comeu parte do que lhe fora confiado. No dia seguinte, ocasião em que estava reunido *o conselho de ministros,* Xangô tomou a palavra que lhe fora concedida e de sua boca saíam labaredas, jatos de fogo, que apavorou o auditório que, por consequência, se dispersara logo após. De igual modo, acontecera a Inhaçã, palestrando com as damas ou mulheres ali reunidas...

Xangô, enfurecido, bateu com o pé sobre o solo, que se abriu, dando passagem a ele e às suas mulheres...

---
4. Obra editada pela Madras Editora.

Inhaçã, a quem estava confiado a guarda do encanto, furtara-lhe uma parte, comendo-a, o que desesperou a Xangô, que decidiu infligir um castigo a Inhaçã.

Inhaçã refugiou-se no palácio de seu irmão Olokun, acompanhando, às ocultas, o declínio do Sol. Perseguida pelo deus do trovão, Olokun tomou-lhe a defesa e travou intensa luta com o Orixá do raio. Nesse passo, em meio à luta, Inhaçã refugiou-se na casa de sua irmã Oloxá (o lago) e, logo depois, vendo que não podia ser protegida contra a ira de Xangô, fugiu para a casa do pescador Huissi.

Depois de relatar o ocorrido, pede a proteção e a defesa do pescador que, por sua vez, lhe expõe que não tem meios de defendê-la contra tão poderoso Orixá.

Inhaçã então resolveu dar a Huissi o restante do encanto e, por essa razão, o pescador transformou-se em Orixá; rapidamente saiu ao encontro do lançador de pedras, com quem travou uma luta sem proporções, levando como arma uma única árvore que existia no local e que arrancara pelas raízes.

Xangô tomou como arma a canoa de Huissi e, partidas as armas, terminaram no corpo a corpo. Receoso de ser vencido, e não podendo vencer Huissi porque já sentia fadiga, Xangô bateu o pé no solo que se abrindo ofereceu-lhe abrigo, recebendo-o. Terminada a luta, Inhaçã retirou-se para Lacôrô, onde o povo levantou um templo, que foi oferecido ao Orixá dos ventos, no qual passou a ser cultuada".

Pierre Verger, na sua obra *Orixás*, cita o seguinte:

"*Oya Yánsàn* é a divindade dos ventos, das tempestades e do rio Níger que, em yorubá, chama-se *Odò Oya*. Foi a primeira mulher de Xangô e tinha um temperamento ardente e impetuoso. Conta uma lenda que Xangô enviou-a em missão à terra dos baribas a fim de buscar um preparado que, uma vez ingerido, lhe permitiria lançar fogo e chamas pela boca e pelo nariz. Oiá, desobedecendo às instruções do esposo, experimentou esses preparados, tornando-se também capaz de cuspir fogo, para grande desgosto de Xangô, que desejava guardar só para si esse terrível poder.

Antes de se tornar mulher de Xangô, Oiá tinha vivido com Ogum. A aparência do deus do ferro e dos ferreiros causou-lhe menos efeito que a elegância, o garbo e o brilho do deus do trovão. Ela fugiu com Xangô, e Ogum, enfurecido, resolveu enfrentar o seu rival; mas este foi à procura de Olodumaré, o Deus supremo, para lhe confessar que havia ofendido Ogum. Olodumaré interveio junto ao amante traído e recomendou-lhe que perdoasse a afronta. Mas Ogum não foi sensível a esse apelo. Não se resignou tão calmamente assim, lançou-se à perseguição dos fugitivos e trocou golpes de varas mágicas com a mulher infiel, que foi dividida em nove partes".

Pierre Verger conta ainda uma outra lenda relativa ao ritual do culto de Oiá-Inhaçã em que se utilizam chifres de búfalo:

"Ogum foi caçar na floresta. Colocando-se à espreita, percebeu um búfalo que vinha em sua direção. Preparava-se para matá-lo quando o animal, parando subitamente, retirou sua pele. Uma linda mulher apareceu diante de seus olhos. Era Oiá-Inhaçã. Ela escondeu a pele em um formigueiro e dirigiu-se ao mercado da cidade vizinha. Ogum apossou-se do despojo, escondendo-o no fundo de um depósito de milho, ao lado de sua casa, indo em seguida ao mercado fazer a corte à mulher-búfalo. Ele chegou a pedi-la em casamento, mas Oiá recusou inicialmente. Entretanto, ela acabou aceitando, quando, de volta à floresta, não mais achou sua pele. Oiá recomendou ao caçador não contar a ninguém que, na realidade, ela era um animal. Viveram bem durante alguns anos. Ela teve nove crianças, o que provocou o ciúme das outras esposas de Ogum. Estas, porém, conseguiram descobrir o segredo da aparição da nova mulher. Logo que o marido se ausentou, elas começaram a cantar: *Máa je, mau mu, àwò re nbe ninú àká*; Você" pode beber e comer (e exibir sua beleza), mas a sua pele está no depósito (você é um animal).

Oiá compreendeu a alusão; encontrando a sua pele, vestiu-se e, voltando à forma de búfalo, matou as mulheres ciumentas. Em seguida, deixou os seus chifres com os filhos, dizendo-lhes:

'Em caso de necessidade, batam um contra o outro, e eu virei imediatamente em vosso socorro'. É por essa razão que chifres de búfalos são sempre colocados nos locais consagrados a Oiá-Inhaçã".

No Brasil, Inhaçã é sincretizada com Santa Bárbara e, em alguns locais, com Santa Catarina.

Figura 22: Representação africana de Inhaçã

2. Resumo histórico sobre a vida de Santa Bárbara

Bárbara é uma santa que alcançou grande popularidade entre o povo brasileiro. No nosso país existem seis municípios que levam o seu nome.

Muitos artistas, inclusive Rafael, imortalizaram sua memória em quadros famosos.

Conta a história que Bárbara era uma moça de origem oriental, nascida na Nicomédia, na Ásia Menor, fazendo parte de uma família abastada. Foi cuidadosamente protegida pelo seu pai, que a manteve fechada em uma torre, com a finalidade de protegê-la do mundo exterior. Às escondidas do pai, que era um pagão fanático, conseguiu instrução na religião cristã. Era uma jovem muito bonita, e Dióscoro, seu pai, tinha pretensões de um casamento honroso para ela. Mas a jovem se apresentava indiferente às pretensões do pai, até que este descobriu sua condição cristã. Seu amor paterno se transformou então em ódio cruel. Ameaçou-a com torturas e, mais tarde, denunciou-a a Martiniano, prefeito da província.

Bárbara suportou o processo com altivez e muita firmeza, alicerçada pela fé em Cristo. Nessa época, início do século IV, o imperador era Maximiano. O juiz, vendo a obstinação de Bárbara em professar a fé mesmo após severas torturas, pronunciou a sentença de morte.

Seu pai, Dióscoro, prontificou-se para executar a sentença. Atirou-se contra a filha, que se colocou de joelhos em atitude de oração, e lhe cortou a cabeça. Após ter praticado esse ato, caiu uma terrível tempestade, e ele foi atingido mortalmente por um raio.

Santa Bárbara é invocada como protetora contra a morte trágica e contra os perigos de explosões, raios, etc. Geralmente é apresentada como uma virgem, alta, com uma palma significando o martírio, um cálice como símbolo de sua proteção aos moribundos e, ao lado, uma espada, instrumento de sua morte.

Figura 23: Imagem de Santa Bárbara

3. Resumo histórico da vida de Santa Catarina

Catarina nasceu e viveu em Alexandria, no Egito, no início do século IV; foi uma das mártires mais célebres dos primeiros séculos da Era Cristã. Era filha de um homem muito rico, o rei Costus. Além de grande beleza, era muito inteligente e culta. Um dia sua mãe apresentou-a a um eremita que, encantado com a sua inteligência, resolveu ensinar-lhe tudo sobre a vida do Cristo.

Depois de algum tempo, descobriu sua fé e converteu-se ao Cristianismo. Foi batizada e declarou publicamente a sua fé, dizendo que não queria homenagear ninguém, nem o imperador, mas apenas Jesus. Renunciou às riquezas e à vida confortável e passou a gastar sua fortuna ajudando os pobres e os necessitados. Sua mãe esteve sempre ao seu lado, apoiando e incentivando sua vida cristã.

Resistiu ao assédio e à brutalidade do Imperador Maxentius que, indo a Alexandria, exigia que ela fizesse sacrifícios aos deuses. Foi questionado pela jovem Catarina da seguinte forma:

Por que queres perder esta multidão com o culto aos deuses? Aprende a conhecer a Deus, criador do mundo e ao seu único filho, Jesus Cristo, que com a cruz livrou a humanidade do inferno.

O imperador, impressionado pela coragem e eloquência da jovem, convocou retóricos e filósofos para tentar fazer Catarina mudar de ideia. Porém, ocorreu o contrário: com grande sagacidade, induziu os filósofos a erros, e a maioria deles acabou se convertendo ao Cristianismo. Maxentius ofereceu a Catarina um casamento real se ela renunciasse sua fé. Sua recusa fez com que ele ordenasse sua prisão. Enquanto Maxenius estava ausente, ela converteu sua esposa e 200 de seus soldados. No seu retorno, o imperador decretou a morte de todos, inclusive a de Catarina.

Ela foi colocada em uma roda munida com lâminas de ferro cortantes e pontiagudas. Porém, ao contato do corpo, a roda quebrou e despedaçou-se. Foi então torturada e, em seguida, decapitada. Por esse motivo, é invocada por aqueles que trabalham com rodas. Segundo a lenda, quando deceparam sua cabeça, do seu pescoço brotou leite em vez de sangue. Por isso, a ela recorrem as mães que têm pouco leite para amamentar seus filhos.

Alguns relatos dão conta de que o corpo da mártir foi levado pelos anjos ao Monte Sinai onde, de fato, um pouco antes do ano 1000 foi construído um famoso mosteiro.

Caravagio
Santa Catarina de Alexandria, C. 1597
Óleo sobre tela, 173 x 133 cm
Museu Thyssen – Bornemisza, Madri

Figura 24: Imagem de Santa Catarina

4. Sincretismo religioso

Pelo que pudemos constatar, o sincretismo religioso de Inhaçã com Santa Bárbara é pura e simplesmente a transferência do poder sobre o fogo que encontramos no Orixá africano para a referência à tempestade do raio que teria, de maneira justiceira, punido Dióscoro, o pai da santa venerada pelos cristãos.

Cultuada principalmente pelo povo latino, Santa Bárbara é constantemente invocada por ocasião dos vendavais e tempestades. A expressão *valei-me, Santa Bárbara* era de uso corriqueiro entre os iberos no período da colonização. Daí, nada mais lógico que o Orixá feminino Inhaçã, que desposara Xangô, o senhor do raio, e Ogum, o senhor do ferro (da forja e consequentemente do fogo), se transferir para a santa católica nesse período de aculturamento.

Regionalmente, às vezes (erroneamente) sincretiza-se Inhaçã com Santa Catarina. Isso se deve à grande semelhança existente entre as imagens religiosas de ambas as santas. Santa Bárbara sustenta, em uma das mãos, a espada com que foi decapitada, e Santa Catarina, a roda dentada com que foi sacrificada.

Alguns estudiosos consideram Santa Catarina e Santa Bárbara como encarnações diferentes da mesma santidade. Nós, pessoalmente, consideramos o fato contraditório, pois acreditamos que ascender à condição de divindade (fazer parte do Deus Universal) seria o último estágio terrestre das encarnações, ou seja, não voltaria a encarnar.

Em alguns congás, chega-se a encontrar o absurdo da dualidade com Inhaçã sendo representada simultaneamente com as imagens de Santa Bárbara e Santa Catarina, consequência da religiosidade popular, geralmente inculta.

5. Características de Inhaçã

A principal característica de Inhaçã é ser um Orixá temperamental. Inhaçã, guerreira e amante, é ciumenta, mas não possessiva. É, de todos os Orixás femininos, a mais vaidosa e, geralmente, toma pela força o que não consegue pela graça; como vimos no capítulo referente a Xangô, quando habilmente enganou Obá, fazendo com que ela cortasse uma de suas orelhas para conseguir o amor de Xangô, enquanto, de forma ladina, o prevenia da magia que ela mesmo havia insinuado a Obá, fazendo com que Xangô se afastasse ainda mais.

Por outro lado, quando afirmamos não ser um Orixá possessivo, o fizemos porque, segundo as lendas, seu temperamento não lhe permite permanecer fiel por muito tempo. Vimos inclusive que, antes de ser esposa de Xangô, havia sido esposa de Ogum.

Nos candomblés é adorada e temida. Adorada por sua característica alegre, descontraída e irrequieta. Temida por suas atitudes fulminantes e pela capacidade e ascendência sobre os eguns (espíritos dos mortos), que a ela se submetem com maior facilidade do que a qualquer outro Orixá.

Embora seja Obaluaiê o Orixá que reina sobre os eguns, é a Inhaçã que estes temem. Uma prática religiosa quase em desuso é a de saudar Inhaçã na entrada do cemitério, acendendo-lhe uma vela votiva; no passado, velas de promessa amareladas. Hoje simplesmente velas amarelas. Essas velas são acesas do lado direito, quando se entra no cemitério, e do lado esquerdo, quando se sai dele.

6. Elemento – Domínio – Metal – Ervas – Flor Sagrada

Elemento: o fogo e o ar em movimento.
Domínio: os ventos, as tempestades e a morte.
Metal: o cobre.
Erva sagrada: folha de bambu.
Flor sagrada: a palma amarela ou a rosa amarela.

Para os banhos, podem ser usadas as seguintes ervas: espada-de-santa-bárbara, folhas de bambu, folhas de pitangueira, cordão-de-frade e gerânio. Durante o período de obrigação a Inhaçã, deve ser feito um banho especial, que mostraremos no item 15.

7. Data comemorativa – Dia da semana

Inhaçã é comemorada, tanto na Umbanda quanto no Candomblé, no dia 4 de dezembro.

O dia da semana consagrado a Inhaçã é quinta-feira.

8. Saudações a Inhaçã

As principais saudações a Inhaçã são:
Epa Heyi Oyá!
Essa saudação, no Brasil, acabou se transformando em:
Eparrei Inhaçã.
Uma outra saudação é:
Afún lê lê... Eparrei Inhaçã.

9. Cores representativas

Nos candomblés, as cores mais utilizadas são os estampados em que predominam o branco e o vermelho.

O tecido listrado também é muito utilizado, quer para o turbante quer para o chamado pano de culto.

Quando manifestada, Inhaçã apresenta-se geralmente com um filá de miçangas de vidrilho intercalado, geralmente, nas cores vermelho e branco. Ultimamente é comum encontrarmos filás com as insígnias do Orixá (taça e espada) em cores claras, como o prateado e o dourado. Há 50 anos, ou mais, isso seria considerado um pecado ou uma *quizila* dentro do Candomblé.

Hoje, encontramos cada vez mais cores, nuances e materiais sintéticos que lembram o ouro e a prata, usados de forma plástica atraente, mas que nada tem a ver com a tradição africana. É cada vez maior a influência das indumentárias carnavalescas nos candomblés, principalmente cariocas, em virtude da proximidade e, até mesmo, da interpenetração de culturas. Geralmente, quem participa das escolas de samba, também frequenta os candomblés.

Inhaçã Debalê usa também as cores rosa e branco.

Entre os umbandistas, é ponto pacífico o uso da coloração amarelo-dourado.

A chamada Umbanda mista ou Umbandomblé, como o próprio nome indica, mistura as cores a seu bel-prazer.

10. Instrumentos de culto

Quando manifestada nos terreiros de Candomblé, Inhaçã dança com o *eirúexim* (um chicote feito com os pelos da cauda do cavalo). Esse instrumento tem a finalidade de espantar os eguns. Também encontramos Inhaçã dançando como se estivesse travando uma batalha imaginária em que esgrima, com perfeição, uma curta espada. A tradição nos fala que Inhaçã utilizaria, além dos instrumentos já citados, o alfange, que, curiosamente, é usado simultaneamente como símbolo da fartura e da morte.

Suas guias geralmente levam a cor do fogo em seus diferentes tons. Para que haja uma diferenciação, muitas vezes se reserva o vermelho-rubro para Xangô e o grená para Inhaçã. Como curiosidade, podemos dizer que, se colocarmos um fio de platina na chama oxidante de um queimador de laboratório (bico de Bunsen), este apresentará várias cores em função da temperatura atingida. Essas cores são o rubro, o vermelho, o laranja e o branco (também cor de Xangô). A *Inhaçã Igbalê* (Debalê), quando dança, mantém os braços estendidos para a frente, agitando na mão direita o eirúexim, com o que espanta os eguns. Esse instrumento também é utilizado nos rituais fúnebres do Candomblé quando, cantando para espantar o egum, o Babalaô ou Babalorixá açoita o caixão. O ingorossi utilizado é o seguinte:
Baum Lê... Baum Lá
Afunlelê... Corajô
Baum Lê...Baum Lá
Afunlelê... Corajô

Podemos observar ainda que tem sido encontrada, no Candomblé, uma espada curta, com a lâmina em forma de raio, o que já seria uma deturpação do culto. Já na Umbanda, suas guias são de coloração amarelo-dourado. Como instrumentos de culto, derivados da imagem cristã de Santa Bárbara, utilizam-se a taça dourada e a espada.

11. Características dos filhos de Inhaçã

Nascidos da luz da manhã, os filhos de Inhaçã são a própria majestade do Orixá. Sua principal característica exterior é ser sempre uma entidade dominante. Ocupam, naturalmente, posição de destaque e nunca passam despercebidos. Gostam de vestir-se sempre na moda e de estar sempre atualizados, embora haja sempre uma certa pitada de exagero em quase tudo o que fazem.

Têm personalidade marcante e dificilmente são esquecidos. Brilham em quase tudo o que fazem. São temperamentais por excelência, mudando de opinião com facilidade, amando ou desprezando objetos, pessoa ou coisas, absolutamente sem motivos aparentes. São inconstantes e sentimentais, arrependendo-se com facilidade de atos praticados, mas também os esquecendo e, não raras vezes, repetindo-os.

Os filhos de Inhaçã herdam do Orixá suas características guerreiras, empenham-se em discussões estéreis, às vezes só pelo prazer de contestar, não se preocupando absolutamente com os resultados finais. Todavia, em quase tudo que tocam, conseguem levar a bom termo. São também muito dedicados e prestimosos e, além de tudo, alegres.

As filhas de Inhaçã são sempre extremadas: ou amam apaixonadamente ou simplesmente esquecem. Incapazes de odiar, não hesitam em se reaproximar de alguém que lhes tenha magoado, sentindo, quase sempre, uma real piedade e amor por essa mesma pessoa, se por qualquer razão estiver em posição de dor ou de inferioridade. Não raras vezes, também assumem as causas alheias, trazendo parentes enfermos para dentro de suas próprias casas, brigando com maridos e filhos por causa dessa pessoa. Posteriormente, invertem toda essa situação, mandando embora quem haviam trazido e buscando a paz familiar, como se nada houvesse acontecido.

Fazendo tudo em escala maior, amam com intensidade, dão-se com facilidade, produzem ou promovem e depois, pura e simplesmente, esquecem.

Quer seja homem, quer seja mulher, os filhos de Inhaçã serão sempre alguém que dificilmente conseguirá passar despercebido. Será sempre um temporal em um copo d'água, passando da tranquilidade de um lago sereno à incerteza de um mar tempestuoso. Sua principal característica positiva reside em sua capacidade de não apenas perdoar quem eventualmente lhe tenha ofendido, mas principalmente esquecer a ofensa. Talvez nenhum outro consiga realmente esquecer como o filho de Inhaçã.

Quando líderes em alguma atividade, quase sempre marcam de maneira indelével suas administrações, mesmo que isso lhes custe sacrifícios.

As filhas de Inhaçã são extremadas, como as chamadas supermães. Lutam pela felicidade e progresso de seus filhos e não admitem erros ou faltas, embora quase nunca tenham coragem de punir as crianças. Como esposas, são exageradamente ciumentas e, às vezes, chegam a infernizar a vida de seus companheiros com ciúmes.

12. Pontos riscados

Os pontos riscados que se utilizam para Inhaçã são a taça, o raio e a espada.

Figura 25: Pontos riscados (o raio e a taça)

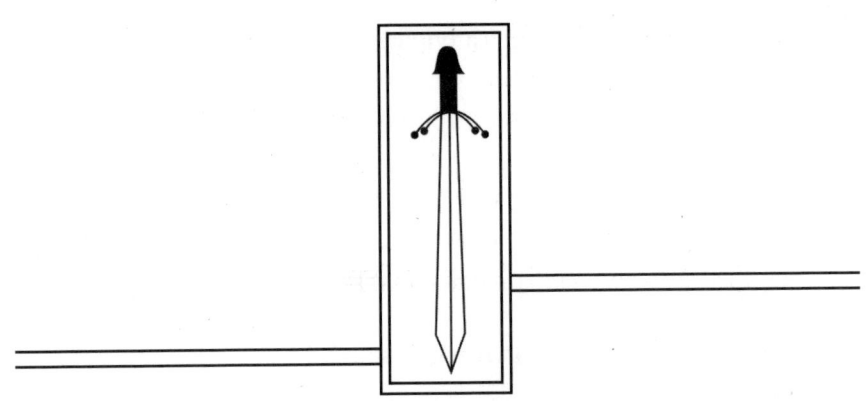

Figura 26: Pontos riscados (a espada)

13. Pontos cantados

Apresentaremos um ingorossi, extraído do trabalho "Melodias Registradas Por Meios Não Mecânicos", Arquivo Folclórico da Discoteca Pública Municipal de São Paulo, 1º volume, 1946. Logo em seguida, apresentaremos alguns pontos cantados na Umbanda.

Depois de cantar, o cantador fala meio gritado, chamando o santo e dizendo as seguintes palavras: *Repawêi – Wêi – Mulé do Rei.*

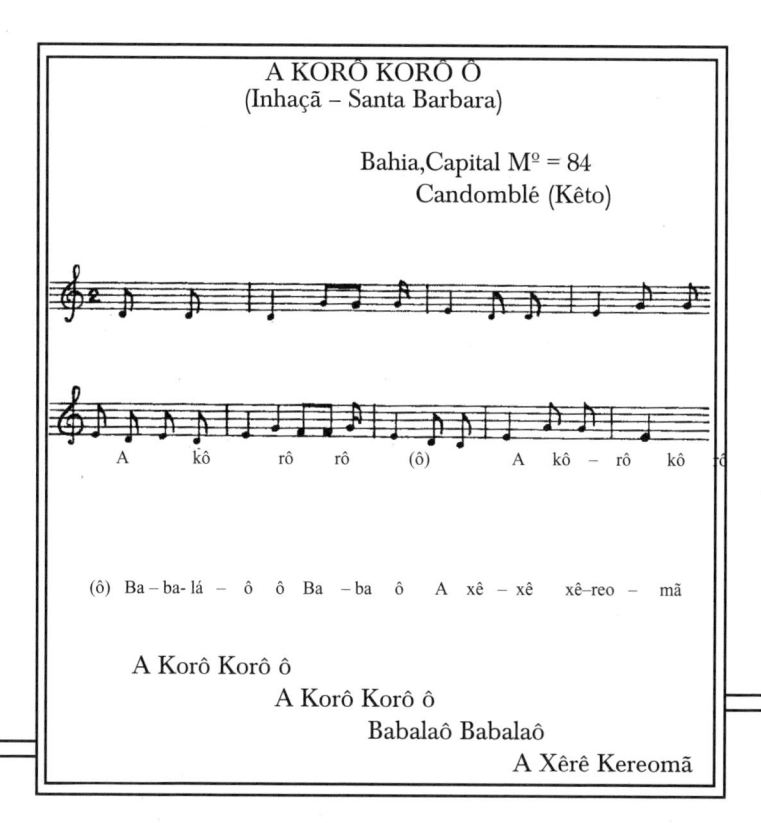

> **A KORÔ KORÔ Ô**
> (Inhaçã – Santa Barbara)
>
> Bahia, Capital M° = 84
> Candomblé (Kêto)
>
> [partitura musical]
>
> A kô rô rô (ô) A kô – rô kô rô
>
> (ô) Ba – ba- lá – ô ô Ba – ba ô A xê – xê xê–reo – mã
>
> A Korô Korô ô
> A Korô Korô ô
> Babalaô Babalaô
> A Xêrê Kereomã

Depois de cantar, o cantador fala meio gritado, chamando o santo e dizendo as seguintes palavras: Repawêi – Wêi – Mulé do Rei.

Pontos de Inhaçã na Umbanda

Ventou, mas que ventania
Ventou, mas que ventania
Inhaçã é nossa mãe
Inhaçã é nossa guia
Inhaçã é nossa mãe
Inhaçã é nossa guia
Ela é uma moça bonita
Ela é dona do seu jácutá
Eparrei, eparrei, eparrei

Oh! Mamãe de Aruanda
Segura a pemba
Que eu quero ver (bis)

Eram duas ventarolas
Duas ventarolas que voavam sobre o mar
Uma era Inhaçã, eparrei.
A outra era Yemanjá.

Ela é minha Mãe Guerreira
Com seu cabelo cor de ouro
Com sua espada na mão
Ela é Inhaçã Guerreira
Que chegou neste congá

Inhaçã sua espada é luminosa
Sua coroa enfeitada de rosas (bis)
Okê banda Odé (bis)
Saravá a coroa de Inhaçã
Que ilumina nossa fé
Inhaçã Senhora da banda
É a rainha do seu congá
Salve Inhaçã lá na Aruanda
Eparrei, eparrei
Inhaçã vence demanda

Espia o que vem pelo céu
Olha o que vem pelo mar (bis)
Ela é nossa Mãe Inhaçã
Ela é a rainha desse congá (bis)
Inhaçã cruzou na linha de Xangô
Lá na mata leão bradou
Saravá Inhaçã lá na Aruanda
Eparrei, eparrei
Inhaçã vence demanda

O estouro da pedreira
Parece trovoada
Todo povo de Inhaçã
Todo povo de Xangô
Chegou cá na terra
Chegou para a guerra

Eu vi Santa Bárbara e Xangô-ô!
A trovoada roncou lá no mar!
Olha a mujinga de congo-ê-ê-ê!
Olha a mujinga de congo-ah-á-á!

Eu vi Santa Bárbara e Xangô
Sentados em cima da pedra
Olham seus filhos que vão pra guerra!
Olham seus filhos que vão pra guerra!

14. Comida de Santo (Orixá) e animais consagrados à Inhaçã

Os animais consagrados à Inhaçã são: a cabra (não preta), o conquém fêmea (galinha d'Angola) e galinha (preferencialmente vermelha). Os alimentos ofertados são acarajé (que Monteiro Lobato, poeticamente, definiu como o "manjar dos deuses"), o abará (bolo de milho) e o bobó (inhame branco cozido e cortado em fatias grossas) servido com mel de abelhas. Às vezes, como condimento, prepara-se um molho à base de camarão seco, azeite de dendê e muita pimenta, para acompanhar o bobó. Também é usual servir a Inhaçã um alguidar forrado com uma massa similar à do cuzcuz. Nessa massa são colocadas espigas de milho cozido (em pé) e regadas com mel de abelhas. A mesa de Inhaçã geralmente é muito farta e agradável à vista.

15. Obrigação a Inhaçã na Umbanda

Por se tratar da primeira cor após o branco, e também por ser quase um espectro puro da própria luz, não se utiliza o branco na guia de Inhaçã, que também tem características próprias, sendo executada com o aspecto de um brajá simplificado, com contas vítreas e porcelanizadas alternando-se, dando mais brilho e um aspecto *sui generis*, que somente se aplica a esse Orixá. Não é à toa que Inhaçã também é conhecida pelo nome carinhoso de *Moça Rica*.

Dada a sua cor (amarelo resplandescente, ou ouro pálido, muito difícil de descrever com fidelidade; aproximadamente, a cor dos primeiros raios de sol no horizonte em uma manhã sem nuvens), a toalha de Inhaçã tem o formato circular, geralmente lembrando um sol, ou retangular, com aplicações no centro.

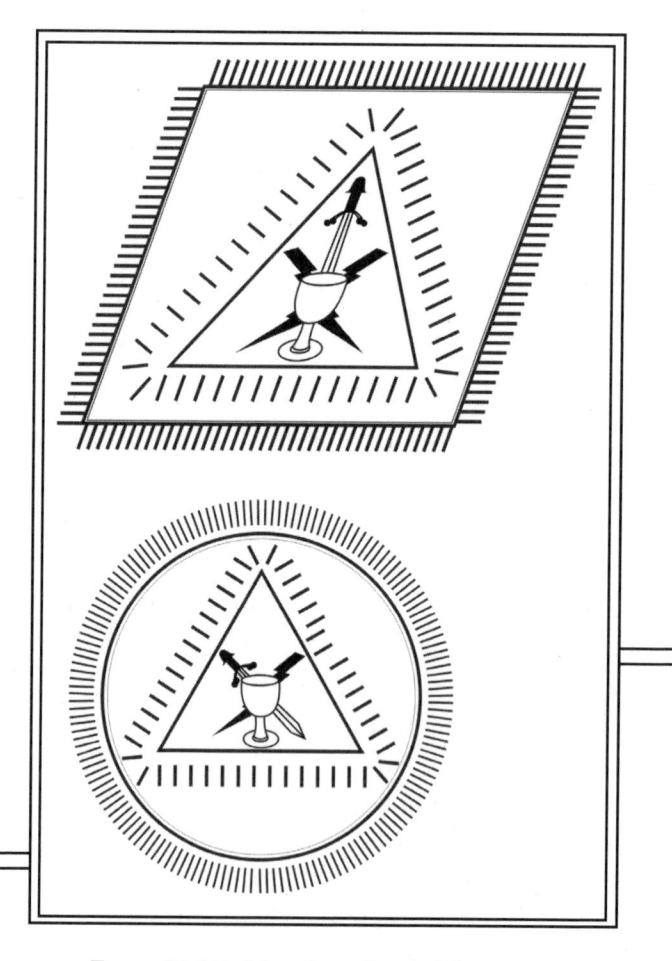

Figura 27: Modelos da toalha de Inhaçã

Composição dos Banhos

1. Angélica
2. Cipó-cruz
3. Carobinha ou caroba
4. Capim-santo
5. Rubi
6. Espinheira-santa
7. Cordão-de-frade

Defumação

1. Incenso
2. Benjoim
3. Mirra
4. Alfazema
5. Rosa Branca
6. Pichuri
7. Aniz-Estrelado

Material da Obrigação

7 velas amarelas de cera
7 velas marrons
7 velas azuis
1 vela de quarta branca
1 vela vermelha e preta
1 vela espada
7 pedaços de meio metro de fita branca ou amarela
1 perfume de Inhaçã
1 pente amarelo
1 taça de vidro ou metálica
1 sabonete de Inhaçã
1 vidro de mel
1 garrafa de champanhe branco
1 caixa de fósforos
7 palmas ou rosas amarelas
7 espadas-de-santa-bárbara
1 toalha amarela com bordas e bordados brancos ou prateados.

Sequência da Obrigação*

Antes de cada obrigação é dado o "Paô" para Exu, para que não haja interferência negativa na obrigação. No Paô, o Babalaô oferece uma garrafa de "marafo" e um charuto, em um local de terra previamente fixado com sal grosso, ao seu Exu. Em seguida, acende uma vela preta e vermelha. Os demais membros da obrigação oferecem uma vela e saúdam o Exu, retirando a luz da vela do Exu do Babalaô. Logo em seguida, cada médium lava as mãos com amaci, para isolar todas as vibrações procedentes da Esquerda.

A obrigação a Inhaçã é dada em um rio de corredeiras onde durante as chuvas as águas correm com violência, arrastando as pedras da serra, ora transbordando, ora correndo calma, tal qual o gênio instável de Inhaçã. Depois do Paô a Exu, que sempre antecede à obrigação, os filhos de fé se dirigem para o local designado para a cerimônia de consagração e passam pela defumação; após a defumação, acendem sete velas para Xangô (marrom), pedindo maleme[5] e proteção para utilizar suas pedras para a obrigação. Essas velas sempre são acesas nas margens sobre pedras e mais ou menos distantes da água.

Logo após, acendem-se, próximas ao curso da água, as velas azuis destinadas a Oxum, seguindo o mesmo ritual que o usado para Xangô. Logo após, cada filho de fé deverá procurar entre as pedras, preferivelmente as que afloram dentro do rio (NATURALMENTE EM LUGAR SEGURO, ONDE A ÁGUA SEJA POUCO PROFUNDA), aquela sobre a qual disporá sua obrigação. Se uma única pedra não dispuser de espaço suficiente para abrigar a toalha, pode-se utilizar um aglomerado de pedras, desde que haja sobra em torno da toalha para as velas que deverão iluminar o trabalho. O filho de fé vai estender a sua toalha de forma que a boca da taça fique voltada para o rio e a base da taça, voltada para si.

Do lado direito do filho de fé, junto à toalha, será firmada a vela de quarta; ao redor da toalha serão distribuídas as sete velas de cera amarelas, na direção da boca da taça; entre a toalha e a água, será firmada a vela espada amarela; as fitas deverão ser amarradas com muito carinho e capricho, envolvendo uma palma, uma rosa e uma espada-de-santa-bárbara (planta). Elas serão arrumadas entre as velas,

---

* Para entender melhor o que são obrigações, vide item 16 do Capítulo VI
5. Licença.

fazendo as flores repousarem sobre a toalha e os galhos ficarem para fora. Sobre a taça bordada ou trabalhada da toalha, deve ser colocada a taça metálica; dentro dela, o filho de fé vai colocar o champanhe e o mel. Sobre a toalha, ele vai arrumar o sabonete, o pente e os perfumes; o sabonete e os perfumes devem ser tirados de seus envoltórios. Ao lado e a pouca distância, o filho de fé deixa a garrafa de champanhe e as caixas vazias do sabonete e dos perfumes.

Quando o Pai Espiritual se aproxima para a consagração, o filho de fé deve ficar de joelhos e debruçar-se sobre a toalha, abaixando a cabeça. Se a pedra for muito alta, o Pai Espiritual determinará que o filho de fé apenas se curve e toque com a cabeça sobre a toalha, a fim de receber a consagração. O Pai Espiritual trará em seu pescoço todas as guias necessárias à obrigação, visto ser quase impossível transitar pelos diferentes lugares da obrigação transportando o alguidar que abriga as guias; as mesmas permanecerão no alguidar em que é depositado o curiador, iluminadas somente até o início da obrigação. Ao chegar junto do filho de fé, o ogã, que auxilia o Pai Espiritual, tira do pescoço do médium a toalha e aguarda que ele se aproxime. Quando este chega, tira uma das guias de seu pescoço e coloca-a no pescoço do filho de fé que está diante de sua obrigação, com a cabeça abaixada; o Pai Espiritual toma a taça, que está depositada sobre a toalha em suas mãos, e despeja um pouco do conteúdo sobre a cabeça do filho de fé, perguntando ao ogã:

A quem consagro este(a) filho(a)? E o Ogã responde:
A Inhaçã, meu pai!
O Pai Espiritual torna a perguntar:
Por quem eu consagro este(a) filho(a)? E o Ogã responde:
Por Inhaçã, meu pai!, enquanto o Pai Espiritual despeja mais um pouco do curiador sobre a cabeça do filho de fé.

Ao derramar pela terceira e última vez mais um pouco do curiador sobre a cabeça do filho de fé, o Pai Espiritual pede a Oxalá permissão para consagrar aquele Filho, pedindo-lhe que aceite seu sacrifício e sua oferenda.

Finalizando, o Pai Espiritual faz uma saudação ao Orixá, dizendo:
Salve (ou saravá) Inhaçã! E o Ogã responde:
Eparrei, Inhaçã! Enquanto o Pai Espiritual se afasta, um ogã envolve a cabeça do filho de fé com a toalha e outro ogã se aproxima

para explicar-lhe que deve tomar sua vela de quarta e sair à procura do seu otá, deixando-a onde o encontrar. Volta ao seu lugar e lava-o na taça, usando o curiador que sobrou na garrafa. Após lavar o otá, deverá derramar em torno da obrigação o que eventualmente tenha sobrado na garrafa, fazendo o mesmo com o mel e o perfume. Não se deve esquecer de retirar do local todo e qualquer material não utilizado, bem como vasilhames e embalagens. Logo após, poderá voltar para sua casa, onde continuará o preceito até o meio-dia do dia seguinte.

Obrigação a Inhaçã

1. Sabonete, pente, perfumes
2. Fitas amarelas e brancas
3. Sete velas amarelas
4. Lado direito: vela de quarta
5. Champanhe
6. Taça metálica com champanhe e mel
7. Palmas, rosa, espada-de-santa-bárbara

Figura 28: Esquema da obrigação a Inhaçã

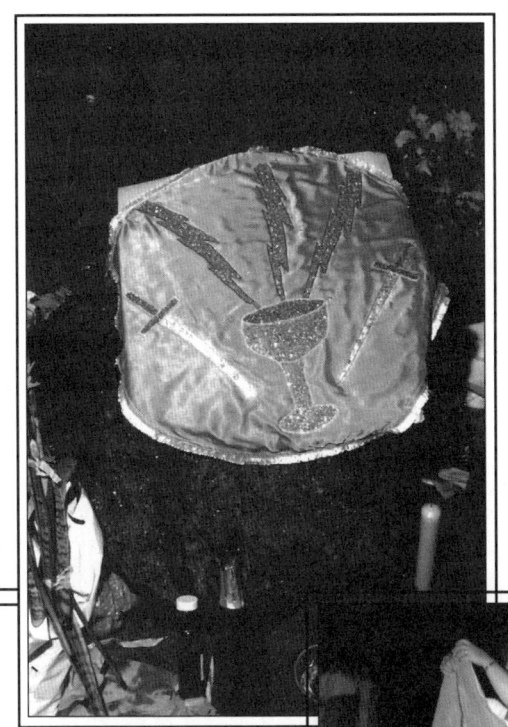

Figura 29:
Toalha para
obrigação a Inhaçã

Figura 30:
Médium sendo
consagrado à Inhaçã

Figura 31: Médium em comunhão com a obrigação

Capítulo 6

Cosme e Damião (IBEJI)

1. Lenda africana sobre Ibeji

O culto aos gêmeos remonta aos tempos mais antigos. Na mitologia grega encontramos os heróis gêmeos (também chamados Dióscuros), Castor e Pólux. Conta-se que as famílias romanas os invocavam por ocasião de doenças, principalmente em crianças.

Em quase todas as culturas, o nascimento de gêmeos sempre era considerado prenúncio de coisas boas. Em Togo, no Daomé e na Nigéria Ocidental, a ocorrência de dois ou três filhos no mesmo parto era motivo de grande júbilo, e a mãe recebia grandes homenagens. Ibeji são Orixás nagôs que representam os gêmeos e simbolizam também a fecundidade.

Câmara Cascudo nos diz o seguinte:

Ibeji são Orixás jeje nagôs, representados nos candomblés pelos santos católicos gêmeos Cosme e Damião. Não há fetiche dos Ibeji, que em Cuba são os Jimaguas, estes sem qualquer semelhança com as imagens católicas. Os africanos católicos da Costa de Escravos costumavam batizar seus filhos gêmeos com os nomes de Cosme e Damião. O culto dos Ibeji nos nagôs é uma homenagem à fecundidade. Nina Rodrigues identificou os Ibeji nas formas bonitas dos dois santos mártires, ligando-os à religião negra. Inexplicável é o desaparecimento dos ídolos Ibeji e a sobrevivência cristã de Cosme e Damião. Dos Ibeji caracterizadamente nada se conhece no Brasil.

Fernando Ortiz, na sua obra *Los Negros Brujos*, diz que os Orixás Ibeji são as divindades tutelares dos gêmeos, idênticos ao deus Hoho das Tribos Ewe (jejes). Aos Ibeji está consagrado um pequeno mono chamado Edon Dudu ou Edun Oriokun, e geralmente a um dos meninos gêmeos se chama também Edon ou Edun. Os bruxos cubanos dizem a Fernando Ortiz ser Jimagua a representação de Dadá e Ogum, irmãos de Xangô, tanto assim que a faixa que os envolve é vermelha.

Na África, em geral, as crianças representam a certeza da continuidade, por isso os pais consideram os filhos como a maior riqueza. A palavra *Igbeji* significa "gêmeos", e o Orixá Ibeji é o único permanentemente duplo. Forma-se a partir de duas entidades distintas que coexistem, respeitando o princípio básico da dualidade. Ibeji são os opostos que caminham juntos, a dualidade de todo ser humano.

Existe uma confusão corrente em determinados terreiros de Umbanda, em que se confunde os Orixás Ibeji com os êres. O erê não é uma entidade nem um Orixá, é um estado intermediário, de transe infantil, pelo qual o iniciado do Candomblé passa na regressão da manifestação do Orixá para a personalidade do indivíduo. O erê é o intermediário entre a pessoa e o seu Orixá. É o desabrochar da criança que cada um traz dentro de si.

Figura 32: Uma representação africana sobre Ibeji

Figura 33: Outra representação africana sobre Ibeji

2. Doum – Lenda ou Orixá?

Na representação católica, encontramos sempre e exclusivamente as figuras de Cosme e Damião, sem nenhuma referência séria ao personagem Doum.

Ronaldo Linares, após pesquisas exaustivas sobre o assunto, não havia conseguido nada de positivo sobre a existência física desse simpático terceiro irmão. Em 1969, em uma conversa informal com o sr. José Francisco Holwat Gusmão, primeiro comerciante de artigos de Umbanda e Candomblé do Rio de Janeiro e que tinha uma loja na ladeira do Faria, próximo à Estação Central do Brasil, relatou o seguinte:

A princípio vendia ervas, produtos animais e velas em um tabuleiro próximo à estação. Com a melhoria dos negócios, resolveu estabelecer-se, adquirindo as instalações de uma falida joalheria das imediações. Em uma das vitrinas, procurando agilizar seu comércio, passou a expor, com destaque, os santos comemorados naquele mês.

Em setembro, um garoto, que com ele trabalhava, acomodava as imagens, separadas, de São Cosme e São Damião, quando uma delas caiu e quebrou-se. O garoto teve a ideia de colocar a imagem restante entre outro par de imagens de tamanho maior, apenas por uma questão de estética. O povo da Guanabara já havia se acostumado a chamar Cosme e Damião de "dois dois", e mal o garoto acabou de arrumar a vitrina, um irreverente carioca, estranhando a figura solitária entre os "dois dois", perguntou: "O meu, quem é o baixinho no meio dos "dois dois?" O garoto respondeu "sozinho, no meio dos "dois dois", só pode ser o "doum".

Vejamos o outro lado da história:

Em determinadas regiões africanas, quando uma mulher dava à luz dois gêmeos e, se houvesse no segundo parto o nascimento de outro menino, este era considerado Doum ou Idowo, que nasceu para fazer companhia a seus irmãos gêmeos. Doum personifica, nos cultos de nação, as crianças com até 7 anos.

Figura 34: Imagem representativa de Cosme, Damião e Doum

3. Resumo histórico da vida de São Cosme e São Damião

Cosme e Damião eram irmãos gêmeos originários da época do imperador Diocleciano. Nasceram, em data incerta, no século III, de uma família nobre da Arábia.

Conta se que Teodora, filha de mãe grega e pai sírio, ao casar-se com um mercador árabe, deixara a Cilícia, sua terra de origem, para morar nas vizinhanças de um deserto, onde vivia a tribo do seu marido. O casal teve cinco filhos: Antímio, Leôncio, Euprépio e os mais novos, os gêmeos Cosme e Damião.

Cosme e Damião estudaram Medicina na Síria, passando a praticá-la em Egeia, Cilícia e Ásia Menor. Após sua conversão ao Cristianismo, afastavam as enfermidades pelo mérito de suas virtudes e intervenção de suas orações. Circunstancialmente entraram em contato com o Cristianismo, tornando-se fervorosos seguidores da doutrina.

Segundo a lenda, a vontade de estudar Medicina surgiu quando ainda eram muito pequenos. Um dia, Cosme e Damião tiveram o seguinte diálogo:

Damião: – Cosme, você não acha que se todos têm um pai, as rochas, os rios, o sol, a lua e as estrelas devem tê-lo também?
Cosme: – Sim, Damião. Acho também que cada tribo tem um chefe, e todas as tribos têm um só chefe, um chefe muito poderoso que nós ainda não conhecemos.
Damião: – Será que algum dia nós vamos conhecer o "Grande Chefe"?
Cosme: – Vamos sim, meu irmão; quando crescermos, descobriremos o mistério.
Damião: – Que bom, Cosme! Eu também acho. E será muito bom ter de adorar a um Deus, o chefe de todos os deuses.

Foi nessa atmosfera de confidência e afinidade que eles descobriram algo místico de muita importância, através da bondade que brotava de seus corações. Um animal ferido, uma ave com a asa quebrada, um bicho abandonado, inspiravam-lhes a invocação do Pai aos deuses:

– Grande Chefe, não sabemos o vosso nome nem onde estás; mas rogamos te que cures este animalzinho.

Depois da terceira experiência, perceberam a validade da invocação. Os pequenos animais eram curados e punham-se a correr ou voar. Espantados, os dois gêmeos se fitavam e diziam ao mesmo tempo:

– Grande Chefe, nós te agradecemos esta cura.

Após a cura de pequenos animais, passaram a curar crianças.
Aproveitando-se da sua arte médica, mas com muita fé no poder da oração e confiança em Deus, os dois irmãos gêmeos exerciam a medicina, conseguindo grandes êxitos.
A admiração dos pagãos crescia muito, principalmente por verificarem que os médicos gêmeos não aceitavam nenhuma gratificação pelos serviços prestados. Eram outras riquezas que os atraíam. O objetivo dos gêmeos era fazer da medicina um meio de apostolado para a conversão dos pagãos à fé cristã. Eram chamados de anargírios, ou seja, que não são comprados por dinheiro.
Conta-se que uma vez, Damião, contrariando a regra de caridade, aceitou a gratificação de uma senhora por ele curada, cujo nome era

Paládia. Esse fato causou severa repreensão por parte de Cosme, que protestou não querer ser sepultado ao lado dele, após a morte. Deve ter havido testemunhas do fato, porque, após a decapitação deles, os cristãos pensaram em sepultar seus corpos um pouco longe um do outro. Mas um camelo, assumindo voz humana, bradou, em alto e bom som, para unirem os dois irmãos, porque Damião, aceitando a modesta remuneração oferecida por Paládia, fizera-o em nome da caridade para não humilhar a pobre senhora.

Cosme e Damião viveram alguns anos como médicos e missionários na Ásia Menor. No entanto, essa atividade chamava a atenção das autoridades, ainda mais porque havia eclodido a terrível perseguição de Diocleciano, por volta do ano 300 d.C.

O governo imperial ordenou a prisão dos dois médicos, indiciados como inimigos dos deuses pagãos e praticantes de feitiçaria. Ao serem questionados sobre as suas atividades, responderam: "Nós curamos as doenças em nome de Jesus". Foram torturados mas não negaram a sua condição de cristãos.

Foram então condenados à morte com seus três irmãos, que chegaram a Cilícia na época da tortura de Cosme e Damião e que já haviam se tornado cristãos. Os cinco foram decapitados.

Diz-se que, no ato da execução, os cinco carrascos foram dominados pelo pânico e ficaram paralisados. Cosme dirigiu-se a um deles, que se negava a executar a sentença, e disse-lhe: "Não tenha medo, irmão. Deus sabe das suas intenções, e como foi Ele mesmo quem o escolheu para isso, Ele o perdoará".

O homem, que era portador de um defeito físico, deu alguns passos para apanhar o cutelo e, quando o fez, percebeu que estava andando normalmente e que sua deficiência havia desaparecido. Atirou-se aos pés de Cosme e disse:

– Perdoe-me como o seu Deus, o Nosso Deus, já me perdoou.

– Levante-se, irmão – respondeu Cosme –, não é conveniente que esta cena se prolongue.

Tudo então aconteceu depressa, e os demais carrascos aproximaram-se, e as vítimas lhes deram as cabeças. Os carrascos deixaram ali mesmo os cutelos e correram na direção de um rio próximo. Lavaram-se do sangue na pele e, chorando e confessando reciprocamente seus erros e crimes, praticaram o primeiro ato de penitência cristã.

Os corpos foram transportados para Cira, na Síria, e depositados mais tarde em uma igreja, que recebeu o nome dos Santos Gêmeos.

No Brasil, o culto aos Santos Gêmeos é muito difundido; no ano de 1530, a igreja de Igarassu, em Pernambuco, teve Cosme e Damião como padroeiros.

Cosme e Damião são representados geralmente com aparência jovem, vestidos à maneira da época; usam túnica de comprimento até o meio das pernas, cinto, sandálias e uma capa vermelha aberta. Cada um tem na mão esquerda a palma do martírio, e na direita um recipiente contendo os instrumentos da arte médica.

Figura 35: Imagem de São Cosme e São Damião

4. Resumo histórico da vida de São Crispim e São Crispiniano

O Orixá Ibeji é também sincretizado com os santos Crispim e Crispiniano. Eram irmãos e aprenderam o ofício de sapateiro, ganhando a vida com esta profissão. Converteram-se ao Cristianismo na adolescência. Eram muito populares e caridosos, divulgando fervorosamente a fé cristã.

Quando a perseguição aos cristãos ficou mais intensa, foram para a Gália, atual França. Quando chegaram a Gália, radicaram-se na cidade de Soissons. Trabalhavam incessantemente durante o dia como missionários da doutrina cristã. À noite, trabalhavam em uma oficina de calçados para gerar o seu sustento e continuar fazendo a caridade aos pobres.

Quando a perseguição aos cristãos chegou a Gália, governada por Rictiovaro, era época do imperador Diocleciano, Crispim e Crispiniano foram presos e torturados para que abandonassem publicamente a fé cristã. Como se recusaram a fazê-lo, foram degolados.

Figura 36: Imagem de São Crispim e São Crispiniano

O Martiriológio Romano registra que os corpos dos dois irmãos foram sepultados na Igreja de Soissons, construída no século VI. Algum anos depois foram transportados para Roma, onde receberam sepultura na Igreja de São Lourenço de Panisperma.

A Igreja Católica celebra esses santos no dia 25 de outubro e são considerados os padroeiros dos sapateiros.

5. Sincretismo religioso

O fruto do sincretismo dos Orixás Ibeji com os santos católicos São Cosme e São Damião decorre principalmente da representação plástica, por meio da escultura e da pintura, dos irmãos médicos sacrificados por Diocleciano, conforme foi visto anteriormente.

Para os africanos, geralmente o nascimento de gêmeos significa uma especial bênção divina, visto ser fato raro e isolado. O negro africano sempre viu no nascimento de gêmeos a vontade expressa do senhor, o que facilmente se compreende, pois seriam mais braços para a lavoura e para a lida de todo dia, antecipada pela vontade divina.

Raramente conseguimos identificar, pela simples aparência, gêmeos na idade adulta; isto porque, com exceção dos gêmeos univitelinos (mais raros ainda), são exatamente iguais. Os gêmeos comuns só se parecem fisicamente até os 7 (até 10) anos de idade. A partir de então, a diferença de personalidade leva-os a vestir-se de formas distintas, a ter corte de cabelo, roupas e hábitos diversificados. Daí, a primeira ideia que nos ocorre, sempre que falamos em gêmeos, é relacioná-los com crianças quando os pais os vestem da mesma forma e tudo fazem para que um seja cópia fiel do outro.

Quando o negro africano vê uma imagem de São Cosme e São Damião, essa imagem, pelos trajes e pela própria forma de representação, lembra mais duas crianças que dois adultos. Ora, o Orixá do parto gêmeo, Ibeji, já estava consequentemente identificado com os santos católicos, e a religiosidade popular encarregou-se de arraigar a crença de que Cosme e Damião eram crianças, embora saibamos que foram médicos e, consequentemente, adultos. Muitos pedidos de cura são feitos a Cosme e Damião pelo fato de terem sido médicos em vida.

São Cosme e São Damião são considerados, pela classe médica, patronos dos cirurgiões; são também considerados patronos da Polícia Militar do Rio de Janeiro, e isto se deve ao seguinte fato: por volta de 1950, dado o estado de miséria e a proliferação de favelas da cidade, o número de marginais cresceu de forma tal que era comum três ou quatro favelados desesperados assaltarem e, não raro, matarem o policial para tomar-lhe a arma e poder praticar vários assaltos.

Para resolver imediatamente esse problema, o comando da Polícia Militar carioca determinou que o policiamento ostensivo passasse a ser feito em duplas. Essas duplas foram prontamente batizadas pelo carioca com o simpático apelido de Cosme e Damião. A corporação gostou e os nomeou patronos da Polícia Militar.

Como já vimos anteriormente, o Orixá Ibeji é também sincretizado com São Crispim e São Crispiniano.

6. Características de Ibeji

A principal característica do Orixá Ibeji é a alegria e a ingenuidade. A alegria é irradiante; e nos terreiros de Umbanda chega a ser cômica a participação de adultos incorporados com espíritos infantis, assumindo a postura e procedendo como crianças de tenra idade.

É comum estabelecer-se um relacionamento cordial entre o consulente, ou mesmo o visitante do terreiro, e o espírito manifestado, e às vezes torna-se mesmo inconveniente e temerário, pois a criança, sem maldade alguma, diz o que viu e o que pensa, causando amiúde situações embaraçosas.

Os chefes de terreiro mais experimentados costumam tomar o cuidado de chamar um espírito adulto e ponderado (geralmente um Preto-Velho) que possa se impor e conter o ímpeto dessas crianças, a fim de evitar situações vexatórias.

No Candomblé, a presença do chamado "estado de Santo", no que diz respeito a Ibeji, caracteriza-se por um período de transição e normalização do médium manifestado, ou seja, após a incorporação ou a chegada ao estado de transe do Orixá; para voltar à normalidade, o médium necessita passar pelo estado de erê que, sem ser necessariamente incorporação, é regressão ou um estado mental em que o médium se sente e se comporta como uma criança.

7. Elemento – Domínio – Metal – Ervas – Flor Sagrada

Elemento: energia eterica.
Domínio: infância, parto e amor.
Metal: mercúrio.
Erva: manjericão.
Flor sagrada: crisântemo branco.

Para os banhos, podem ser usadas as seguintes ervas: manjericão, capim-limão, folha de amoreira, folhas de verbena e folhas de morango. Durante o período da obrigação a Ibeji, deve ser feito um banho especial que mostraremos no item 16.

8. Data comemorativa – Dia da semana

Em todo o Brasil, a data comemorativa de Ibeji é a consagrada pelo calendário católico aos santos mártires Cosme e Damião. Na realidade, a Igreja Católica homenageia São Cosme e São Damião em 26 de setembro, mas popularmente a data mais festejada é 27 de setembro. Isso deve ao fato de a basílica construída em honra aos santos mártires Cosme e Damião ter sido inaugurada em 27 de setembro pelo papa Félix IV.

O dia da semana consagrado a Ibeji é quarta-feira.

9. Saudações a Ibeji

As saudações a Ibeji são, geralmente, associadas às figuras maternas de Yemanjá e Oxum.

O Miô Ibeijada![6]
Aie leu Ibeijada!

Outras saudações são:

Ori Beijada!
Ibeji Omó Olórun!

10. Cores representativas

Na Umbanda, predomina a cor rosa, embora existam pessoas que combinem o rosa com o azul.

No Candomblé, são usados estampados das mais diversas tonalidades, sempre alegres.

11. Instrumentos de culto

Na Umbanda, o médium tem o maior cuidado e respeito com a guia recebida pela ocasião da obrigação a Ibeji. Essa guia é confeccionada com contas de cristal rosa, intercaladas por miçangão branco cristalino.

Além disso, é comum ofertar aos médiuns, incorporados com espíritos de crianças, brinquedos que passam a fazer parte do acervo de objetos religiosos da referida entidade da linha de Cosme e Damião.

No Candomblé, não é utilizado nenhum instrumento de culto, visto que é apenas considerado um estado intermediário na regressão da manifestação do Orixá para a personalidade do indivíduo.

---

6. O termo Ibeijada é uma corruptela do nome Ibjei ou Ibeji.

Fato bastante curioso e tradicional nos candomblés da Bahia é a corda de Ibejê. Edison Carneiro relata-o da seguinte maneira:

Em uma corda estendida de um lado a outro do barracão, penduram-se frutas, pedaços de cana, pote com dinheiro miúdo, etc. e, a certa altura das cerimônias religiosas, todos os presentes começam a saltar para alcançar as coisas pendentes da corda, até que esta fique completamente nua. Cada pessoa fica com o que conseguir apanhar. Depois deste intervalo de risos, saltos e brincadeiras, os atabaques voltam a tocar e a festa prossegue.

12. Características dos filhos de Ibeji (Cosme e Damião)

Alegria, sem sombra de dúvidas, é a principal característica dos filhos de Ibeji (Cosme e Damião). Mesmo em circunstâncias difíceis, os filhos de Cosme e Damião parecem sempre irradiar alegria. São simples, generosos, altruístas, embora um tanto inconstantes, sinceros e justos. Têm grande apego à família e aos amigos, não raramente fazendo grandes sacrifícios para beneficiar a outros. Gostam de participar e dividir tudo o que têm e contentam-se com pouco. Não admitem não serem considerados e se magoam quando acham que não foram tratados com a devida consideração, embora não guardem rancor. Demoram um pouco para esquecer uma ofensa recebida. Exigem um pouco de mimo e de atenção em quase tudo o que fazem. Adoram ver seu trabalho reconhecido e admirado.

Os filhos de Ibeji (Cosme e Damião) são bons pais e bons maridos. Amantes do lar, são ainda calmos e tranquilos.

As filhas de Cosme e Damião são excelentes esposas e mães, embora geralmente muito dependentes. Costumam estabelecer laços familiares muito fortes. Não raramente, mesmo com idade avançada, não tomam quase nenhuma atitude sem consultar seus pais ou outros parentes ascendentes.

13. Pontos riscados

É raro encontrar qualquer ponto de Ibeji, mas, quando aparecem, representam motivos infantis. Costumam ser usados também isolados ou em conjunto, o sol e a lua.

Figura 37: Pontos de Ibeji

14. Pontos cantados

Apresentaremos alguns dos pontos mais cantados nos terreiros de Umbanda, quando da presença das crianças espirituais de Ibeji (Cosme e Damião):

Papai me mande um balão
Com todas as crianças que vêm lá do céu
Papai me mande um balão
Com todas as crianças que vêm lá do céu

Tem doce papai, tem doce papai
Tem doce lá no jardim
Tem doce papai, tem doce papai
Tem doce lá no jardim

Se eu pedir, você me dá
Se eu pedir, você me dá (bis)
Um brinquedinho papai pra eu brincar
Um brinquedinho papai pra eu brincar (bis)
Cosme Damião, oi Damião, cadê Doum?

Doum tá colhendo rosas na roseira de Ogum (bis)
Oi bate palmas, camaradinha chegou
Oi bate palmas, camaradinha chegou
São Cosme e São Damião
Sua santa já chegou
Vem lá do fundo do mar
Que Santa Bárbara mandou!
Dois-Dois, Sereia do Mar
Dois-Dois, Mamãe Yemanjá
Dois-Dois, Sereia do Mar
Dois-Dois, meu Pai Oxalá!

A estrela e a lua
São duas irmãs
Cosme e Damião
Também são dois irmãos
Estrela! Estrela!
A estrela e a lua
São duas irmãs
Cosme e Damião
Também são dois irmãos!

Criancinhas lá do céu
Anjinhos de toda luz
Companheiros de Jesus
Ai, trazei sua arucaia
Levantai minha macaia
Companheiros de falange
Foi Jesus quem ordenou
Com toda sua força
Nossa gira segurou
Com toda sua força
Nossa gira segurou

Na beira da praia
Sentadinhas na areia
Eu vi as crianças
Firmando mironga
Com a Mamãe Sereia

Andorinha que voa, que voa andorinha
Leva as crianças na hora andorinha
Voa, voa, voa andorinha
Leva as crianças na hora andorinha
Voa, voa, voa andorinha
Leva as crianças na hora andorinha

15. Comida de santo (Orixá) consagrada a Ibeji

Além das guloseimas e refrigerantes ofertados às crianças, é comum, no dia 27 de setembro, tanto na Umbanda como no Candomblé, a arriada, chamada de caruru dos meninos.

O caruru dos meninos é uma festa realizada em 27 de setembro. O prato principal é o caruru (comida feita com quiabos cortados às rodelas, camarão seco, peixe, castanhas de caju, amendoim torrado e picado, azeite de dendê, pimenta, cebola e alho). Além desse prato, servem-se também feijão, abóbora, acarajé, acaçá, banana-da-terra em azeite de dendê, milho branco, inhame, farofa de azeite com camarão, pipocas, etc.

Três vezes, em dias diversos, antes de sábado ou domingo, geralmente escolhidos para a festa, saem os santos em uma caixa de papelão cheia de pétalas de rosas, a pedir esmolas, de porta em porta.

Missa pedida para São Cosme e São Damião

Este procedimento só é utilizado pelos devotos menos favorecidos pela sorte, mas, em qualquer caso, os devotos devem sair até a casa de amigos e pedir esmolas, desde alguns centavos até quantias maiores. O dinheiro das esmolas deve ser todo gasto com os meninos, sob pena de cometer-se pecado imperdoável.

No dia da festa, as pessoas participam de missa contratada com antecedência para os meninos, em qualquer igreja. Uma criança, geralmente uma menina, leva a imagem particular da família e a coloca no altar para receber as bênçãos do sacerdote. Essa missa deve ser celebrada todos os anos para não atrasar o devoto (esse fato mostra a dependência do Candomblé em relação à Igreja Católica).

Durante a festa, junto com as iguarias, serve-se o aluá, uma garapa de cascas de abacaxi ou de gengibre com rapadura. Coloca-se um pouco dessa comida aos pés dos santos, antes que alguém se sirva delas.

Sobre o chão da sala de jantar, estende-se uma esteira de palha, onde se sentarão as crianças, e sobre a esteira coloca-se uma bacia contendo comida, o suficiente para todos.

Durante o banquete da meninada, entoam-se cânticos especiais alusivos à data.

16. Obrigação a Ibeji na Umbanda

As obrigações são atos litúrgicos ritualísticos ou oferendas que o filho de fé se obriga a efetuar, com relação a determinado Orixá ou Guia Espiritual, visando conseguir certo objetivo.

Dentre as obrigações, podemos destacar as três principais:

O primeiro tipo de obrigação é muito usual na Umbanda e é realizado pelas pessoas que pedem ajuda espiritual junto a determinada entidade. Essa entidade informa, então, à pessoa da obrigação, o que deverá realizar para alcançar o seu pedido.

O segundo tipo de obrigação é o que realizamos em consequência de algum trabalho maligno que nos tenha sido mandado. A entidade que promoveu o trabalho determina a obrigação que deve ser realizada para neutralizar o trabalho anterior. Uma outra entidade, não a que realizou o trabalho, pode determinar o trabalho a ser feito.

O terceiro tipo é a obrigação ao Orixá. É mais complexa, pois exige sacrifício maior da parte de quem dá a obrigação.

Esta obrigação é feita pelos médiuns que almejam o sacerdócio umbandista, ou por aqueles que desejam melhor firmeza nos trabalhos, ou ainda melhor relação com os seus principais Orixás.

Ela exige um conjunto de práticas religiosas que requerem, por parte do médium, desprendimento e dedicação muito grande.

Nessas obrigações, o médium deve manter abstinência de carne (até mesmo peixe), álcool e sexo por sete dias, para que possa manter vibrações originais e maior harmonia com o Orixá.

Além disso, essas abstinências propiciam ao médium uma desintoxicação e, consequentemente, uma purificação do seu organismo, favorecendo ainda mais a força de vontade.

O médium deve abster-se de sexo não porque seja pecado, mas porque em um relacionamento sexual existe troca de vibrações e humores que persistem durante algum tempo e alteram a vibração original dos participantes.

O médium deve ainda abster-se da incorporação, para que não reste a vibração da entidade manifestante. Deve abster-se de comparecer a hospitais, velórios, enterros e ao próprio terreiro onde trabalha, para que não absorva vibrações estranhas à sua própria.

Nos seis dias que precedem à obrigação, o médium terá, antes de deitar-se, de fazer o seu banho de higiene, e, logo após, o banho de ervas, que varia conforme o Orixá. Após o banho, o médium precisa defumar-se com ervas e resinas concernentes a cada Orixá.

No dia da obrigação, o médium terá também de fazer o banho e a defumação antes de sair para o local adequado.

As ervas resultantes dos banhos e os restos das defumações são despachados em água corrente.

Após o banho e a defumação, o médium se deitará na esteira e ficará sozinho no quarto. O uso da esteira deve-se à tradição, pois no passado a quase totalidade da população pobre do país (principalmente os escravos) dormiam em esteiras. Até mesmo Jesus dormia em esteiras, conforme relata a *Bíblia Sagrada*:

A Sagrada Família vivia modesta, mas confortavelmente. A casa pequena e sólida, provavelmente, tinha poucos quartos. O mesmo cômodo servia de sala de jantar durante o dia e, à noite, esteiras eram colocadas no chão, convertendo-o em dormitório da pequena família.[7]

---

7. Encarte da *Bíblia Sagrada*, Enciclopédia Barsa.

Geralmente usamos esteiras de taboa, confeccionadas com múltiplos talos secos dessa planta aquática que, por conter ar em suas células, constitui excelente material isolante e, ao mesmo tempo, é relativamente confortável.

Nessas obrigações, o médium deverá ter muito cuidado com o material que será ofertado, procurando, dentro de suas possibilidades, oferecer o melhor possível, o mais limpo e o mais bem confeccionado.

A obrigação será sempre oficiada pelo Pai Espiritual, secundado por ogãs. Antes de cada obrigação é dado o "Paô" a Exu, para que não haja interferência negativa na obrigação.

COMPOSIÇÃO DOS BANHOS

1. Arruda
2. Alecrim-do-campo
3. Guiné
4. Rosa branca
5. Eucalipto
6. Jurema
7. Hortelã

DEFUMAÇÃO

1. Incenso
2. Benjoim
3. Mirra
4. Alfazema
5. Alecrim-do-mato
6. Cravo-da-índia
7. Açúcar.

MATERIAL NECESSÁRIO

1 vela preta e vermelha para o Paô
3 velas azuis
3 velas cor-de-rosa
1 vela vermelha
3 pedaços de 1/2 metro de fita azul

3 pedaços de 1/2 metro de fita cor-de-rosa
1 vela de quarta branca
1 alguidar pequeno
1 vidro de mel
1 garrafa de refrigerante ou groselha, etc.
1 copo azul ou cor de rosa (se possível com motivos infantis)
1 pratinho com doces para permutar com os outros filhos de fé
Bolo, doce ou pudim feito pelo próprio filho de fé.

Entre o material deverão constar também flores variadas, porém sempre de cores claras e alegres.

TOALHA PARA OFERENDA

A toalha de Cosme e Damião pode ser confeccionada na cor rosa com as bordas brancas ou na cor branca com as bordas rosa; o tema inclui motivos infantis. O material de confecção é de livre escolha do filho de fé.

Figura 38: Toalha de obrigação para Ibeji

Figura 39: Toalha de obrigação para Ibeji

Sequência da Obrigação

Na falta de local mais adequado, quase sempre a obrigação é dada na praia, lugar onde as crianças brincam. Como de costume, antes de chegar ao local do trabalho, para-se no caminho para dar o Paô para Exu; depois disso, os filhos de fé dirigem-se ao local designado para a consagração, iniciam seus preparativos e acendem a vela vermelha a Ogum Beira Mar, pedindo proteção para os trabalhos; a seguir, acendem-se as sete velas azuis para Yemanjá, pedindo licença pelo uso da praia e proteção para os trabalhos que serão realizados. As velas azuis deverão estar enfeitadas com fitas azuis em laços caprichosamente atados.

Após os filhos de fé passarem pela defumação, procuram ocupar seu lugar na obrigação, que, dependendo do número de filhos de fé, poderá ser dada em linha reta, ou em um círculo no centro do qual o Pai Espiritual colocará a esteira, o banquinho para o Preto-Velho, que deverá dirigir os trabalhos, e todos os demais utensílios a ser usados pela entidade. Ao lado da esteira ficará o alguidar com as guias, iluminado por sete velas cor-de-rosa; o filho de fé estenderá sua toalha de forma que a base do desenho bordado fique voltada para a esteira e vai se colocar no lado oposto da toalha.

No canto direito da toalha, junto ao filho de fé, será firmada a vela de quarta, que deverá ser ofertada ao anjo da guarda; nas laterais da toalha, serão firmadas as três velas cor-de-rosa, que trarão amarradas a seu corpo as fitas azuis, e as três velas azuis com as fitas cor-de-rosa, dispostas da seguinte forma: uma vela azul, uma vela rosa e uma vela azul de um lado; no outro, uma vela rosa, uma vela azul e uma vela rosa. As flores deverão ser dispostas com muito cuidado sobre a areia, ao lado das velas.

No canto esquerdo, junto ao filho de fé, ficarão o frasco com o mel, o refrigerante de preferência da entidade e os doces a ser trocados.

Sobre a toalha, o pequeno alguidar, a caneca ou o copo, e a oferenda que está sendo feita pelo filho de fé.

A troca de doces é simbólica, já que é sabido que as crianças gostam de trocar coisas entre si. Depois de tudo arrumado em seus lugares, o filho de fé toma o frasco de mel e o refrigerante, e se dirige ao alguidar onde estão as guias e vai cruzá-lo com o curiador e o mel, em nome de Olorum, Oxalá e Ifá. Feito isto, volta ao seu lugar, onde permanece à espera de que seja dada a ordem para a troca dos doces; quando a autorização é dada, o filho de fé deve trocar pelo menos sete doces com outros tantos filhos de fé; após as trocas, retorna à sua toalha, onde arruma carinhosamente os doces conseguidos. Terminada a permuta, os ogãs pedem aos filhos de fé que acendam suas velas e permaneçam em seus lugares. Canta-se então o ponto para a incorporação do Preto-Velho. Depois de incorporado, o Preto-Velho dá um giro pelo local, observando as toalhas e as oferendas feitas pelos filhos de fé; depois retorna a seu banco e dá início à cerimônia de consagração do filho de fé ao Orixá.

Os filhos de fé são conduzidos pelos ogãs, um a um, até onde se acha o Preto-Velho; o filho de fé toma-lhe a bênção, e o guia lhe dirige palavras alusivas à ocasião; a seguir, oferece-lhe a guia do Orixá e pede-lhe que incorpore sua entidade, quando esta chega ao Preto-Velho. Em seguida, um ogã conduz a criança incorporada até a oferenda que a ela foi destinada pelo filho de fé incorporante, onde ela terá liberdade de servir-se à vontade e de brincar com as outras crianças presentes, quando todas houverem incorporado.

O Preto-Velho, então, desincorpora para que o Pai Espiritual possa supervisionar pessoalmente os trabalhos e quando achar oportuno determina a subida de todas as Crianças. Neste momento, faz-se uma prece de que todos participam em agradecimento a Oxalá e a Ibeji (Cosme e Damião); após a prece, o filho de fé despeja o que restou do mel no pequeno alguidar, toma a sua vela de quarta e vai procurar seu otá; onde o encontrar, deixa a vela e retorna ao seu lugar; lava o otá no mel e, em seguida, no curiador. Recolhe seus vasilhames de vidro para colocá-los em um lugar adequado onde não possa machucar alguém.

Está terminada a obrigação. O filho de fé volta à esteira em sua casa e aos preceitos e abstinências até meio-dia do dia seguinte.

Cosme e Damião (IBEJI) 137

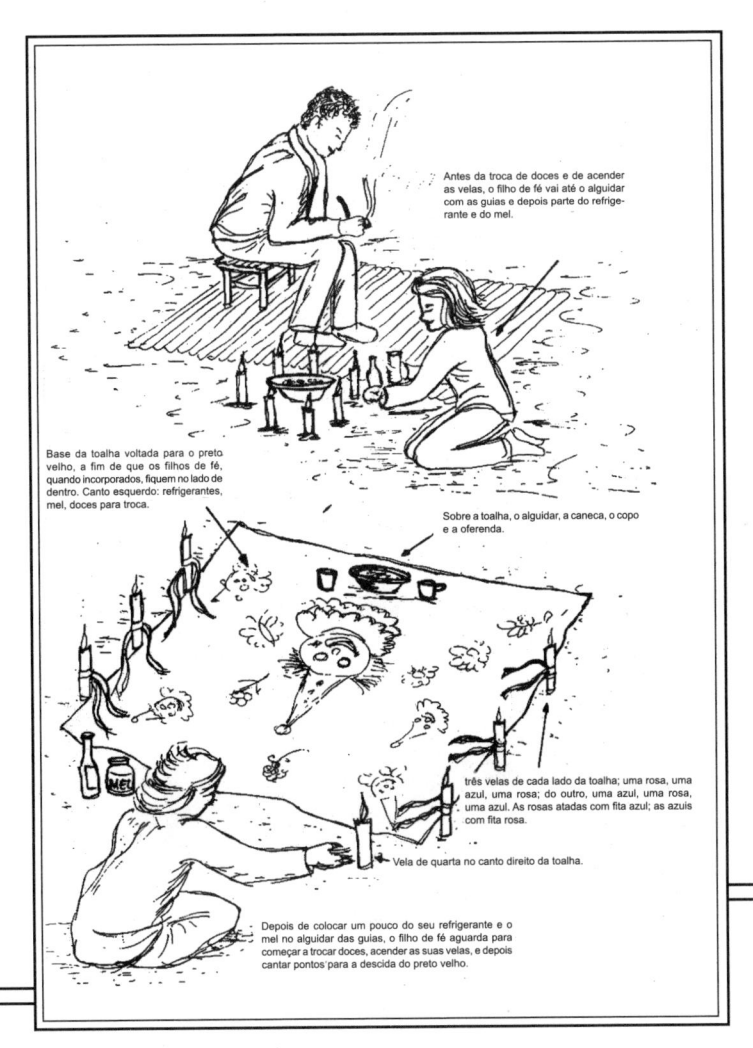

Figura 40: Esquema da obrigação a Ibeji

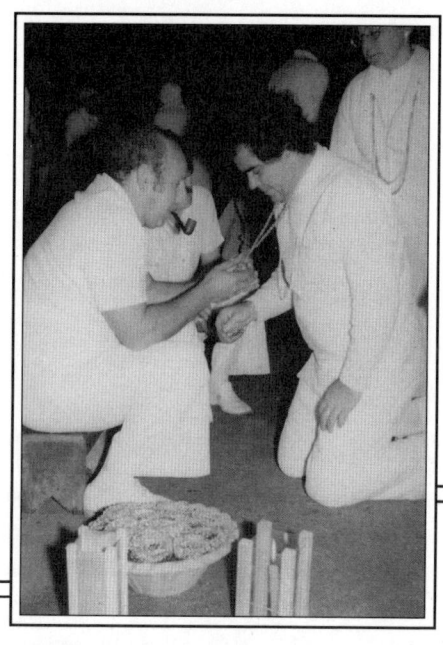

Figura 41: Médium junto ao Preto-Velho incorporado no Pai Espiritual, antes da incorporação da Criança

Figura 42: Crianças incorporadas nos médiuns junto às obrigações

Capítulo 7

Ogum

1. Lenda africana sobre Ogum

Ogum era, a princípio, apenas o Orixá do ferro. O ferro com que se faz a ferramenta, a enxada e, também, as armas com que os guerreiros se defendiam dos predadores (África – Pátria dos grandes felinos). Naturalmente, a eficiência dessas armas fatalmente seria utilizada na guerra.

De todas as lendas africanas sobre os Orixás, a que merece maior crédito, pela sua profundidade, é a descrita por Pierre Verger na sua obra *"Orixás"*.

Ogum, como personagem histórico, teria sido o filho mais velho de Odùduà, o fundador de Ifé. Era um temível guerreiro que brigava sem cessar contra os reinos vizinhos. Dessas expedições, ele trazia sempre um rico espólio e um grande número de escravos. Guerreou contra a cidade de Ará e a destruiu. Saqueou e devastou muitos outros Estados e apossou-se da cidade de Irê, matou o rei, aí instalou seu próprio filho no trono e regressou glorioso, usando ele mesmo o título de Oníìré, "Rei de Irê". Por razões que ignoramos, Ogum nunca teve direito a usar uma coroa (adé), feita com pequenas contas de vidro e ornada por franjas de miçangas, dissimulando o rosto, emblema de realeza para os yorubás. Foi autorizado a usar apenas um simples diadema, chamado àkòró, e isso lhe valeu ser saudado, até hoje, sob os nomes de Ogún Oníìré e Ògún Aláàkòró, inclusive no Novo Mundo, tanto no Brasil como em Cuba, pelos descendentes dos yorubás trazidos para esses lugares.

Ogum teria sido o mais enérgico dos filhos de Odùduà e foi ele que se tornou o regente do reino de Ifé quando Odùduà ficou temporariamente cego.

Ogum decidiu, depois de numerosos anos ausente de Irê, voltar para visitar seu filho. Infelizmente, as pessoas da cidade celebravam no dia da sua chegada, uma cerimônia em que os participantes não podiam falar sob nenhum pretexto. Ogum tinha fome e sede; viu vários potes de vinho de palma, mas ignorava que estivessem vazios. Ninguém o havia saudado ou respondido às suas perguntas. Ele não era reconhecido no local por ter ficado ausente durante muito tempo. Ogum, cuja paciência é pequena, enfureceu-se com o silêncio geral, por ele considerado ofensivo. Começou a quebrar, com golpes de sabre, os potes e, logo depois, sem poder se conter, passou a cortar as cabeças das pessoas mais próximas, até que seu filho apareceu, oferecendo-lhe as suas comidas prediletas, como cães e caramujos, feijão regado com azeite-de-dendê e potes de vinho de palma.

Enquanto saciava a fome e a sede, os habitantes de Irê cantavam louvores nos quais não faltava a menção a Ògúnjajá, que vem da frase Ògun je ajá (Ogum come cachorro), o que lhe valeu o nome de Ogúnjá. Satisfeito e acalmado, Ogum lamentou seus atos de violência e declarou que já vivera bastante. Baixou a ponta de seu sabre em direção ao chão e desapareceu pela terra adentro, com uma barulheira assustadora.

Ogum é único, mas, em Irê, diz-se que ele é composto de sete partes; Ogún méjeje lóòde Iré, frase que faz alusão às sete aldeias hoje desaparecidas, que existiriam em volta de Irê. O número sete é, desta forma, associado a Ogum e ele é representado, nos lugares que lhe são consagrados, por instrumentos de ferro, em número de sete, catorze ou 21, pendurados em uma haste horizontal, também de ferro: lança, espada, enxada, torques, facão, ponta de flecha e enxó, símbolos de suas atividades.

Mais adiante, Verger fala de sua vida amorosa.

"A vida amorosa de Ogum foi muito agitada. Ele foi o primeiro marido de Oiá, aquela que se tornaria mais tarde mulher de Xangô. Teve, também, relações com Oxum, antes que ela fosse viver com

Oxóssi, e com Xangô. E, também, com Obá, a terceira mulher de Xangô, e Eléfunlósunlóri, "aquela que pinta sua cabeça com pós branco e vermelho", a mulher de Órisà Oko. Teve numerosas aventuras galantes durante suas guerras, tornando-se, assim, pai de diversos Orixás, como Oxóssi e Oranian.

A importância de Ogum vem do fato de ser ele um dos mais antigos dos deuses yorubás e, também, em virtude da sua ligação com os metais e aqueles que os utilizam. Sem sua permissão e sua proteção, nenhum dos trabalhos e das atividades úteis e proveitosas seria possível. Ele é, então e sempre, o primeiro e abre o caminho para os outros Orixás.

Entretanto, certos deuses mais antigos que Ogum, ou originários de países vizinhos aos yorubás, não aceitaram de bom grado essa primazia assumida por Ogum, o que deu origem a conflitos entre ele e Obaluaiê e Nanã Buruku.

Figura 43: Ogum, segundo concepção africana.

2. Resumo histórico sobre a vida de São Jorge

São muito contraditórias as histórias sobre a vida de São Jorge. Vejamos o que diz a Enciclopédia Barsa a respeito do assunto:

"Santo de grande devoção popular, padroeiro da Inglaterra, de Aragão e Portugal".

Por volta do século III d.C., quando Diocleciano era imperador de Roma, havia nos domínios do seu império um soldado chamado Jorge. Filho de pais cristãos, Jorge aprendeu desde tenra idade a louvar Deus e desenvolveu a crença em Jesus como seu salvador. Nasceu na Capadócia, região que atualmente pertence à Turquia. Após a morte de seu pai, transferiu-se com sua mãe para a Palestina. Ali foi promovido a capitão do exército romano, em função da sua habilidade e dedicação. Com 23 anos, fixou residência na corte romana, exercendo altas funções.

Nessa época, o imperador pretendia matar todos os cristãos. No dia destinado para o senado confirmar o decreto imperial, Jorge manifestou-se, se declarando contra a decisão. Como ele mantinha-se fiel a Jesus, o imperador tentou dissuadi-lo da fé por meio de torturas. Não tendo sucesso no seu intento, Diocleciano mandou degolar Jorge no dia 23 de abril de 303. Do século XI em diante, tornaram-se muito populares várias lendas sobre a vida de Jorge, que foram se tornando cada vez mais extravagantes. A devoção a São Jorge popularizou-se rapidamente, seu culto espalhou-se pelo Oriente e, pela época das cruzadas, teve grande influência no Ocidente.

A história do salvamento da virgem do dragão, datada do fim do século XII e popularizada no ano seguinte, deve-se talvez ao fato de que a lenda clássica de Perseu e Andrômeda se refere a Jaffa ou Arsuf, não longe de Lydda.

São Jorge ficou conhecido na Inglaterra pelo menos a partir do século VIII. Não está claro, porém, porque se tornou patrono. Sem dúvida, os cruzados que voltavam de suas campanhas popularizavam o culto (diz-se que foi visto ajudando soldados no cerco de Antióquia), em 1098, mas é provável que não tenha sido reconhecido como tal até o Rei Eduardo III havê-lo feito patrono da então recém-fundada Ordem da Jarreteira.

Em Portugal, sua devoção parece ter sido introduzida pelos cruzados ingleses que auxiliaram Dom Afonso Henriques na conquista de Lisboa, em 1147. Dom João I, o fundador da dinastia de Aviz, foi grande devoto de São Jorge e o fez patrono nacional, em substituição a Santiago, que já era dos castelhanos. Ordenou que suа imagem equestre figurasse nessa célebre procissão e era de praxe a presença do santo.

Em São Paulo, esse costume perdurou até 1872, quando a imagem desequilibrou-se do andor e caiu sobre um soldado, matando-o. No Rio de janeiro, a Irmandade de São Jorge mantém sua igreja, de grande afluência popular, na Praça da República.

São Jorge é um dos 14 santos auxiliares e a sua festa, tanto nas igrejas ocidentais como nas orientais, é comemorada no dia 23 de abril".

Vejamos agora, uma opinião de Mario Sgarbosa e Luigi Giovannini no livro *"Um Santo Para Cada Dia"*.

"Se de São Jorge possuímos só os Atos do martírio e mais precisamente sua Paixão (considerada apócrifa já pelo Decreto Gelasiano do século VI), poderíamos até duvidar de sua existência histórica. Todavia, não se pode apagar com um simples golpe de caneta uma tradição tão universal: a Igreja do Oriente o chama de grande mártir e todos os calendários cristãos incluíram-no no elenco dos seus santos. São Jorge, além de haver dado nome a cidades e povoados, foi proclamado padroeiro de cidades como Génova, de regiões inteiras espanholas, de Portugal, da Lituânia e da Inglaterra, com a solene confirmação, para essa última, do papa Bento XIV."

Esse culto extraordinário tem origens muito remotas, uma vez que seu sepulcro em Lydda, na Palestina, onde o mártir foi decapitado no início do século IV, era alvo de peregrinações já na época das Cruzadas, quando o sultão Saladino destruiu a igreja construída em sua honra. A imagem de todos conhecida, do cavaleiro que luta contra o dragão, difundida na Idade Média, faz ver a origem da lenda criada sobre esse mártir e contada de várias maneiras em suas muitas paixões.

Diz a lenda que um horrível dragão saía de vez em quando das profundezas de um lago e se atirava contra os muros da cidade, trazendo-lhe a morte com seu mortífero hálito. Para afastar tamanho flagelo, as populações do lugar lhe ofereciam jovens vítimas, pegas por sorteio. Um dia coube à filha do rei ser oferecida em comida ao monstro. O monarca, que nada pôde fazer para evitar esse horrível destino da tenra filhinha, acompanhou-a com lágrimas até as margens do lago. A princesa parecia irremediavelmente destinada a um fim atroz quando, de repente, apareceu um corajoso cavaleiro vindo da Capadócia, São Jorge. O valente guerreiro desembainhou a espada e, em pouco tempo, reduziu o terrível dragão a um manso cordeirinho, que a jovem levou, preso a uma corrente, até dentro dos muros da cidade, entre a admiração de todos os habitantes que se fechavam em casa, cheios de pavor. O misterioso cavaleiro lhes tranquilizou, gritando-lhes que tinha vindo em nome de Cristo, para vencer o dragão. Eles deveriam converter-se e ser batizados.

Também o fim desse glorioso mártir tem o sabor de lenda. Foi condenado à morte por ter renegado aos deuses do império. Os algozes infligiram-lhe no corpo os mais atrozes tormentos. Ele parecia de ferro. Diante de sua invicta coragem e de sua fé, a própria mulher do imperador se converteu. Muitos cristãos, amedrontados diante dos carrascos, encontraram a força de dar o testemunho a Cristo com o extremo holocausto de suas vidas. Por fim, também São Jorge inclinou a cabeça sobre uma coluna e uma espada superafiada, pondo fim à sua jovem vida.

Na verdade, a região do Oriente onde os mercadores europeus cruzavam em busca das especiarias da Índia possuía a crença popular de um herói local cuja representação era a de um guerreiro árabe montado em um garanhão branco que, juntamente com o cavaleiro, atacava o dragão, que simbolizava as forças do mal.

A representação artística desse fato impressionou os cruzados (guerreiros de diferentes nacionalidades, mercenários ou não, que a mando do Papa tentavam tomar o poder na região para que a Igreja Católica pudesse se beneficiar, não só ficando dispensada do "pedágio" até então pago aos árabes, como cobrando esse mesmo pedágio das caravanas de mercadores estrangeiros); eles levaram essa imagem, que posteriormente foi santificada pela Igreja em uma tentativa de evitar que os cristãos cultuassem um mito não católico. Tanto isto é fato que, a despeito de São Jorge ter sido cassado pelo Papa Paulo VI, não temos conhecimento de nenhuma igreja dedicada a esse santo ter fechado as suas portas.

No dia 23 de abril as igrejas de São Jorge, no Rio de Janeiro e em Salvador, são muito concorridas e sua frequência é majoritariamente daqueles que aos domingos vão à Igreja e às segundas, quartas e sextas vão ao terreiro.

Figura 44. Imagem de São Jorge

3. Resumo Histórico sobre a vida de Santo Antonio

Tendo em vista o sincretismo de Ogum com Santo Antonio, nos candomblés da Bahia, faz-se necessário escrevermos a respeito desse Santo Católico.

Dom Servilio Conti, na sua obra *"O Santo do Dia"*, da Editora Vozes, nos esclarece o seguinte:

"Santo Antonio nasceu em Lisboa em 1195 e morreu nas vizinhanças da cidade de Pádua, Itália, em 1231; daí chamar-se Antonio de Lisboa ou de Pádua. No batismo, recebeu o nome de Fernando de Bulhões Y Taveira de Azevedo. Jovem, ingressou na Ordem dos Cônegos Regulares e fez seus estudos filosóficos e teológicos em Coimbra, onde também foi ordenado sacerdote".

Tinha inteligência aberta, um coração ardente de zelo, desejando se engajar em algo de empolgante. Apareceram naqueles anos, em Portugal, os primeiros frades franciscanos, que abriram um convento. Estava ainda vivo São Francisco de Assis, que em seu anseio apostólico de converter os infiéis, já enviara frades a Marrocos, alguns dos quais tinham sido martirizados pelos muçulmanos e cujos corpos foram levados para Portugal.

Antonio sentiu arder em seu coração um grande desejo de imitar os gestos dos mártires, em pregar o Evangelho aos mouros, e decidiu então entrar para as fileiras dos franciscanos. Estes religiosos, junto com os dominicanos, levavam uma vida religiosa diversa da tradicional: uniam a vida do claustro com as exigências de apostolado pelos povoados e cidades. Eram, portanto, considerados frades itinerantes. Em total pobreza, vestidos com seu austero hábito, viajando a pé, percorriam as estradas do mundo levando uma mensagem viva e evangelicamente questionadora.

Em 1220, Antonio pediu para pregar o Evangelho em Marrocos mas, chegando lá, uma enfermidade o obrigou a voltar para a Pátria. O navio, de volta para Portugal, foi açoitado furiosamente pelos ventos, que o empurraram em direção à Itália. Desembarcou na ilha de Sicília e daí tomou o rumo para Assis, a fim de se encontrar com São Francisco. O santo fundador, reconhecendo em Antonio uma profunda ciência teológica, encarregou-o de lecionar essa disciplina aos frades em Bolonha. Ficou pouco tempo nesse cargo, pois Antonio se revelou exímio pregador e conhecedor das Sagradas Escrituras e da teologia, de tal forma que a pregação tornou-se seu principal campo de ação. Viajou para muitas regiões da Itália setentrional e, por três anos, andou pelo sul da França, onde se encontrava o foco das heresias".

Em 1221, participou da assembleia geral dos franciscanos, chamada Capítulo das Esteiras, pois os frades, em cinco mil, dormiam em esteiras ao relento. Em 1229, foi morar com seus irmãos franciscanos, perto de Pádua, no convento de Arcella, em Camposampiero, onde se dedicou a escrever os sermões das festas dos grandes santos e de todos os domingos do ano.

Figura 45: Imagem de Santo Antonio

Continuou seu apostolado da palavra até a morte, que o atingiu no dia 13 de junho de 1231, com 36 anos de idade. Mas tanta era a sua celebridade, sua fama de pregador milagroso que, onze meses após a sua da morte, foi canonizado pelo Papa Gregório IX.

Em 1934, foi declarado Padroeiro de Portugal. Em 1946, foi proclamado pelo Papa Pio XII como Doutor da Igreja.

4. Sincretismo Religioso

O ideal de liberdade é inerente à própria condição do ser humano. Mesmo o mais vil dos assassinos sonha com a liberdade. O que se dizer então do homem que nasceu livre nas savanas africanas e foi reduzido à humilíssima condição de escravo, sem nada ter feito para merecer esse castigo? Assim, em seus sonhos de liberdade, o negro africano via em Ogum, o Orixá da guerra, a força de que necessitava para conseguir sua liberdade.

Um dia o negro empunharia a lança e a espada de Ogum, mataria os brancos, vingando amigos e parentes mortos por esses e tomaria de uma de suas grandes canoas (caravelas) voltando à sua terra natal.

Diante do exposto, cultuar Ogum era vital para os negros africanos. Era ele quem os ajudaria na batalha, lhes daria forças e quem sabe lhes emprestaria a coragem de que tanto necessitavam.

A figura de São Jorge nos mostra um homem todo coberto com uma armadura de aço, ferindo com uma lança o dragão, símbolo do mal. O Ogum que o negro conhecia e que era o Orixá do ferro era um Orixá guerreiro. O branco lhe impunha a imagem de São Jorge dizendo-lhe que esquecesse o Orixá guerreiro e continuasse humildemente cultuando Ogum "disfarçado" na imagem do Santo Católico.

As imagens tão populares, no período colonial, eram na sua maioria esculpidas em madeira. O negro africano, quando cumpre uma obrigação, retira do lugar sagrado onde deu a obrigação um pedaço do solo, geralmente uma pedra, a qual se dá o nome de OTÁ e que ele cultua como objeto sagrado pelo resto de seus dias. Para não trair seus deuses de origem, o negro habilmente escavava a imagem do Santo Católico e introduzia nesta escavação o OTÁ correspondente ao Orixá. Desta forma, ele poderia voltar-se para uma imagem do Santo católico e reverenciar o Orixá africano.

O branco acabou por descobrir que os negros escavavam as imagens. Quando esse fato ocorreu, o negro justificou que a imagem oca não trincava e que a pedra na base servia para dar mais estabilidade à imagem. O branco ladino passou a utilizar-se dessas imagens, que eram encomendadas aos negros para ocultar no seu interior fumo, ouro e pedras preciosas. Essa imagem era vedada com uma massa preparada com cera de abelhas e serragem e enviada à Europa sem pagar os direitos do rei, surgindo desta forma de contrabando a expressão "SANTINHO DO PAU OCO" como sinônimo de coisa marota.

Às vezes, o dono do engenho, o senhor das terras, tinha um santo de devoção pessoal e obrigava o negro a cultuar esse santo. Isto justifica o fato de, em Salvador, Ogum ser sincretizado com Santo Antonio e não com São Jorge. Para que se entenda melhor, Santo Antonio foi considerado o Capitão do Exército Nacional e o pároco da igreja a ele dedicada recebia o seu soldo do quartel.

Durante as invasões holandesas no nordeste brasileiro, Santo Antonio, em virtude de sua popularidade, ganhou o *status* de "santo militar", indo à frente nas batalhas com aparições e fantásticos milagres. Na Bahia, em 13 de junho de 1638, a missa era celebrada em agradecimento a Santo Antonio, a quem o povo atribuía a libertação da cidade da invasão holandesa. Ainda nessa cidade, em 1705, Santo Antonio foi incorporado à guarnição do Forte Santo Antonio. Foi uma forma que o governo encontrou de contribuir com os religiosos locais, disponibilizando o seu soldo para a igreja.

5. Características de Ogum

A principal característica do Orixá Ogum reside no ferro e tudo aquilo que ele representa. O espírito marcial do Orixá, já descrito anteriormente, torna-se patente no aço das armas brancas utilizadas no passado e, naturalmente, se reflete no aço dos canhões dos tempos contemporâneos e, por extensão, em tudo aquilo que é manipulado em ferro ou aço em qualquer gênero de atividade, marcial ou não.

Poderíamos dizer, sem medo de errar, que no período atual ele seja o Orixá da tecnologia ou, mais especificamente, da metalurgia. No passado era o ferro da espada, da lança, do machado, etc. No presente, da enxada, do revólver e também dos blindados e dos tratores.

Além dessas características, Ogum é um Orixá essencialmente guerreiro, solteirão, mulherengo, amante do vinho de palma e das noitadas alegres e descompromissadas. É determinado e dificilmente perdoa.

Por ser um espírito que mais manda do que pede, costuma impor a sua vontade, principalmente sobre os espíritos comumente chamados de Exus.

Cognominado "Vencedor de Demandas", é a última estância a que recorrem os seus adeptos quando se sentem incapazes de se defender.

6. Elemento – Domínio – Metal – Ervas – Flor Sagrada

O elemento de Ogum é o ferro.

Os seus domínios são os caminhos e as guerras.

O seu metal é o ferro e a erva sagrada é a jurubeba. A flor sagrada é o cravo vermelho. Para os banhos, podem ser usadas as seguintes ervas: jurubeba, samambaia do campo, romã, espada-de-são-jorge, losna, tulipa e rubi. Durante o período da obrigação a Ogum deve ser feito um banho especial, que mostraremos no item 15.

7. Datas comemorativas e dia da semana

Nas regiões onde ele é sincretizado com São Jorge, Ogum é comemorado em 23 de abril. Na Bahia, onde é sincretizado com Santo Antonio, é cultuado em 13 de junho.

O dia da semana consagrado a Ogum é a terça-feira.

8. Saudações a Ogum

As saudações mais comuns para Ogum são:

- Ogum - iê
- Ogunhê
- Ogunhê - patakori

9. Cores representativas

Nos candomblés, a predominância de cor é do azul-marinho. Não raramente, a indumentária de Ogum é enriquecida com tecido estampado majoritariamente azul-marinho, detalhes em branco e, às vezes, até mesmo em vermelho.

Na Umbanda, a cor predominante é o vermelho e, nas guias, o vermelho e o branco em proporção menor.

10. Instrumentos de Culto

Na Umbanda, o principal instrumento de culto é a guia (colar), principalmente em contas de cristal vermelho. O Conselho de Culto da Federação Umbandista do Grande ABC sugere que essas contas sejam alternadas com contas brancas menores de porcelana (branco leitoso).

Além das guias, quer nos rituais de abertura e encerramento de trabalhos em terreiros que levem no nome a expressão Ogum, quer nas obrigações, são utilizadas as espadas militares. As tendas usam réplicas sem corte e sem ponta dessas espadas, apenas símbolos que lembrem tal figura.. Outras tendas mais exigentes, principalmente aquelas consagradas a Ogum, fazem questão absoluta do uso da espada militar verdadeira, às vezes custando imensos sacrifícios para consegui-la.

Nos candomblés, as guias são confeccionadas em contas maiores (10 mm) de porcelana azul-marinho.

Quando manifestado no Candomblé, Ogum utiliza, além das guias e indumentária tradicional, um peitoral de latão ou metal branco, pulseiras e braceletes do mesmo material.

Frequentemente esses adereços de metal são substituídos por verdadeiras joias realizadas em tecidos, paetês, lantejoulas, miçangas que tornam mais atraentes as indumentárias do Candomblé.

Item dos mais importantes é o capacete, réplica dos usados pelos centuriões romanos que, além do metal, também estão sendo cada vez mais confeccionados em tecidos finos e pedrarias. Assistir à saída de Santo em um Candomblé atualmente é, antes de tudo, um raro espetáculo de luxo e de cores que quase nada tem em comum com o artesanato em latão, cobre ou alumínio que encontrávamos nos candomblés antigos.

11. Características dos Filhos de Ogum

Os filhos de Ogum são tidos como brigões, mas é errôneo esse pensamento. Eles são mais intransigentes e obstinados do que propriamente brigões.

Ogum representa o espírito da Lei e seus filhos têm essas características bem predominantes. Raramente o filho de Ogum pondera as coisas; o regulamento é este, então tem que ser seguido a qualquer custo.

Toda lei deve ser interpretada, para obter-se o seu verdadeiro sentido e para conhecer-se o espírito dela. Porém, para o filho de Ogum, essa mesma lei é usada com parcimônia. O filho de Ogum segue a lei sem se importar se ela serve para este ou para aquele caso. É lei, tem que ser cumprida, implacavelmente.

O pai de família que é filho de Ogum não dá muitas chances de diálogo para seus filhos, sendo inflexível e radical. Usa uma lei para si e outra para os outros.

É vaidoso, não gosta de ser contrariado em suas opiniões. Raramente se retira de sua posição, mesmo quando não está certo. Quer sempre prevalecer o seu ponto de vista, não recua nenhuma vez em suas decisões. Tem sempre tendência para resolver as coisas para o seu lado, de qualquer forma.

A mulher, filha de Ogum, é mais queixosa do que briguenta. É aguerrida e de atitudes mais extremadas. É excelente mãe de família, porém, coitado do filho que não andar direito, ela é do tipo que bate primeiro para depois perguntar qual foi o erro.

Os filhos de Ogum são dados a fazer conquistas, têm facilidade de relacionamento com o sexo oposto de qualquer filiação de Orixá. Relacionam-se mal com os filhos de Oxalá e Xangô, que detêm a realeza.

12. Pontos Riscados

Cronologicamente, destacamos a lança, arma utilizada pelos guerreiros africanos quer para a guerra, quer para a caça aos grandes felinos.

Posteriormente e até os tempos modernos, a espada é utilizada como símbolo de poder e como arma.

Os pontos riscados de Ogum levam também, com muita frequência, a flâmula armada, que é um símbolo da cavalaria. A maioria dos pontos riscados é composta pela soma ou justaposição dessas armas.

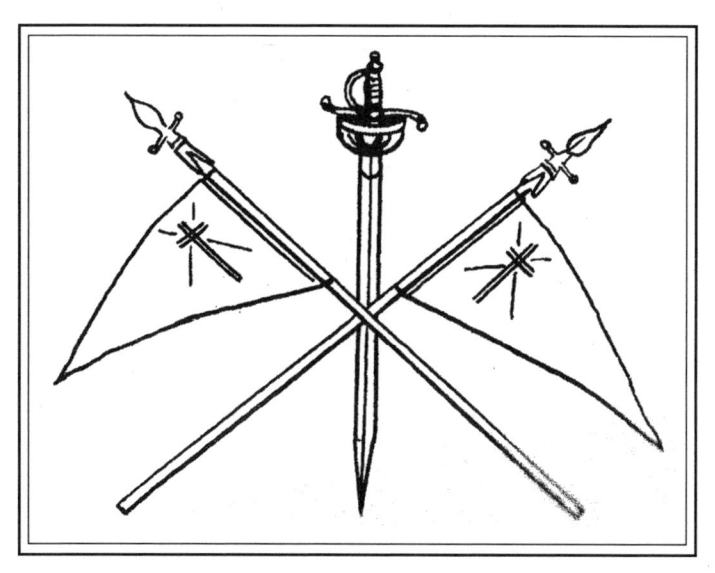

Figura 46: Ponto geral de Ogum

13. Pontos Cantados

Inicialmente, apresentaremos alguns *ingorossis* extraídos do trabalho *Melodias Registradas Por Meios Não Mecânicos* – Arquivo Folclórico da Discoteca Pública Municipal de São Paulo – 1º volume, 1946. A seguir, mostraremos alguns pontos tradicionais da Umbanda.

OGUM JÁ VAI

Bahia, capital Candomblé (kêto)

O - gum já vai já vai jê   vé   ai ai   ai ma - iê -
- dù   lu - a ê   ó   ia   ê   ai ai   ai ma - iê - dú

Ogum já vai já vai jê vé ai ai
ai maiêdü lua ê ó ia ê ai ai
ai maiêdü

OGUM TINÔ JÁ

Bahia, capital Candomblé (kêto)

O - gum ti - nô já   ta - coa   ta - coa   mã - nà   O - gum
- a - mi   já - có   o   mi - bã   mi   cô - cô

Ogum tinô já tacoa tacoa mãnã
Ogum ami jacó o mibã mi côcô

OGUM Ê MARIÔ
(Canto de Ogum)

Bahia, capital Candomblé (gege)

M.º 116

O - gum ê Ma - ri - ô la - ja ê Ma - ri - ô O - gum ê Ma - ri - ô la - ja ê Ma - ri - ô O-gum o - co-ni lê Ma - ri - ô la - ja ê Ma - ri - ô O-gum ê Ma - ri - ô la - ja ê Ma - ri - ô

Ogum ê mariô
laja ê mariô
Ogum ê mariô
laja ê mariô
Ogum oconilê
Mariô laja ê mariô
Ogum ê mariô
laja ê mariô

MABÉ MABÉ
(Canto de Ogum)

Bahia, capital Candomblé (gege)

M.º = 72

Ma - be Ma - bé O - gum xo - rô Ma bé O - gum a - Ra ê Ma -

Mabé mabé
Ogum xorô
Mabé Ogum
araê ma

Pontos de Ogum na Umbanda

Se meu Pai é Ogum, vencedor de demandas
Ele vem da Aruanda pra salvar filhos de Umbanda
Ogum, Ogum Yara
Ogum, Ogum Yara
Salve os campos de batalha, salve a sereia do mar
Ogum, Ogum Yara
Ogum, Ogum Yara

Eu tenho sete espadas pra me defender
Eu tenho Ogum em minha companhia
Ogum é meu pai
Ogum é meu guia
Ogum é meu pai
Venha com Deus e com a Virgem Maria

Quando Ogum partiu para a guerra
Ele mandou orar, orar, orar, orar
Quando Ogum voltou da guerra
Ele mandou orar, orar, orar, orar

Tava na beira da praia
Eu vi sete Ondas passar
Abre a porta, gente, que aí vem Ogum
Com seu cavalo marinho ele vem saravá

Seu Ogum Beira-Mar
O que trouxe do mar?
Quando ele vem
Beirando a areia
Na mão direita
Traz o rosário de Mamãe Sereia

Pisa na Linha de Umbanda
Que eu quero ver Ogum Sete Ondas
Pisa na Linha de Umbanda
Que eu quero ver Ogum Beira
Pisa na Linha de Umbanda
Que eu quero ver
Ogum, Ogum Yara

Ogum, Ogum Yara
Beira-Mar, auê Beira-Mar
Ogum já jurou bandeira
Nos campos de Humaitá
Ogum já venceu demanda
Vamos todos saravá

Que cavaleiro é aquele
Que vem cavalgando no céu azul?
Ele é Ogum Matinata
Que vem defender o Cruzeiro do Sul

Ogum seu clarim já soou
Meu guerreiro de Umbanda chegou
Chegou lá da Aruanda
Para salvar seus filhos de Umbanda

Ogum olha sua bandeira
Está firmada aqui na minha aldeia
Ogum nos campos de batalha
Ele venceu a guerra sem perder soldado

14. Comida de Santo (Orixá) e animais consagrados a Ogum

No Candomblé, Ogum é homenageado geralmente com pratos nos quais predomina a carne. No passado, essa carne era constituída indistintamente por caça. A proximidade com o elemento branco forçou a utilização cada vez maior de pratos preparados com carnes de animais domésticos, dentre eles o bode e o galo vermelho, ave guerreira, agressiva e viril. Para diferenciar dos ofertados a Exu, geralmente pretos, o galo ofertado a Ogum é, quase sempre, vermelho, mesmo nos candomblés tradicionais.

Uma outra prática recente é a oferenda de carne bovina, geralmente bifes grossos e carnudos extraídos do patinho do boi, preparados com condimentos variados e picantes e muito azeite-de-dendê.

Pierre Verger, em seu livro *"Orixás"*, documenta o sacrifício de um cão a Ogum. Em São Paulo, no decorrer de uma festividade a Yemanjá, um terreiro, evidentemente mal dirigido, dispunha-se a sacrificar um cãozinho a Ogum Beira-Mar em área destinada à Federação

Umbandista do Grande ABC; impedido nos seus intentos, o terreiro desapareceu com o animal que, no entanto, foi encontrado no dia seguinte, sacrificado a menos de um quilometro do local supracitado.

Nada justifica, nem a tradição africana, nem as práticas umbandistas, sacrifícios inúteis como esse realizado em local e ocasião totalmente inadequados.

Na África e nos candomblés, os sacrifícios animais, incluindo o do cão, não se limitam ao derramamento de sangue, pois parte da carne desses animais é servida às pessoas presentes nos rituais, em forma de pratos (comida de santo) muito elaborados. Esses pratos geralmente são servidos em gamelas de madeira forradas com folhas de bananeira, acompanhados de iguarias preparadas com inhame, feijão e dòburu (pipoca). Uma curiosidade: rica em temperos, a cozinha baiana não raras vezes tempera o dòburu com pó de pimenta vermelha seca. É chamado de dòburu quente e deve ser evitado pelas pessoas de paladar muito sensível.

15. Obrigação a Ogum na Umbanda

Para a obrigação a Ogum, o filho de fé deve seguir os mesmos preceitos das demais obrigações no que diz respeito à abstinência de álcool, sexo e carne, além de seguir as mesmas práticas com relação a banhos, defumações, etc.

Composição dos Banhos

1. Três cravos vermelhos (em cada banho)
2. Capim-santo ou capim-rosário
3. Samambaia do campo
4. Tapete-de-Oxalá
5. Perfume de Ogum
6. Uma espada-de-são-jorge (cortada em sete pedaços). Usa-se um pedaço para cada banho. Corta-se a espada em diagonal.

Defumação

1. Uma espada-de-são-jorge seca
2. Semente de tâmara
3. Mirra

4. Incenso
5. Benjoim
6. Sândalo em pó
7. Fava africana (em forma de vagem grande)

A semente da tâmara deve ser tirada da fruta seca; todo esse material deve ser reduzido a pó por meio de pilagem. Durante o tempo de preparação da defumação, o filho de fé deve cantar pontos de Ogum.

Material da Obrigação

7	velas vermelhas
7	velas brancas
7	velas azuis
1	vela preta e vermelha
7	pedaços, de um metro, de fita vermelha
7	pedaços, de um metro, de fita branca
1	vela de quarta branca
1	copo ou caneca metálica
1	charuto
1	caixa de fósforos
1	cerveja branca
2	dúzias de cravos vermelhos
1	toalha vermelha com as bordas brancas

Figura 47: Modelo de Toalha para Ogum

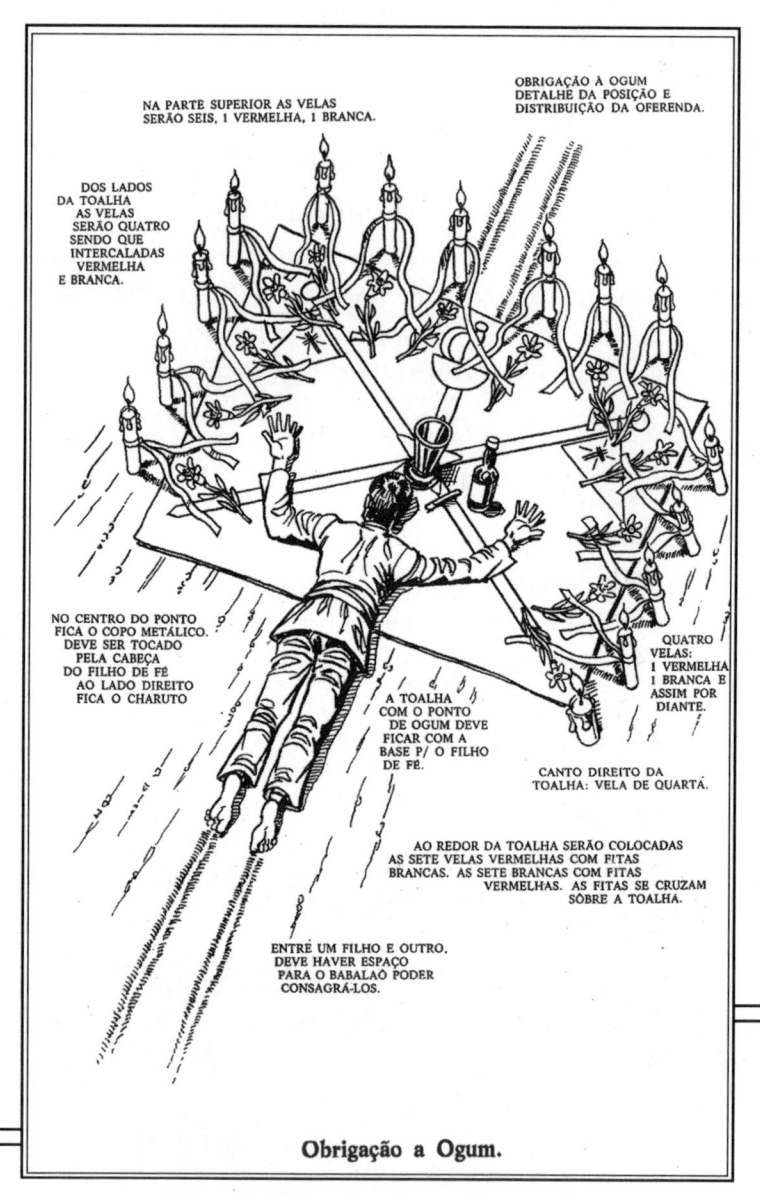

Figura 48: Obrigação a Ogum – Primeira fase

A toalha de Ogum é confeccionada com o ponto do Orixá; o material, o bordado e o tipo de franja ficam a critério do filho de fé.

Sequência da Obrigação

A obrigação a Ogum é dada na praia. Antes de chegar ao local, é dado o Paô para Exu, conforme já foi explicado anteriormente. Em seguida, os filhos de fé dirigem-se ao local destinado para o ritual.

Inicialmente, o filho de fé acende as velas azuis para Yemanjá, pedindo proteção e ajuda para os trabalhos. Nesta obrigação, não se acende a vela vermelha para Ogum por se tratar de sua própria obrigação.

Depois de acesas as velas azuis, o filho de fé deve passar pela defumação. Enquanto acende as velas para Yemanjá, o Pai Espiritual risca na areia um ponto de Ogum (seu tamanho dependerá do número de filhos que serão consagrados); no centro do ponto ficará o alguidar, que deverá ser rodeado por sete velas vermelhas. Se o número de filhos de fé for reduzido, suas velas de quarta deverão rodear o alguidar, juntamente com as vermelhas; se o número de filhos de fé for grande, a vela de quarta ficará acesa ao lado do filho de fé enquanto durar a obrigação, e o Pai Espiritual deverá acender uma vela de quarta simbólica ao lado do alguidar para substituir as velas dos filhos de fé.

A base do desenho que for feito na toalha ficará voltada para o filho de fé; entre um filho e outro, deverá haver espaço suficiente para que eles fiquem deitados, enquanto o Pai Espiritual faz a consagração.

Os filhos de fé ficarão dispostos de tal maneira que, depois de estenderem as suas toalhas e deitarem no chão, suas cabeças fiquem voltadas para o alguidar (ver figura 48). No canto direito da toalha, ao lado do filho de fé, será firmada a vela de quarta para o Anjo da Guarda. Ao redor da toalha, serão firmadas as sete velas brancas, amarradas com fitas vermelhas, alternadas pelas velas vermelhas, amarradas com fitas brancas; de cada lado da toalha, ficarão seis velas intercaladas. As fitas, que são bem compridas, deverão ter as pontas cruzadas e cairão sobre a toalha. Entre as velas, o filho de fé deverá arrumar, com muito carinho, os cravos vermelhos. No centro da toalha ficará o copo metálico e, ao lado, o charuto (deve ser aceso após sererm acesas as velas).

Depois que tudo estiver arrumado, o filho de fé deverá ir até o alguidar que contém as guias para cruzá-las com o curiador (cerveja) em nome de OLORUM, OXALÁ e IFÁ. Em seguida, voltará ao seu lugar e aguardará a orientação dos ogãs para acender as velas.

No alguidar, as guias estarão arrumadas de tal modo que pareçam franjas (muito usadas no fardamento de gala da cavalaria).

Quando terminar de acender as velas, o filho de fé deverá deitar-se no chão, acompanhando o desenho feito pelo Pai Espiritual; sua testa deverá apoiar-se no chão e o alto da cabeça encostará no copo. Um dos ogãs tira a toalha do pescoço do filho de fé e aguarda a chegada do Pai Espiritual. Esse se dirige ao alguidar, retira uma das guias com a ponta da espada e vai até o filho de fé a ser consagrado. Quando vem, traz a espada cruzada no peito. Um ogã fica do lado direito do filho de fé; com a mão esquerda, pega a garrafa de cerveja, e, com a mão direita, segura a espada e apoia a mesma sobre a bainha, fazendo com que a espada penetre na taça ou copo metálico e a guia na cabeça do filho de fé. Neste momento, o Pai Espiritual pronuncia as seguintes frases:

A quem eu consagro este filho? E o ogã responde:
A Ogum, meu pai!

Por quem eu consagro este filho? E o ogã responde:
Por Ogum, meu pai!

Em seguida, o Pai Espiritual pede ao Orixá que aceite a oferenda e o sacrifício que o filho de fé faz em seu nome, ajudando-o e protegendo-o. A seguir, derrama o curiador sobre a lâmina da espada, molhando a cabeça do filho de fé; parte desse curiador deverá cair no copo ou taça metálica; enquanto cai o curiador, o Pai Espiritual pede licença a Oxalá para cruzar o filho de fé, em nome de OLORUM, OXALÁ e IFÁ. Em seguida, faz a saudação a Ogum, a qual o ogã responderá assim:

Ogunhê, meu pai!

Tirando a espada da cabeça do filho de fé, o Pai Espiritual arrumará a guia e o ogã a cobrirá com a toalha ritualística, devendo esse assim ficar até o término da consagração.

Antes de os filhos de fé se levantarem, o Pai Espiritual fará uma prece de agradecimento a Oxalá e, em seguida, mandará todos se levantarem. O filho de fé deverá pegar sua vela de quarta e procurar o seu otá; quando o encontrar, deixará a vela no local e, voltando à sua toalha, lavará o seu otá ao curiador que ficou no copo ou na taça e poderá voltar para a sua casa, onde continuará o preceito até o meio-dia do dia seguinte.

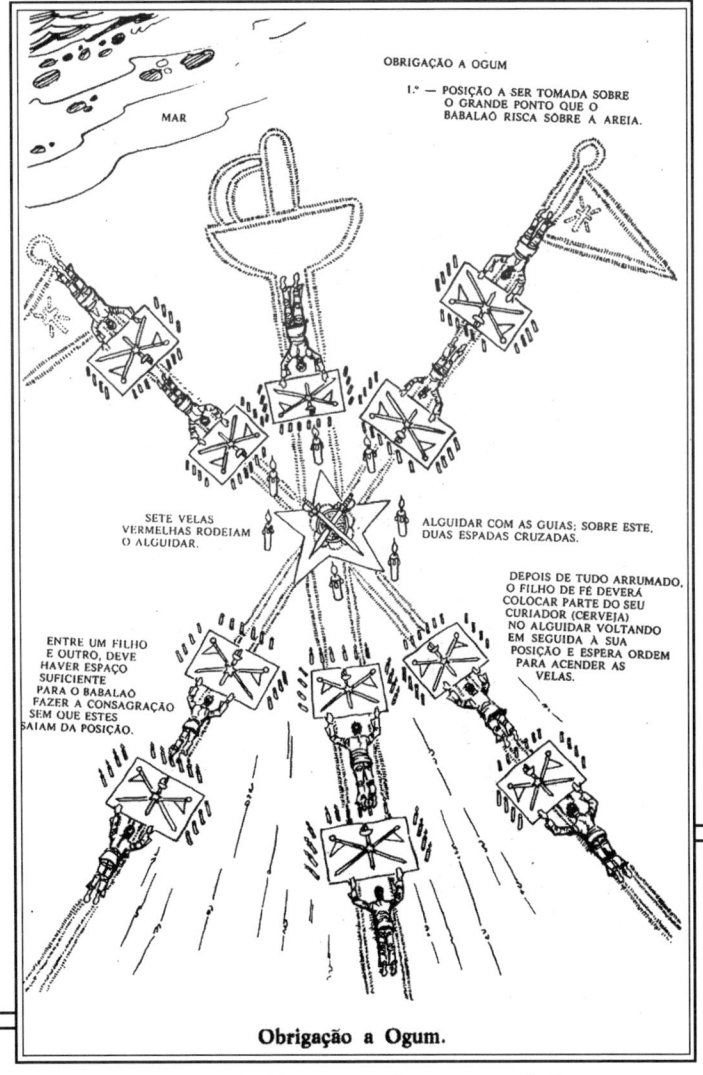

Figura 49: Obrigação a Ogum – segunda fase.

Figura 50: Guias no alguidar

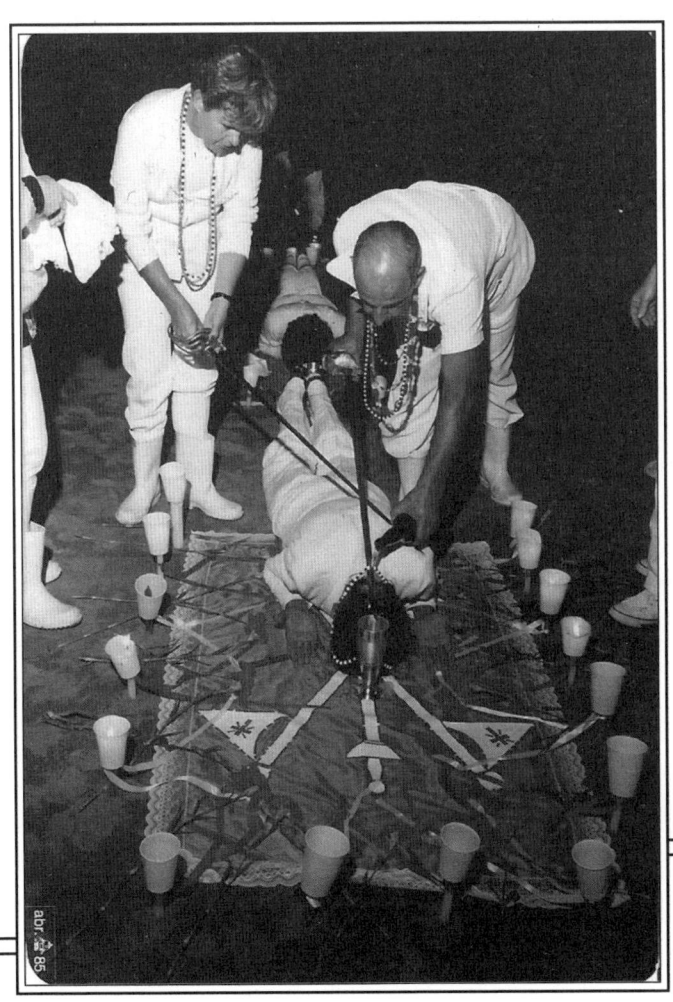

Figura 51: Médium sendo consagrado a Ogum

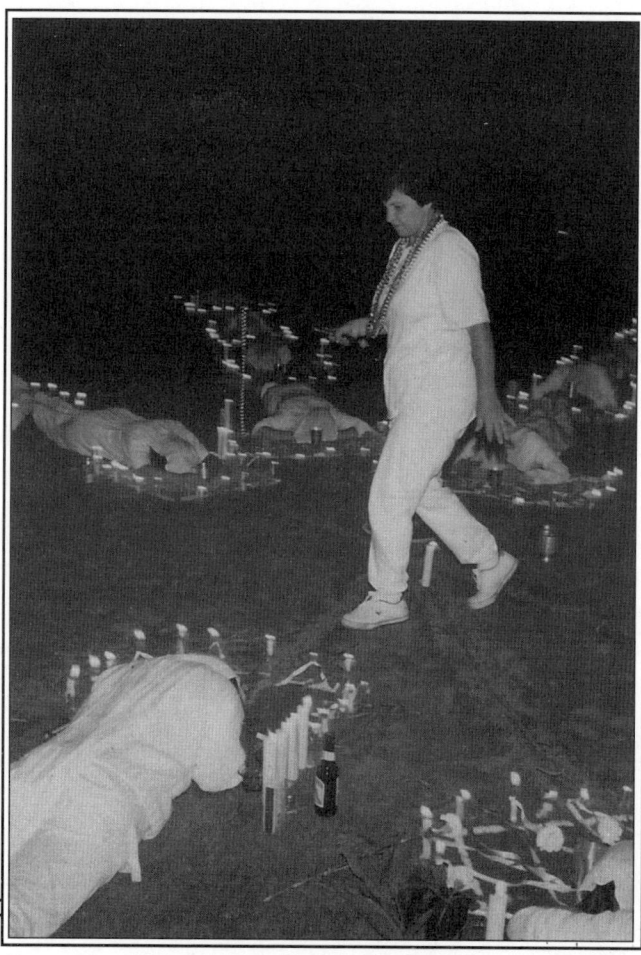

Figura 52: Médiuns em comunhão com Ogum, após a consagração.

Capítulo 8

Oxóssi

1. Lenda africana sobre Oxóssi

Segundo Pierre Verger, Oxóssi, também chamado o *deus dos caçadores,* teria sido o irmão caçula ou o filho de Ogum.

Verger narra a seguinte lenda:

"Oxóssi era irmão de Ogum e de Exu, todos os três, filhos de Yemanjá. Exu era indisciplinado e insolente com sua mãe e por isso ela o mandou embora. Os outros dois filhos se conduziam melhor. Ogum trabalhava no campo e Oxóssi caçava na floresta das vizinhanças, de modo que a casa estava sempre abastecida de produtos agrícolas e de caça. Yemanjá, no entanto, andava inquieta e resolveu consultar um babalaô. Este lhe aconselhou proibir que Oxóssi saísse à caça, pois se arriscava a encontrar Ossain, aquele que detinha o poder das plantas e que vivia nas profundezas da floresta. Oxóssi ficaria exposto a um feitiço de Ossain para obrigá-lo a permanecer em sua companhia. Yemanjá exigiu, então, que Oxóssi renunciasse às suas atividades de caçador. Este, porém, de personalidade forte e independente, continuou suas incursões à floresta. Ele partia com outros caçadores, e como sempre faziam, uma vez chegados junto a uma grande árvore (*irókò*) separavam-se, prosseguindo isoladamente, e voltavam a encontrar-se no fim do dia e no mesmo lugar. Certa tarde, Oxóssi não voltou para o reencontro, nem respondeu aos apelos dos outros caçadores. Ele havia encontrado Ossain e este dera-lhe para beber uma poção onde foram maceradas certas folhas, como o *amúnimúyè,* que significa 'apossar-se de uma pessoa e de sua inteligência', o que provocou em Oxóssi uma amnésia. Ele não sabia mais quem era, nem onde morava. Ficou, então, vivendo na mata com Ossain, como predissera o babalaô.

Ogum, inquieto com a ausência do irmão, partiu à sua procura, encontrando-o nas profundezas da floresta. Ele o trouxe de volta, mas Yemanjá não quis mais receber o filho desobediente. Ogum, revoltado pela intransigência materna, recusou-se a continuar em casa (é por isso que o lugar consagrado a Ogum está sempre instalado ao ar livre). Oxóssi voltou para a companhia de Ossain e Yemanjá, desesperada por ter perdido seus filhos, transformou-se em um rio, chamado Ògún (não confundir com Ogum, o Orixá)".

O narrador desta lenda chamou a atenção para o fato de que "esses quatro deuses iorubás – Exu, Ogum, Oxóssi e Ossain – são igualmente simbolizados por objetos de ferro forjado e vivem todos ao ar livre.

Figura 53: Representação africana de Oxóssi

2. Resumo histórico da vida de São Sebastião

A ação do Império Romano foi um marco glorioso no curso da história da humanidade. A lei dos césares, porém, não se processou sem que pesados fardos de dor caíssem sobre os ombros das civilizações nascidas sob a espada das cruéis legiões romanas.

Desde Nero até Diocleciano, um dos prazeres dos imperadores era perseguir os cristãos que teimavam em propagar sua doutrina. A Igreja de Deus, no entanto, crescia sem se importar com tais pressões romanas.

Na época do imperador Diocleciano, que nasceu em Narbone, cidade de numerosa colônia cristã, Sebastião, que foi educado e viveu na cidade de Milão. Sebastião, filho de família militar e nobre, era um jovem forte, sadio e de boa estatura, tendo conseguido chegar ao posto de oficial das milícias romanas. Era um fervoroso seguidor de Cristo e mantinha reuniões clandestinas com outros cristãos.

No ano de 303 d.C., Maximiniano chegou a Roma, nomeado auxiliar da governança por Diocleciano. Nessa época, o imperador promulgou um édito que colocava os cristãos como fora da lei e que mandava, entre outras coisas, demolir as casas onde se reuniam os cristãos, queimar todos seus escritos e confiscar seus bens particulares. Todas as pessoas que se encontravam nesses lugares eram obrigadas a render homenagens aos deuses de Roma, visto que os que assim não agissem perdiam seus empregos e eram decapitados.

Sebastião trabalhava, usando as facilidades do seu posto, para ajudar os cristãos perseguidos. Ele foi convidado por Diocleciano para fazer parte da sua guarda pessoal em função da sua atuação nas frentes de batalha.

Certo dia, em uma das prisões em um dos porões da casa de Nicostrato, Sebastião recebeu a visita de um arcanjo e somente Zoé, esposa de Nicostrato, conseguiu ver o mensageiro divino. Zoé, que era muda, prostrou-se diante de Sebastião e suplicou sua cura. A impostação das mãos de Sebastião sobre sua cabeça devolveu a Zoé a fala. Ao saber do acontecido, Nicostrato adere a Sebastião e à fé cristã. No dia seguinte, Sebastião participou, como padrinho, do batismo de 64 novos fiéis convertidos ao Cristianismo.

O prefeito de Roma, Cromácio, acometido de gota, sofria dores terríveis que o levavam a ficar em seu leito. Aconselhado por Tranquilino, que havia sido curado pelo sacerdote Policarpo e por Sebastião, Cromácio recebeu a ajuda desses cristãos e foi curado. Logo em seguida, distribuiu suas riquezas entre os pobres, recebeu o sacramento do batismo e aderiu ao Cristianismo, comunicando o fato aos 1.400 parentes e familiares que em pouco tempo passaram a seguir os conceitos cristãos. Seguindo instruções do papa Caio, Cromácio cedeu seu palácio para a celebração de missas e acolhimento dos cristãos perseguidos.

A perseguição era cada vez maior. Por ordem do papa Caio, uma grande comunidade cristã, chefiada por Policarpo, partiu para Nápoles, após obterem a autorização do imperador, por meio da influência de Cromácio. Uma parte da comunidade mais destemida conseguiu a permissão do papa para permanecer em Roma. Entre eles encontrava-se Sebastião, Nicostrato e sua esposa Zoé, e Tibúrcio, filho de Cromácio. Sebastião foi ordenado como subdiácono pelo papa Caio. Muitos membros dessa comunidade foram tragicamente mortos pelas fogueiras ou decapitados pelos machados imperiais.

Um dos cristãos, muito assustado, trocou sua vida pela informação, a Diocleciano, das pessoas que o atraiçoavam, seguindo a doutrina cristã. Sebastião foi levado à presença de Diocleciano e confirmou sua religião cristã. Diocleciano mandou que o flechassem, sem sequer ter um julgamento. Nessa noite, Irene, a viúva de Castulo (um dos mártires cristãos), e algumas amigas encontraram Sebastião agonizando, mas ainda vivo. Foi tratado por elas e continuou sua missão na Terra.

No dia 20 de janeiro, Roma estava tomada por festas pagãs. Nesse dia, Diocleciano compareceu ao Templo de Heliogabalo e foi nesse local que Sebastião compareceu para afrontar o imperador pagão. Imediatamente, este mandou que o açoitassem até a morte. Seu corpo foi jogado no esgoto principal da cidade. Algum tempo depois, o espírito de Sebastião se separou do corpo e apareceu à sua amiga Lucina e lhe pediu que mandasse sepultar seu corpo em Terra cristã.

Lucina, seguida de alguns criados, partiu para o local onde fora jogado o corpo e lá encontrou Turíbio, amigo de Sebastião nas milícias e que não professava o Cristianismo. Ambos encontraram o corpo e, no dia seguinte, foi levado à catacumba que ainda hoje conserva o seu nome, na cidade de Roma.

Turíbio abandonou a milícia e tornou-se cristão. Lucina teve várias visões de Sebastião e sua casa foi transformada em um templo dedicado a São Sebastião. Lucina foi canonizada e tem sua festa comemorativa no dia 30 de junho pela Igreja Católica.

No Brasil, São Sebastião é padroeiro de 144 paróquias. É o padroeiro da cidade do Rio de Janeiro, cujo nome canônico é Cidade de São Sebastião do Rio de Janeiro. Seu dia foi escolhido por Mem de Sá e Estácio de Sá, que trouxeram a imagem de Portugal para a inauguração da cidade, para dar início ao combate aos tamoios e franceses que haviam conquistado a região. Nesse mesmo dia, 20 de janeiro de 1567, os franceses foram derrotados.

Figura 54: Imagem de São Sebastião

Em memória a essa vitória, a municipalidade do Rio de Janeiro, decretou feriado nesse dia. Daí, surgiu a confusão popular entre o dia da fundação da cidade e essa data, que na verdade foi fundada por Estácio de Sá em 1º de março de 1565.

3. Sincretismo religioso

A imposição da cultura branca ao negro recém-escravizado, a obrigatoriedade de aceitação de santos católicos que em nada se assemelhavam aos seus Orixás de origem levaram o ingênuo escravo a procurar pontos de concordância entre os seus principais Orixás africanos e os santos cultuados pelos católicos.

Quando vemos a imagem de São Sebastião, vemos um homem seminu (caboclo?) amarrado a um tronco de árvore (mata?) e crivado de flechas (índios?). A única diferença destoante é um capacete romano geralmente depositado aos pés da imagem. O negro africano necessitava esconder seu otá (pedra sagrada) na base de uma imagem que, de alguma forma, lhe lembrasse o Orixá deixado na Pátria Mãe, a África, e, quem usa flechas, e vive na mata conhece cada animal e os caça com auxílio do arco e flecha, é Oxóssi. Consequentemente, o antigo centurião romano era o que mais se aproximava fisicamente do homem que vivia da caça e, por extensão, do próprio índio brasileiro (pouca roupa, arco, flecha e mata).

Embora hoje o sincretismo São Sebastião-Oxóssi seja aceito em quase todo o Brasil, no passado e em lugares menos permeáveis, ainda se sincretiza Oxóssi com Omulu Abadian. Em alguns dos candomblés da Bahia, sincretiza-se Oxóssi com São Jorge. Em Cuba, Oxóssi é cultuado com São Norberto, santo nascido em Xanten, na Alemanha, pelo ano de 1080, e falecido em 1134 em Magdeburgo, cidade da qual era arcebispo.

Ossain, o Orixá das folhas, é cultuado como Orixá à parte no Candomblé e não tem equivalência na Umbanda, pois é absorvido pelas características de Oxóssi. Na Bahia, Ossain é sincretizado ora com Santo Expedito, ora com Santa Luzia, em função de se tratar de um Orixá *meta meta,* ou seja, parte do tempo masculino, parte do tempo feminino.

Pierre Verger (*Orixás*) nos diz que Ossain é a divindade das plantas medicinais e litúrgicas. O nome das plantas, sua utilização e as palavras (*ofò*), cuja força desperta seus poderes, são os elementos mais secretos do ritual no culto aos deuses iorubás. O símbolo de Ossain é uma haste de ferro, tendo, na extremidade superior, um pássaro forjado; essa haste é cercada por seis outras dirigidas em leque para o alto.

Figura 55: Representação africana de Ossain

4. Características de Oxóssi

Oxóssi é o Orixá da mata e, por extensão, de todas as formas de vida que nela existem, ou seja, a caça, as folhas, as flores silvestres, etc. É o mais simplório e honesto de todos os Orixás.

Mais recentemente, é representado com um chapéu de abas largas, de couro e é tido como o propiciador de boa caça. Para que se tenha ideia da importância do Orixá, devemos lembrar que, no passado, a caça era a única forma de proteína animal que chegava com mais frequência à minguada mesa do brasileiro. Tanto isto é fato, que a grande maioria já foi extinta e outras, apesar do clima exuberante, encontram-se em fase de extinção em função da perseguição indiscriminada dos caçadores.

Oxóssi é ainda o patrono da agricultura, sendo o protetor das colheitas fartas. Em função da sua ligação direta com a natureza, podemos dizer que é também o protetor da ecologia, sendo da sua responsabilidade o bem-estar da fauna e da flora.

5. Elemento – Domínio – Metal – Ervas – Flor Sagrada

Elemento: ar
Domínio: matas e animais silvestres, caça e agricultura
Metal: cobre
Erva: erva-doce
Flor: palmas

Para os banhos, podem ser usadas as seguintes ervas: sabugueiro, folhas da jurema, malva-cheirosa, malvaísco, dracena.

Durante o período da obrigação a Oxóssi, deve ser feito um banho especial que mostraremos no item 14.

6. Datas comemorativas – Dia da semana

No Rio de Janeiro e em Porto Alegre, onde é sincretizado com São Sebastião, Oxóssi é comemorado no dia 20 de janeiro. Já na Bahia, onde a maioria dos candomblés sincretiza Oxóssi com São Jorge, sua data comemorativa é 23 de abril.

O dia da semana consagrado a Oxóssi é sexta-feira.

7. Saudações a Oxóssi

As principais saudações a Oxóssi são:
Okê Bambe Oclim!
Okê Caboclo!"

8. Cores representativas

Na Umbanda, a cor predominante, na maioria dos terreiros, é verde, por sua ligação com a mata.

No Candomblé, as cores de Oxóssi variam desde o verde-claro até o azul, nos vários tons. As roupas de Oxóssi no Candomblé são, geralmente, estampados bem gritantes.

9. Instrumentos de culto

Na Umbanda, além das guias que são confeccionadas em porcelana verde número 8 e porcelana branca número 6 (ou miçangão branco leitoso), costuma-se encontrar, em alguns terreiros, utensílios utilizados pelos índios, tais como arco, flecha, bodoque, aljava, cocares, etc.

No Candomblé, o usual é uma miniatura de arco e flecha geralmente feitos em ferro pintado, esmaltado ou envernizado, com o qual a entidade manifestada dança, com movimentos que lembram a busca e a caça. Além disso, usa capanga, aljava e o eruexim (ou arukerê) que é uma espécie de espanta-moscas. O eruexim é também chamado de eiru.

10. Características dos filhos de Oxóssi

Oxóssi representa a pureza das matas. Seus filhos são honestos, desinteressados, altruístas e espontâneos.

A principal característica dos filhos de Oxóssi é a honestidade: nunca esperam recompensa daquilo que fazem espontaneamente.

Os filhos de Oxóssi têm um grande inconveniente: são inconstantes, não persistentes, seja qual for o motivo. Com muita frequência, após lutarem por um ideal, às vezes, às vésperas de consegui-lo, desistem para uma nova ideia. Geralmente, reúnem qualidades que são muito importantes. Se alguém está doente, ele é aquele que vai várias vezes visitar a pessoa, ver como está passando, interessa-se pelo bem-estar dos outros, sempre com muita atenção.

Dão-se muito bem com pessoas de qualquer faixa de idade. Sentem-se mais à vontade em ambientes mais descontraídos, não gostam de andar muito presos em roupas sociais, não se sentem bem em cerimônias muito formais.

São dados a ter vida muito singela; não são dados a luxo e têm verdadeira repulsão a tudo o que chama atenção. Adoram andar, gostam do ar livre, não gostam de ficar em ambientes fechados ou escuros. São muito complacentes com a aquisição de bens materiais, sendo muito desligados de tudo aquilo que se refira a luxo.

O filho de Oxóssi costuma mudar de atividade com relativa facilidade, mas há possibilidade de lançar raízes em algum campo de negócio. São tão profundos e seguros que jamais mudam.

O chefe de família filho de Oxóssi é um tanto desligado do lar; não que ele não se interesse pelos problemas familiares, mas prefere ser servido do que servir.

A mulher filha de Oxóssi tende a não ser muito boa dona de casa. Gosta das coisas bem-feitas, mas não de fazer; gosta das coisas em ordem, mas prefere mandar os outros fazerem.

11. Pontos riscados

Na Umbanda, os pontos riscados mais comuns para Oxóssi são: o arco e flecha ou simplemente a flecha.

Arco e flecha   *A flecha*

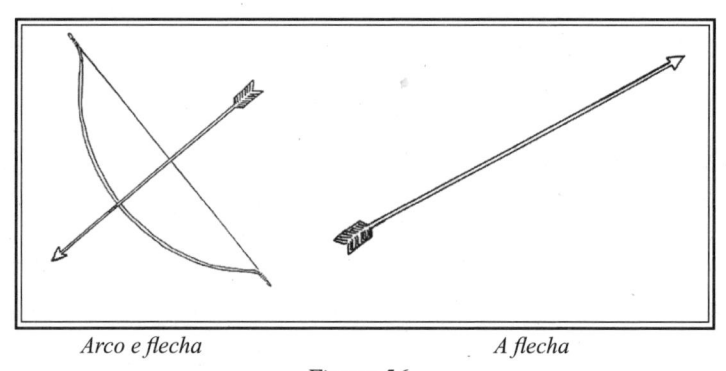

Figura 56

12. Pontos cantados

Vejamos alguns ingorossis de Oxóssi cantados no Candomblé:

Aruê caçador
Cabaranguange mato sumaé
Tauami
Aruê, caçador
Cabaranguange mato sumaé
Tauami

Oxóssi é tala no mussambê
Oxóssi é tala no arirê (bis)

Lomata Quilondirá
Oxóssi é Mutalambô
Aê, aê
Lomata Quilondirá (bis)

Caça na Luanda
É coroa
Oxóssi é caçador
É coroa

Oxóssi mora na lua
Só vem ao mundo para clarear (bis)
Queria ver um Oxóssi
Para com ele eu falar (bis)

É Lua Branca leluá
Ode Queboangi
É Lua Branca leluá
Ode Queboangi

Pontos de Oxóssi na Umbanda:

Vem de Aruanda Orixá da mata
Com sua flecha de prata
Defender o seu congá

Traz de Aruanda
O clarão da aurora
Bênção de Nossa Senhora
E o amor de Oxalá

Vem de Aruanda Orixá da mata
Com sua flecha de prata
Defender o seu congá

Traz de Aruanda
O clarão da aurora
Bênção de Nossa Senhora
E o amor de Oxalá

Ó que bamboclim
Oxóssi á
Ó que bamboclim
Oxóssi ô

Odé odé odé
Na macaia é caçador
Odé odé odé
Na macaia é caçador

Ó que bamboclim
Oxóssi á
Ó que bamboclim
Oxóssi ô

Odé odé odé
Na macaia é caçador
Odé odé odé
Na macaia é caçador
Eu corri terra, eu corri mar
Até que cheguei em minha país
Ora viva Oxóssi na mata
Que a folha da mangueira
Ainda não caiu!

A mata estava escura
E um anjo alumiou
No seio da mata virgem
Quando Oxóssi chegou
Ele é Rei, ele é Rei, ele é Rei!
Ele é Rei, na Aruanda ele é Rei!

Com tanto pau na mata
Eu não tenho guia
Caboclo Araraguaia
Vai buscar a guia!

Corta língua, corta mironga
Corta língua de falador (bis)

Pra minha espada não há embaraço
Chegou Ubirajara peito de aço (bis)

Cortai, cortai, cortou
Cortai a mironga de um mau protetor (bis)

Aonde eu piso não há embaraço
Chegou Ubirajara peito de aço (bis)

Mas ele é Capitão da Marambaia
Mas ele é Capitão da Marambaia
Mas ele é Capitão da Marambaia
Mas ele é seu Oxóssi na Arucaia!
Caboclo Roxo da pele morena
O seu Oxóssi é caçador lá da Jurema
Ele jurou, e ele jurará
Pelos conselhos que a Jurema veio dar!

Atira, atira, eu atirei!
Na bamba eu vai atirar!
Atira, atira, eu atirei!
Na bamba eu vai atirar!
Veado no mato é corredor
Oxóssi na mata é caçador!

Ele é caboclo, ele é flecheiro
Bumba na calunga
É matador de feiticeiro
Bumba na calunga
Quando vai firmar seu ponto
Bumba na calunga
Ele vai firmar é lá na Angola
Bumba na calunga

Oxóssi é meu pai
Oxóssi é meu guia
Quando ele chega na Umbanda
Traz a paz da Aruanda
Muita luz ele irradia (bis)

Corre, corre na cachoeira
Sobre a pedra ela rolou
É Oxóssi das cachoeiras
Que sua flecha atirou

Oxóssi é rei no Céu!
Oxóssi é rei na Terra!
Oxóssi é rei no Céu!
Oxóssi é rei na Terra!

Ele não desce do céu sem coroa
E sem sua muganga de guerra (bis)

Na sua aldeia tem os seus caboclos
Na sua mata tem cachoeirinha
O seu saiote tem pena dourada
Seu capacete brilha na alvorada

Estava chovendo e relampejando
Mas mesmo assim o céu estava azul
Firma seu ponto na folha da Jurema
Oxóssi é dono do aracajá!

13. Comida de santo (Orixá) e animais consagrados a Oxóssi

Além de toda e qualquer espécie de caça, geralmente por influência baiana, preparada com muito condimento, dendê e leite de coco, Oxóssi aceita peixe, servido assado, preferencialmente pescada, dourado e namorado.

Uma iguaria muito apreciada por Oxóssi é preparada com quirera de milho vermelho – canjiquinha – bem temperada à maneira da canjica comum, regada com mel de abelhas e enfeitada com fatias de coco, cortadas em meio círculo e colocadas na orla do alguidar com a ponta para fora.

Oxóssi aprecia, ainda, milho, papa de milho verde doce ou salgada, pamonha e outros derivados do milho.

Os animais consagrados a Oxóssi são: boi, bode, galo e conquém (galinha d'angola) macho. Oxóssi não aprecia animais fêmeas.

14. Obrigação a Oxóssi na Umbanda

COMPOSIÇÃO DOS BANHOS

1. Cipó-cruz
2. Cipó-caboclo
3. Guiné Pipiu
4. Jurema
5. Samambaia-do-campo
6. Eucalipto
7. Manjericão

DEFUMAÇÃO

1. Incenso
2. Mirra
3. Benjoim
4. Cravo-da-índia
5. Alecrim-do-Campo
6. Arruda
7. Alfazema

MATERIAL NECESSÁRIO

2 coités de coco
10 velas verdes
5 velas brancas
2 charutos
1 vela preta e vermelha (para o paô)
1 cerveja branca
1 folha de taioba
7 tipos diferentes de fruta nacional
1 vela de quarta verde
Flores silvestres
1 caixa de fósforos

SEQUÊNCIA DA OBRIGAÇÃO

Aplica-se a essa obrigação os mesmos preceitos, obrigações e abstinências exigidas nas demais obrigações.

Evidentemente, é dada em uma clareira no meio da mata; o Pai Espiritual deverá, com devida antecedência, certificar-se de que a mesma será realizada em local adequado, que ofereça condições ideais e que seja de inteira confiança, a fim de não haver interrupção nos trabalhos.

A escolha das frutas também deverá ser bastante criteriosa; frutas passadas geram dificuldades, pois ninguém vai querer trocá-las durante a *Quitanda de Oxóssi*, cerimônia que precede a Obrigação e que consiste na permuta das frutas que todos os médiuns trouxeram. Essa *quitanda* destina-se tanto a aumentar a solidariedade entre os médiuns como também para anular o valor pecuniário pago pelas mesmas, tornando maior o cunho de coisa comum, isto é, pertencente a todos. Desta forma, aquele que trouxer frutas menos conhecidas (como carambola, pinha, pitanga, etc.), terá mais probabilidade de compor uma bonita obrigação, porque todos desejarão permutar suas frutas com ele, que também deverá preservar algumas dessas para sua própria obrigação. Resumindo: quanto maior e mais diversificada sua oferenda, melhor.

Além das frutas, sem caráter de obrigatoriedade, podem também ser ofertados outros alimentos de origem, tais como mandioca (em suas diferentes formas), milho e seus derivados, manipulados segundo hábitos primitivos (exemplo: pamonha, cauim, milho assado, etc.)

Após o paô a Exu, o filho de fé deve dirigir-se para onde o Pai Espiritual, previamente, acendeu a fogueira, e onde os ogãs – seguindo instruções do Pai Espiritual – disporão os filhos de fé de tal maneira que formem um círculo, como se estivessem no centro de uma taba indígena.

Cada filho de fé deverá dispor sua folha de taioba de forma que a base (local do talo) fique voltada para si, e a ponta da folha fique voltada para a fogueira. A taioba tem a forma aproximada de um coração e, no lado da base, forma um triângulo (conforme a figura a seguir); dentro desse triângulo, acenderemos as três velas brancas (figura 57).

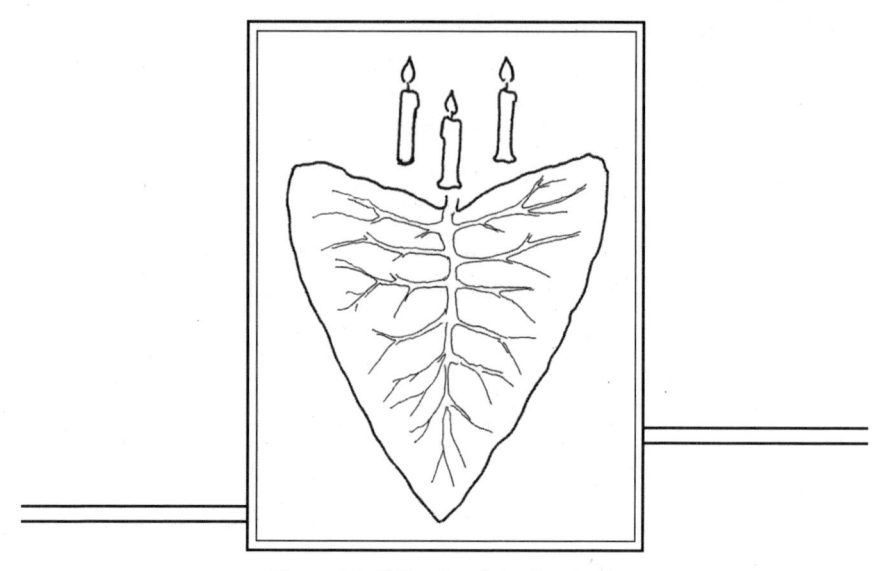

Figura 57: Folha de taioba iluminada

Com as três velas acesas a OLURUM, OXALÁ e IFÁ, já se tem o campo iluminado para as demais; assim, na extremidade da folha, deve-se firmar a vela de quarta, geralmente na cor do Orixá (uma vez que estão acesas as três velas brancas na outra extremidade da folha, que aqui tem o papel de representar a toalha da obrigação). As demais velas verdes – em número de dez – serão distribuídas cinco de cada lado da folha; ao redor das velas, dispõem-se as flores e, no centro da folha, serão dispostas as oferendas já mencionadas (frutas, mel, moranga, milho etc., bem como os coités um dentro e outro ao lado da obrigação). Dispõe-se também sobre a obrigação, os charutos, cigarros de palha, etc.; a seguir, abrese a cerveja e espera-se que seja dada a ordem para o início do trabalho. Quando o Pai Espiritual ou seu ogã determinar, o filho de fé encaminha-se até o centro da engira onde, sobre uma esteira, estarão os sagrados objetos utilizados pelo Pai Espiritual, e onde se sentará o mesmo, incorporado pelo Caboclo; entre a esteira e a fogueira, o Pai Espiritual colocará um alguidar com as guias como se fossem cipós pendentes do mesmo. Os filhos de fé, em fila indiana, deverão depositar parte do curiador (cerveja) no alguidar enquanto cantam pontos para Oxóssi; também deverão depositar pequena parte do curiador em uma cabaça, que já contém o cauim (uma espécie de cerveja de milho, usada pelos índios principalmente em festividades religiosas), voltando em seguida a seus lugares.

Quando todos tiverem terminado, o Pai Espiritual dará início à segunda etapa do trabalho, incorporando ou determinando a quem de direito incorpore sua entidade da linha de Oxóssi, para consagrar os filhos de fé. Geralmente, nessa altura do trabalho, a fogueira é apenas um braseiro, onde se encontra vez por outra um ou outro ogã atiçando o fogo ou queimando o defumador. A seguir, os ogãs irão conduzir os filhos de fé, um a um, até o guia incorporado que, com uma pasta constituída de pó de pemba e água, marcará seus rostos, fazendo três riscos de cada lado e um traço sobre a base do nariz; oferecerá ainda, ao filho de fé, um pouco de cauim que está misturado com a cerveja, do qual o mesmo tomará três goles ritualísticos e poderá trazer parte em seu coité para depositar na sua obrigação. Caso o curiador termine antes da consagração de todos os filhos, um ogã poderá apanhar um pouco daquele que se encontra ainda com esses mesmos filhos de fé. Após o último filho consagrado, a entidade coloca em seu próprio pescoço todas as guias que se encontravam no alguidar e vai de filho em filho, quando tira de seu pescoço uma das guias e a coloca no pescoço do filho de fé, tocando na testa do mesmo para fazê-lo incorporar sua entidade da linha de Oxóssi. A partir do momento da incorporação, um cambono deverá ficar assistindo o tempo todo a entidade incorporada, levando-a de volta ao seu lugar, oferecendo-lhe tudo o que lhe foi preparado antecipadamente e não deverá se afastar da entidade até o final dos trabalhos.

Quando todos já tiverem dado passagem aos seus caboclos, canta-se o ponto para a "subida", devendo os cambonos agradece sua visita e sua presença amiga no decorrer da obrigação. Depois que todas as entidades se retirarem, o filho de fé deverá despejar o curiador que está em um coité, no outro que está na oferenda; um deverá permanecer na oferenda, o outro será trazido de volta para o uso desse mesmo Caboclo, e havendo sobras deverá cruzar a obrigação até acabar. Em seguida, toma uma das duas velas brancas que sobraram, acende na vela de quarta e, com a outra também, vai procurar o seu otá; quando o encontrar, acenderá a segunda vela naquela que está acesa e a deixa no local que o encontrou, voltando ao seu lugar com a primeira vela, que servirá para iluminar o seu caminho e o coité que contém o curiador para lavar o otá. Feito isto, recolhe o coité destinado ao Caboclo e retira-se depois da prece de agradecimento.

Os riscos que ficam no médium não devem ser tirados até o final do preceito, que só termina às 12 horas do dia seguinte.

A esteira usada pelo Pai Espiritual para a obrigação deverá ser queimada no final do trabalho.

LISTA DE FRUTAS PARA A OBRIGAÇÃO A OXÓSSI

- Abacaxi
- Ameixa amarela
- Amora
- Abacate
- Abóbora
- Banana
- Carambola
- Cana
- Graviola
- Jatobá
- Jambo
- Laranja
- Mamão
- Moranga (cozida, cheia ou não de mel)
- Manga
- Pitanga
- Palmito
- Romã
- Fruta do conde
- Umbu
- Tamarindo
- Inhame
- Seriguela
- Caju

- Coco
- Caqui
- Jabuticaba
- Jaca
- Goiaba
- Mexerica
- Milho (cozido ou assado)
- Mandioca (cozida)
- Melancia
- Maracujá
- Pinhão (cozido)
- Pera dura
- Sapoti

    Essa lista não abrange apenas as frutas usadas pelos indígenas, mas também algumas raízes e miolos de palmeiras, como palmito, que também é usado pelos mesmos.

Figura 58: Esquema da obrigação a Oxóssi

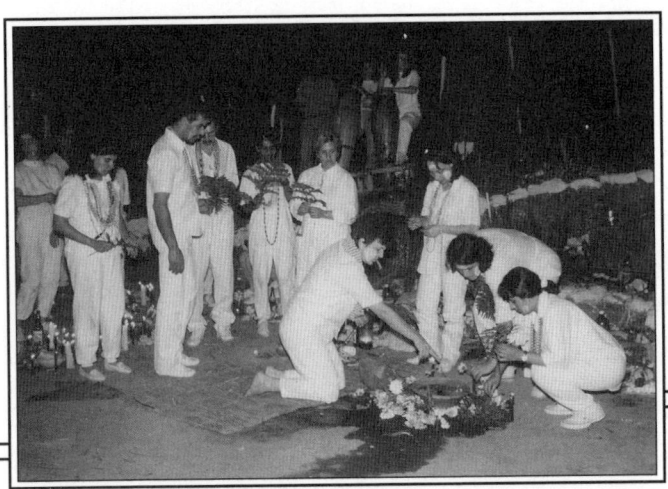

Figura 59: Caboclo orientando os médiuns

Figura 60: Caboclo coloca defumação sobre a fogueira

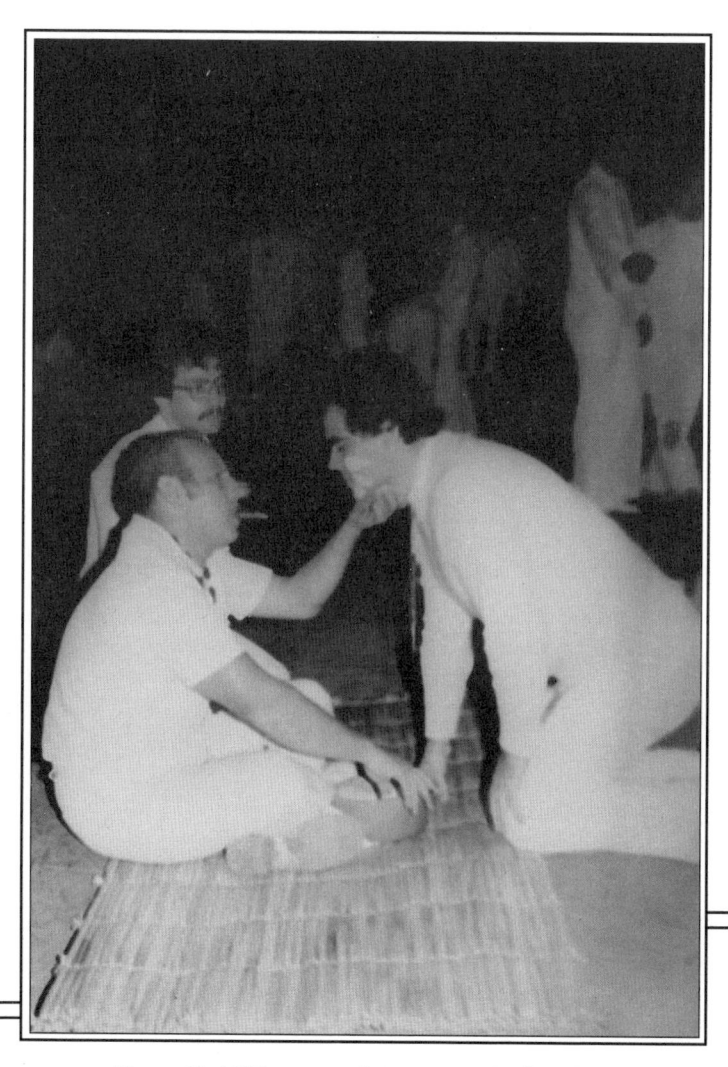

Figura 61: Médium antes da incorporação de Caboclo

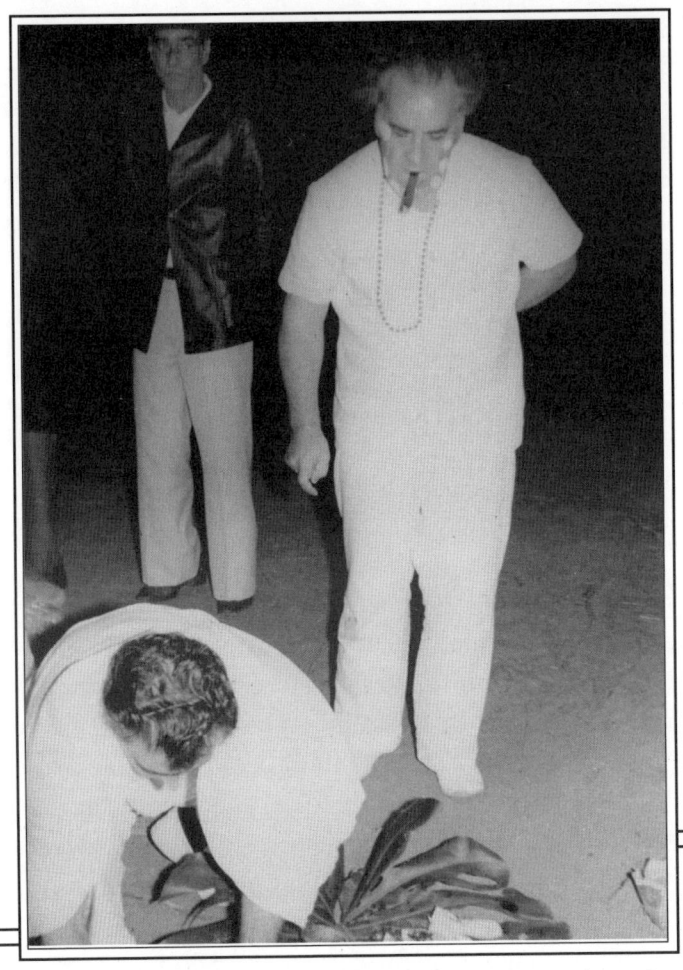

Figura 62: Médium incorporado com Caboclo durante a obrigação

Capítulo 9

Yemanjá

1. Lenda Africana sobre Yemanjá

Em Câmara Cascudo, *Dicionário Folclórico Brasileiro*, também citado por Roger Bastide em *O Candomblé da Bahia*, encontramos esta curiosa lenda:

"Um dia, Orunmilá (também chamado de Ifá, o adivinho – santo poderoso) saiu do palácio para dar um passeio. Ia com todo seu acompanhamento, os Exus, que são seus escravos. Chegando a certo lugar, deparou-se com outro cortejo, onde a figura principal era uma mulher linda. Ele parou, assim assombrado por tanta beleza. Chamou um de seus Exus e mandou-o ver quem era aquela mulher. Exu chegou defronte dela, fez *odubalê*[8] e apresentou-se dizendo ser escravo do senhor poderoso Orunmilá, que mandava perguntar quem era ela. Ela disse que era Yemanjá, rainha e mulher de Oxalá".

Desta forma, Yemanjá suscitaria, para pelo menos três grandes pesquisadores dos rituais afro-brasileiros, para dois deles, opiniões divergentes; um afirmando ser Yemanjá e seu filho Orugan os pais dos demais Orixás; o segundo afirmando que o incesto não se consumou, cabendo a paternidade a Aganju. O terceiro, pura e simplesmente relata o fato de, senhora de extrema beleza, Yemanjá fosse esposa de Oxalá.

Pierre Fatumbi Verger cita no seu livro *Os Orixás* o seguinte:

"Yemanjá (Yemoja), cujo nome deriva de Yéyé omo ejá (Mãe cujos filhos são peixes), é o Orixá da nação Egbá; Yemanjá seria filha de Olóòkum, deus (em Benin) ou deusa (em Ifé) do mar".

---

8. Reverência

Mais adiante, menciona:

"Numa história de Ifé, ela aparece casada pela primeira vez com Orunmilá", senhor das adivinhações, depois com Olofin, rei de Ifé, com o qual teve dez filhos, cujos nomes parecem corresponder a tantos outros Orixás".

Segundo Verger, Yemanjá no Novo Mundo subdivide-se em sete:

- Yemawô, que na África é mulher de Oxalá;
- Yamassê, mãe de Xangô;
- Eua (Yewa), rio que na África corre paralelo ao Rio Ogum e que frequentemente é confundido com Yemanjá;
- Olossá, a lagoa africana na qual deságuam os rios;
- Yemanjá Ogunté, casada com Ogum Alabedé;
- Yemanjá Assabá, que manca e fia algodão;
- Yemanjá Assessu, muito voluntariosa e respeitada.

Na verdade, Yemanjá é cultuada de formas distintas não só nos diferentes Estados do Brasil, mas também nos diferentes terreiros de um mesmo Estado, segundo a nação africana que deu origem a cada Candomblé que, ao contrário do que geralmente se apregoa, sofre uma grande influência da Igreja Católica tradicional. Exemplo disso é o fato de basicamente o calendário candomblecista ser literalmente cristão.

2. Resumo Histórico da Vida de Maria

Segundo consta na Bíblia Sagrada editada pela *Enciclopédia Barsa*, Maria seria filha de Ana e Joaquim, próspero pastor, homem generoso que oferecia dádivas ao Templo, em expiação pelas ofensas de todo o povo e pelas suas próprias ofensas. Apesar disso, ele e sua esposa, Ana, não tinham sido abençoados por Deus com filhos e, quando Joaquim foi ao Templo oferecer seus presentes, o sacerdote Rubem reprovou-o, chamando-o de indigno, pois era o único sem filhos entre as tribos de Israel.

Triste e humilhado, Joaquim abrigou-se no deserto, onde se manteve em abstinência por quarenta dias. No fim desse período, Joaquim, em seu retiro, e Ana, em seu jardim (Jerusalém), receberam angélicos visitantes que lhes disseram que Deus havia se apiedado deles e que

Figura 63: Yemanjá dando à luz Orixás, segundo concepção africana

Figura 64: Yemanjá, segundo concepção africana.

Figura 65: Yemanjá saindo das águas, segundo concepção brasileira.

responderia às suas orações, dando-lhes filhos. Quando Joaquim voltou à cidade, Ana, que fora avisada de sua chegada, correu para saudá-lo.

O piedoso Joaquim e sua esposa tinham sido escolhidos para pais daquela que haveria de trazer ao mundo o filho de Deus feito homem, o Salvador da humanidade.

Uma vez que o corpo dessa donzela iria abrigar em seu seio o Verbo Encarnado, Deus inundou sua alma de graça, a tal ponto que excedia às suas mais nobres criaturas e, para que o demônio não tivesse poder, mesmo por um momento, sobre a Mãe de Jesus, Deus criou sua alma livre do pecado original, sem mancha nenhuma, e radiante de graças divinas.

Chamamos essa pureza original de Maria de sua Imaculada Conceição, e isso significa que embora sendo natural sua concepção, o pecado original nunca lhe tocou a alma, a qual estava cheia de graça, desde o instante de sua criação, no seio de Sant'Ana. Dessa maneira, se expressam a respeito os padres e grandes doutores dos séculos seguintes. Mesmo o infiel Mahomed glorifica Maria em seu alcorão, dizendo: "Os Anjos disseram a Maria, Alá a escolheu, Ele a fez isenta de toda a mancha". O Concílio de Éfeso, no ano de 431, proclamou a divina Maternidade de Maria e, por mais de mil anos, a Igreja não julgou necessário definir as doutrinas implícitas nessa proclamação. No ano de 1854, o Papa Pio IX, na bula Ineffabilis Deus, definiu solenemente a doutrina da Imaculada Conceição e a Virgem reconheceu esse título em 1858, em Lourdes.

As lendas antigas narram muitos detalhes sobre o nascimento e os primeiros anos da filha de Joaquim e Ana, nascida em Jerusalém, possivelmente no ano 20 a.C., durante a festividade dos Tabernáculos, no outono, sendo extremamente formosa. Chamava-se Maria (Miriam, Maryam), nome misterioso, de significado incerto. Aos três anos foi levada ao Templo e consagrada a Deus. Segundo as lendas orientais, ela ali permaneceu sobre a tutela dos sacerdotes.

As lendas ocidentais, todavia, fazem crer que Maria retornou à sua casa depois da presença no Templo e recebeu sua educação diretamente de Sant'Ana. Quando Maria atingiu a idade para o matrimônio, casou-se com José, que era um carpinteiro de Nazaré e que, como ela, pertencia à família de Davi. José aceitou Maria como esposa sabendo que ela havia dedicado sua virgindade a Deus.

Maria passou o tempo de seus esponsais em Nazaré, em casa de sua futura cunhada. Nessa casa, o Anjo Gabriel apareceu à Maria, anunciando-lhe que seria mãe do Messias. Maria respondeu: "Eis aqui a escrava do Senhor". Cabe neste ponto da narrativa da Bíblia Sagrada uma observação:

Os judeus tinham uma antiga tradição de não permitir a mistura do sangue hebreu com o de qualquer outra raça e, toda vez que uma moça judia aparecia grávida, de pai desconhecido, segundo a lei Mosaica, deveria ser morta a pedradas. Os anciões de Jerusalém, todavia, agindo como advogados de defesa dos interesses familiares dos judeus, criaram uma lei que permitia a qualquer viúvo judeu o direito de assumir a paternidade dessa criança, casando-se com a moça grávida. Naturalmente que nós respeitamos os ensinamentos cristãos, mas seríamos parciais se não fizéssemos menção a outras informações que aparentemente dizem respeito a Maria. Segundo as mesmas fontes, José era um homem de idade avançada, viúvo e pai de quatro filhos, quando decidiu unir seu destino ao de Maria, evitando que se cumprisse a morte dela, pela lei Mosaica.

Jamais saberemos o que realmente se passou, mas o que importa é que não resta dúvida quanto à paternidade legal de Maria e José em relação a Jesus. Continuando, a narrativa da Bíblia Sagrada diz:

"Como um exemplo do poder de Deus, Gabriel disse a Maria que sua parenta Isabel, apesar de sua idade avançada e de ser considerada estéril, teria uma criança. Naturalmente, Maria resolveu visitar sua prima para ajudar-lhe e lhe contar o sucedido. Não sabemos o que ela disse a José e a sua irmã para justificar sua visita". Maria se levantou e foi apressadamente à Montanha, e em quatro dias chegou à aldeia de Judá, onde vivia sua prima.

O encontro das duas mulheres foi ao mesmo tempo solene e de plena satisfação. Isabel, ao ouvir a voz de Maria, experimentou uma comoção que não era meramente surpresa. A criança não nascida moveu-se em seu seio e um sopro de profecia tocou sua alma.

Quando Maria retornou a Nazaré, depois de três meses da visita a Isabel, sua gravidez já se fazia notar. A princípio, José estava confuso e perturbado, mas um anjo o tranquilizou e então José levou Maria consigo, cumprindo, assim, os desígnios de Deus.

Pouco tempo depois, tiveram de abandonar sua casa, pois o édito romano chamava a todos para um senso, sendo necessário que cada um se inscrevesse em seu lugar de origem. Para Maria e José, esse lugar era Belém, onde havia nascido Davi. Quando lá chegaram, não encontraram alojamento porque os abrigos estavam repletos. José sentiu-se desesperado, pois Maria estava quase para dar à luz o seu Menino. Finalmente, eles encontraram abrigo em um estábulo e, nesse lugar, Maria deu à luz o Menino Jesus. Depois de enfaixá-lo, ela o colocou em uma manjedoura.

O nascimento de Jesus, bem como sua concepção, processou-se sem que Maria perdesse sua virgindade, ou sofresse as dores do parto. Deve-se distinguir o milagre do nascimento sem a perda da virgindade da Imaculada Conceição, pela qual Maria veio à existência, livre do pecado original.

Na mesma noite do nascimento de Cristo, um anjo apareceu a alguns pastores que se encontravam nos arredores cuidando de seus rebanhos, e lhes disse que procurassem o recém-nascido Salvador. Anjos apareceram no céu glorificando a Deus e anunciando a paz de Cristo. Quando a visão desvaneceu-se, os pastores apressaram-se e encontraram o prodígio anunciado. Entraram no refúgio da Sagrada Família e ofereceram presentes ao Menino Rei.

Oito dias após o nascimento, o Menino foi circuncidado e recebeu o nome de Jesus, como o anjo Gabriel havia indicado; quarenta dias mais tarde, Maria foi ao Templo para o rito de purificação, e ela e José levaram Jesus para apresentá-lo ao Senhor. No Templo, um piedoso ancião chamado Simão, a quem Deus havia prometido que não morreria sem haver visto o Messias, tomou Jesus nos braços e jubilosamente reconheceu o Salvador prometido. Mas ele previu que uma espada de dor atravessaria o coração de Maria. Ana, a profetisa, aproximando-se também, louvou Jesus.

Entretanto, os Magos adivinhos do longínquo Oriente, observando as estrelas, haviam descoberto a vinda de um novo rei judeu e alguns deles buscaram o novo rei seguindo Sua "estrela" no céu. Depois de atravessar Jerusalém (onde alarmaram Herodes com suas notícias), chegaram à casa de Belém onde estava a Sagrada Família. Ajoelhando-se diante do Menino, esses visitantes do Oriente ofereceram como presentes ouro e aromas.

Para encerrar este capítulo, podemos dizer o seguinte:

São muitas e, na maioria das vezes, fantasiosas as versões que circulam sobre Maria. A própria Igreja Católica Romana rejeita muitas destas fantasias relatadas nos chamados "livros apócrifos".

Maria era prima de Isabel, esposa do sacerdote mosaico Zacharias, que pertencia à família de Arão, irmão de Moisés, portanto era membro da casta sacerdotal dos Levitas. Como sacerdotisa do templo mosaico e, em função da profecia de Moisés sobre a vinda de um profeta maior do que ele, de um Messias, vivia em seu pensamento o nascimento do "salvador do mundo". Ela o concebia espiritualmente. Para concebê-lo fisicamente, é claro que precisou de um parceiro, provavelmente José (?). Não poderia ser José um iniciado do templo?

A virgindade de Maria, antes do parto, é um dos dogmas católicos mais polêmicos e tem sofrido, ao longo do tempo, o questionamento de outros segmentos religiosos. Os próprios apóstolos jamais aventaram essa hipótese. Nenhum deles fala do nascimento virginal de Jesus. O dogma da imaculada concepção de Maria surgiu por volta do ano 1300, promulgado pelo papa Pio IX.

Os personagens que homenagearam Jesus em Belém eram padres da religião de Zoroastro, magos, sábios, astrônomos, adoradores de Mitra. Ofereceram ouro, incenso e mirra, os três primores que ofertavam ao Sol, filho de Deus, à Mitra, o Cristo.

Foram instruídos do nascimento do Cristo pela Astrologia. Foi no Oriente, no ponto do horóscopo, que eles reconheceram o nascimento do filho da Virgem. Viram sua estrela no Oriente. No planisfério, a Constelação da Virgem é representada por uma mulher carregando nos braços uma criança.

Figura 66: Nossa Senhora dos Navegantes

Figura 67: A Virgem Maria

A Igreja Católica representa a mãe de Jesus vestida de Sol, com a Lua aos pés, coroada pelo zodíaco de 12 estrelas e segurando o filho no colo, tal qual se representava, em eras inconcebíveis, nos planisférios astronômicos, a Constelação da Virgem.

3. Sincretismo Religioso

O sincretismo religioso prende-se ao fato de que uma das razões aventadas pela própria Igreja para justificar a escravidão era a de tornar possível a cristianização dos negros pagãos, ou seja, o povo dominante impondo sua vontade, seus valores e sua religião ao povo dominado.

O negro, ao chegar ao Novo Mundo, recebia geralmente um nome cristão e, a princípio, o nome de lugar de origem. Exemplos: José de Angola, Maria da Mina, etc. Além dos nomes cristãos eles eram obrigados a aceitar, sem restrição, a crença que lhe era imposta pelo branco, mas no íntimo, todo cativo sonha sempre com a liberdade, por isso é fácil compreender como, impedido de cultuar o Orixá africano Yemanjá, a Mãe dos Deuses, como relatamos anteriormente, cultuava Maria, a Mãe de Deus, como lhe ensinavam os brancos. Externamente e diante dos brancos, ele era um cristão que adorava Maria, mas, no seu íntimo, era Yemanjá a quem ele se referia.

Os principais colonizadores do Brasil foram os portugueses e os espanhóis e o sincretismo processou-se, nas diferentes regiões do país, segundo a crença ou devoção das figuras mais importantes e representativas daquelas localidades. Daí, para o negro ou mestiço, a Yemanjá africana passou a confundir-se com a Senhora dos Navegantes, na Bahia e no Rio Grande do Sul; Nossa Senhora da Glória e Nossa Senhora da Conceição, no Rio de Janeiro e no Vale do Paraíba. Em consequência do sincretismo com Nossa Senhora da Conceição, posteriormente passou a confundir-se ainda com Nossa Senhora da Conceição Aparecida, curiosamente também extraída da água e por pescadores; entre os africanos, é conhecida como Mãe dos Filhos Peixes.

A diferença no sincretismo religioso, no que diz respeito a Yemanjá, também não deve ser levada muito em conta, pois afinal, todas as chamadas Nossas Senhoras não representam a Mãe de Deus?

4. Características de Yemanjá

Suas principais características são baseadas nas lendas já mencionadas, a de ser uma mulher de extraordinária beleza, capaz até mesmo de despertar desejos em seu próprio filho. Os africanos a representam como uma mulher de sua raça, com seios enormes e um ventre desmesurado, o mesmo que abrigaria todos os Orixás, conforme já foi visto.

Essa imagem que acabamos de descrever é pouco conhecida dos umbandistas, que geralmente identificam Yemanjá como uma beleza feminina, característica brasileira, uma mulher alta, de seios fartos, bonita, de longos e lisos cabelos, caminhando sobre as ondas, enquanto de suas mãos abertas pendem pérolas. Essa imagem (figura 65) foi extraída de uma pintura, segundo afirma o estudioso e radialista Demétrio Domingues, presidente da Associação Paulista de Umbanda, encomendada pela Doutora Dalla Paes Leme, uma veterana umbandista do Rio de Janeiro que teria, em uma noite de quarto minguante, visto essa imagem sobre as águas da baía de Guanabara. Não podemos precisar a data em que isto ocorreu, mas desta derivaram as demais imagens deYemanjá; diga-se de passagem é a única imagem de Orixá exclusiva da Umbanda.

5. Elemento – Domínio – Metal – Ervas – Flor Sagrada

O elemento de Yemanjá é o mar ou as águas salgadas.

O seu domínio é a maternidade, a pesca e, por extensão, todos os temas relacionados, já que é a mãe de todos os Orixás.

O seu metal é a prata e a erva sagrada é a panaceia. A flor sagrada é a rosa branca. Para os banhos podem ser usadas as seguintes ervas: picão da praia, pariparoba, rosas brancas, arruda fêmea, manacá, panaceia e quitoco. Durante o período da obrigação a Yemanjá, deve ser feito um banho especial que mostraremos no item 14.

6. Datas comemorativas e dia da semana

Por ser o Orixá feminino mais cultuado dentro da Umbanda e do Candomblé, e por haver diferentes sincretismos com os Santos

Católicos, as datas comemorativas variam de região para região e, às vezes, de uma forma de culto para outra. As mais importantes são:

- No Rio de Janeiro, a passagem de 31 de dezembro para 1º de janeiro, é festa obrigatória para os adeptos da Umbanda e do Candomblé que acreditam num início de ano mais propício se, após cultuarem o Orixá, banharem-se nas águas do mar. Seria uma forma de começar mais limpo o Ano-Novo.
  Ainda no Rio de Janeiro, o dia 15 de agosto é consagrado a Nossa Senhora da Glória.
- Na Bahia, ela é festejada dia 8 de dezembro, dia de Nossa Senhora da Conceição, e também no dia 2 de fevereiro, dia de Nossa Senhora dos Navegantes.
- Em São Paulo, realiza-se nas areias da Praia Grande a semana de Yemanjá, oficializada pela Secretaria de Turismo do Município, que se inicia no primeiro sábado que antecede 8 de dezembro e vai até o primeiro domingo após o dia 8 de dezembro. Desde 1990, a Federação Umbandista do Grande ABC não mais realiza os festejos de Yemanjá em Praia Grande, mas sim no Município vizinho de Mongaguá, no Litoral Paulista.
- No Rio Grande do Sul, a festa de Yemanjá se realiza em 15 de agosto, dia da Assunção de Nossa Senhora, ou então em 2 de fevereiro, nas águas do Rio Guaíba (água-doce, ponto de convergência para Oxum).

O dia da semana consagrado a Yemanjá é o sábado.

7. Saudações a Yemanjá

São várias as formas de se saudar Yemanjá. As principais são:

- Odô – Iá
- O Lodo Fêa
- Odo-fe-Iabá

8. Cores representativas

Na Umbanda, a cor de Yemanjá é indiscutivelmente a cor azul, em virtude da sua ligação com o mar. Seria o azul encontrado nas correntes marítimas (a cor da chamada água-marinha).

Nos candomblés, as cores variam segundo o culto da nação e a localização do terreiro. Normalmente, utiliza-se para Yemanjá o branco, o branco e vermelho, o rosa, os diferentes tecidos estampados e, ultimamente, uma grande quantidade de lantejoulas, paetês e tecidos metálicos enriquecem as cores dos candomblés mais sofisticados. Eventualmente, utiliza-se também a cor prata.

9. Instrumentos de Culto

Na Umbanda, o principal instrumento de culto é a guia (colar) de contas de cristal azul alternado com miçangões branco cristalino. Podem ser usadas também contas de pedras d'água e cristais de rocha (quartzo).

No Candomblé, as guias são confeccionadas com contas de vidro transparente chamadas de "PINGO D'ÁGUA"; todavia, são aceitas também as cores mencionadas no item anterior.

Além das guias, Yemanjá, quando manifestada nos candomblés, dança, tendo em uma das mãos um ABEBÉ (espécie de espelho de toucador) de latão ou prateado encimado pela figura de um peixinho. Yemanjá dança imitando o movimento das ondas do mar enquanto, vaidosa, se admira no espelho.

Antigamente, os adereços eram todos feitos de latão e até mesmo em folha de flandres (lata). Yemanjá, além do abebé, levava também, na outra mão, uma espada curta e curva. Atualmente, esses adereços cada vez mais vêm sendo substituídos por verdadeiros objetos de luxo confeccionados com tecidos metalizados, lantejoulas, paetês, aproximando os toques de Candomblé com o brilho do desfile das escolas de samba.

Yemanjá usa ainda, além das roupas ritualísticas, um FILÁ (franja de miçangas que lhe cobre o rosto) e pulseiras e braceletes, além dos tradicionais balangandãs (longos fios de miçanguinhas também conhecidos com o nome de DELOGUNS).

10. Características dos filhos de Yemanjá

Yemanjá e Oxum se confundem com o Espírito Criador, e muitas de suas características se misturam. Representam a própria instituição da família, seus laços e suas dependências. O filho de Yemanjá é empreendedor, ativo, um pouco sovina, sonha com grandes progressos, embora às vezes, de forma ingênua, não tenha ideia de proporção, exagerando em suas aspirações. Raramente toma atitudes agressivas, excetuando-se, naturalmente, o plano familiar. Egoístas e determinados, controlam o ambiente familiar, passando rapidamente da serenidade de um lago à agressividade de uma leoa. De temperamento dócil e sereno, são também muito instáveis emocionalmente, agitando-se às vezes por motivos não aparentes. Dificilmente consegue esquecer uma ofensa recebida e raramente consegue voltar a confiar em quem tenha lhe ferido ou magoado.

A mulher que é filha de Yemanjá tem, no marido e nos filhos, seu principal objetivo. Costuma ser muito exigente com a prole, mas perdoa todas as suas faltas, não raramente escondendo-as, para que as crianças não sejam punidas por mestres ou pais. Como uma fera, briga com quem quer que se interponha entre os filhos e o lar. Também costuma ser desconfiada e, não raro, inferniza a vida do companheiro com ciúmes doentios.

Se necessário, alia-se ao marido para fazer frente às dificuldades da vida, dando tudo de si. Nunca deixa de fazer o que lhe pedem, embora tenha uma grande tendência a reclamar por tudo. Não é amiga dos afazeres domésticos, embora os faça com perfeição. Tem uma certa aversão pela cozinha.

A filha de Yemanjá é empreendedora e ativa, vaidosa e coquete. Gosta de adornos discretos e caros. Exige muitas atenções.

O filho de Yemanjá parece estar lutando por galgar um lugar de destaque, qualquer que seja o empreendimento a que se dedique. É, por sua própria natureza, um lutador. Profundamente emotivo, é também chamado de chorão.

Yemanjá é o Orixá das águas salgadas (o mar). Todavia, nem sempre houve mar e nem sempre houve águas salgadas que se originaram quando o esfriamento da atmosfera iniciou as chuvas que lavaram as montanhas, carregando os sais para os vales profundos, onde se acumularam, dando origem aos oceanos. Desta forma, Yemanjá é, antes de tudo, o Orixá da água.

Oxum, por sua vez, também é identificado como o Orixá da água-doce. Acreditamos que, na verdade, Oxum e Yemanjá representem faces distintas do mesmo Orixá. No próximo capítulo veremos que Oxum é uma Yemanjá mais delicada, mais "dodói", melindrosa e jovem. Oxum é considerada, em alguns assentamentos, como ORIXÁ-MENINA, cabendo a Yemanjá o papel de ORIXÁ-SENHORA. Suas características confundem-se de tal forma que muitos dos seus filhos de fé ficam em dúvida se são filhos de Oxum ou Yemanjá.

Nos candomblés, Yemanjá é cultuada como mulher sensual, tentadora, atraente, e Oxum como Orixá recatado, dócil e ingênuo.

11. Pontos Riscados

Os umbandistas têm a convicção de que qualquer pedido de graça espiritual será mais facilmente atingido se, no momento da oferenda, for traçado o ponto de cada Orixá. Esse ponto funciona como focalizador mental do pedido. É como se fosse um telegrama direto para o Orixá.

Para Yemanjá, os pontos mais comumente usados são os mostrados a seguir.

ESTRELA-DO-MAR: elemento do céu nas águas do mar.

Figura 68

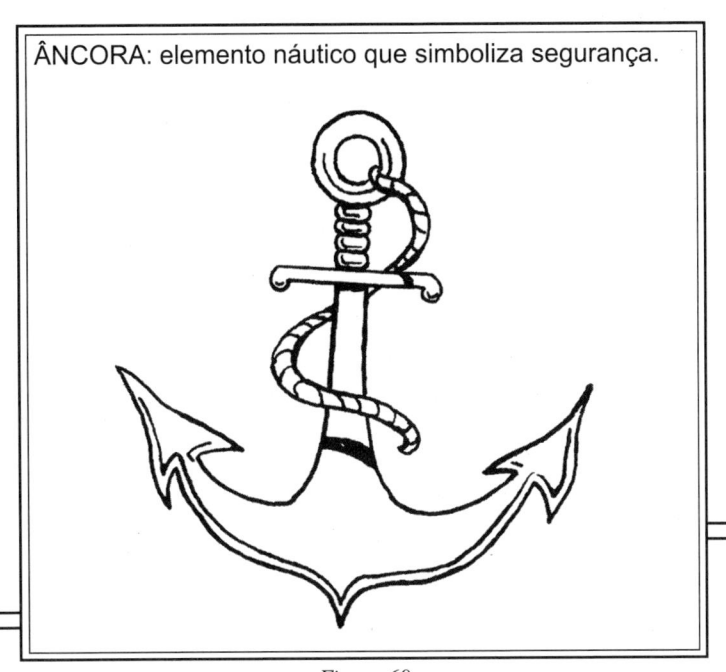

ÂNCORA: elemento náutico que simboliza segurança.

Figura 69

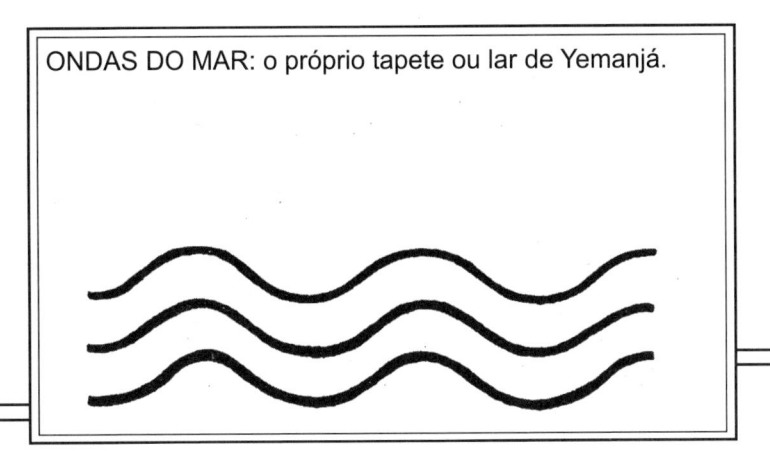

ONDAS DO MAR: o próprio tapete ou lar de Yemanjá.

Figura 70

12. Pontos Cantados

O ponto cantado em sua letra singela é apenas uma oração, uma reza cantada a Yemanjá ou outro Orixá. Mostraremos alguns pontos do Candomblé, comumente chamados de *cantigas sem ingorossis*, extraídos do trabalho *Melodias Registradas Por Meios Não Mecânicos*, Arquivo Folclórico da Discoteca Pública Municipal de São Paulo – 1º volume, 1946.

Já na Umbanda, contamos com centenas de pontos cantados, dos quais reproduziremos alguns dos mais populares.

```
                        YEMANJÁ SÓBA
Bahia, capital                                      Candomblé (kêto)

M.º ♩ = 80

        Ye-man-já  só - ba    só - ba  mi - re - rê   só-ba mi - re - rê   só - ba mi - re - rê ô


                        Yemanjá sóba
                        sóba mirerê
                        sóba mirerê
                        Sóba mirerê ô
```

SAIA DO MÁ

Bahia, capital
Candomblé-de-caboclo

M.º ♩ = 84

Sá-ia do má Sa-ia se-re-ia Sa-ia du má ve-nha brincá n'a-rê-a

Saia do má
Saia sereia
Saia du má venha brincá n'arêa

YEMANJÁ ÔTÔ

Bahia, capital
Candomblé (kêto)

M.º ♩ = 80

Ye-man-já ô-tô ba-ja-rê ô y-a ô-tô ba-ja-rê

Atabaques

ô Ye man já ô-tô ba-ja-rê ô y-à ô-tô ba ja-rê ô

Yemanjá ôtô bajarê
ô yá ôtô bajarê
Ô Yemanjá ôtô bajarê
ô Yemanjá ôtô bajarê ô

"Yá quer dizer: Mãe."

Pontos de Yemanjá na Umbanda

Quem quer viver sob as ondas
Quem quer viver sob o mar
Salve a Cabocla Jurema
Salve a Sereia do Mar
Oh ooh ooh Jussara
Oh ooh ooh Jussara

Retire a jangada do mar
Mãe D'agua mandou avisar
Que hoje não pode pescar
Pois hoje tem festa no mar

Retire a jangada do mar
Mãe D'água mandou avisar
Que hoje não pode pescar
Pois hoje tem festa no mar

Eeee Yemanjá, ela é, ela é a Rainha do Mar
Eeee Yemanjá, ela é, ela é a Rainha do Mar

Traz pente, traz espelhos
Oh ooh ooh....
Para ela se enfeitar
Oh ooh ooh...
Traz flores, traz perfumes
Para ofertar no mar

Marolas do mar
Já vem rolando
Olha o povo de Yemanjá
Que aqui está chegando

Marolas do mar
Já vem rolando
Olha o povo de Yemanjá
Descarregando

As ondas te trouxe
As ondas te levam
As ondas te levam
Para o fundo do mar

Mãe D'água é pura, Ela é luz
Mãe D'água de muito amor
Mãe D'água gosta de ver
Os filhos de Umbanda feliz

Yemanjá é a Rainha do mar
Ela vai saravá no congá
Ela é a Rainha do Mar
É a mãe de todos Orixás

Yemanjá a Rainha do Mar
Mãe Yemanjá é a Sereia do Mar

Tem areia, tem areia
Tem areia no fundo do mar
Tem areia

Salve, salve Yara
Tem pena de nós tem dó
A força do mar é grande
Seu poder ainda é maior

13. Comida de Santo (Orixá) e animais consagrados a Yemanjá

Yemanjá é geralmente homenageada pela gente do Candomblé por pratos cuja cor dos ingredientes lembrem o mar ou a própria cor do Orixá. O prato preferido de cor branca é o "MANJAR BRANCO" (Manjá), feito com leite de coco (leite – símbolo de maternidade), açúcar e farinha maisena.

Outro prato comumente ofertado a Yemanjá é o PEIXE (de carne branca), de preferência a tainha e o xaréu. Esses peixes são preparados em postas, dourados no azeite-de-dendê e temperados com leite de coco, coentro, pimenta, cheiro-verde e óleo de amêndoas ou de oliva.

Todos os Orixás cultuados no Candomblé, de Oxalá a Obaluaiê, aceitam sacrifícios animais. Desta forma, são consagrados a Yemanjá os seguintes animais: a cabra ou ovelha brancas e também os bichos de penas (dois pés). Usam-se a pata e a galinha, principalmente as brancas.

Para cada animal de quatro patas são sacrificados também quatro bichos de penas para cada pata do animal, ou seja, dezesseis aves para cada cabra ou ovelha. A tradição é tão arraigada que até a conquém (galinha de Angola) utilizada nestes rituais é de cor branca. Outra curiosidade é que não se oferecem a Yemanjá animais machos.

O ritual implica no derramamento de parte do sangue dos animais na cabeça do "YAÔ", o noviço ou iniciando no Candomblé. Essa cerimônia, com algumas diferenças ritualísticas, se repete quando da elevação do Yaô a condição de "EBAME", hierarquicamente situado acima do Yaô e assim sucessivamente, até atingir a condição de Yalorixá ou Babá (expressão masculina que significa Pai, mas que a tradição já transformou em expressão comum aos dois sexos).

14. Obrigação a Yemanjá na Umbanda

Composição dos Banhos

1. Angélica*
2. Capim Santo
3. Guiné Pipiu
4. Alfazema
5. Eucalipto
6. Alecrim do Campo
7. Picão da Praia

*Na falta de Angélica, pode-se usar Tapete de Oxalá (Boldo) ou Manjericão.

Defumação

1. Incenso
2. Mirra
3. Benjoim
4. Sândalo
5. Aniz Estrelado
6. Rosa Branca (seca)
7. Alfazema

Material da Obrigação

7 velas azuis
7 velas brancas
7 pedaços de meio metro de fita azul
1 vela de cera branca
1 vela vermelha
1 vela vermelha e preta
1 sabonete de Yemanjá
1 perfume de Yemanjá
1 espelho
1 pente
1 champanhe
1 barquinho de isopor
1 ramalhete de flores brancas ou azuis
Flores brancas ou azuis para colocar no barquinho

Sequência da Obrigação

Antes de chegar ao local, o filho de fé deve dar o Paô ao Exu.

Chegando ao local, ele deve acender, em primeiro lugar, a vela vermelha, pedindo licença e proteção a Ogum.

Após acender as velas para Ogum e defumar-se, o filho de fé deve se dirigir ao seu local (já demarcado pelo Babalaô). Esse ponto representa uma concha voltada para o mar, tendo à sua volta arcos, formando uma guirlanda.

Cada filho de fé ficará em um arco e deverá proceder da seguinte forma: colocará o seu barco com a proa (frente) sobre o risco que simboliza a concha. Sobre o arco de guirlanda, dividirá as velas brancas e azuis que estão atadas com fitas azuis. Atrás da popa ficará a vela branca de cera, que é oferecida ao Anjo da Guarda.

Dentro do barco serão colocadas, carinhosamente, as oferendas e mais alguma coisa que o filho de fé queira ofertar a Yemanjá: cabelos cortados, perfumes pessoais, presentes, flores, etc. Se, por acaso, o filho de fé quiser consagrar uma taça para o curiador do Orixá, deverá deixá-la ao lado do barco e, ao término da obrigação, levá-la para casa e colocá-la em seu Congá.

Após arrumar sua oferenda, deverá abrir a champanhe e cruzar as guias que estão no alguidar iluminadas por sete velas azuis.

As guias estarão dentro do alguidar. Quando todos já tiverem dado suas cotas do curiador, voltarão aos seus lugares e aguardarão a chegada do Preto-Velho, que conduzirá os trabalhos. Enquanto cantam pontos, acendem as velas.

A vela de cera será oferecida ao Anjo da Guarda e as atadas com fitas azuis a Yemanjá. Quando elas estiverem mais ou menos na metade, deverão ser apagadas, ficando acesa apenas a vela que pertence ao Anjo da Guarda. Se o número de filhos de fé a ser consagrados for pequeno, não há necessidade desse cuidado, porque elas deverão ser suficientes. O que não pode acontecer é o filho de fé não ter velas para iluminar o barco na hora de entregá-lo ao mar.

Quando o Preto-Velho chega, os ogãs que o atendem dão-lhe o material necessário para o desenvolvimento dos trabalhos, como cachimbo, as guias que serão consagradas aos filhos de fé, etc.

O Preto-Velho coloca todas as guias no pescoço do Babalaô e se dirige ao mar, acompanhado pelos ogãs. Passa por sete ondas e fica neste local à espera dos filhos que serão levados pelos ogãs, um a um.

Quando chega o momento da consagração, o filho de fé toma em seu braço esquerdo o ramalhete de flores e, na mão direita, leva a garrafa de champanhe. Um dos ogãs conduz o filho de fé ao Preto-Velho. Na beira da água, outro ogã retira a toalha do pescoço do filho de fé e aguarda sua volta.

Para chegar até o Preto-Velho, o filho de fé tem de passar por sete ondas, e só serão válidas aquelas que trazem uma fembria de espuma branca e não são quebradas.

Ao se apresentar ao Preto-Velho, pede-lhe a bênção e oferece suas flores na primeira onda que arrebentar antes do local onde estão e chegar espumando até eles. Em seguida, despeja o champanhe nas águas do mar, saudando Yemanjá. Enquanto o ogã que atende ao Preto-Velho segura a garrafa do curiador, ele tira uma das guias de seu pescoço e coloca no pescoço do filho de fé, pedindo-lhe que abaixe a cabeça e esperando que uma das ondas espumantes passe sobre ela. Enquanto isso, o filho de fé fica saudando Yemanjá: "Odo-ia". No decorrer da consagração, o Preto-Velho tem sempre alguma palavra especial a ser dita para o filho de fé. Depois da consagração, o filho pede a bênção ao Preto-Velho e se retira da água.

Chegando à praia, o ogã que guardou a toalha envolve sua cabeça com ela para que ele retorne ao local, onde deverá ficar de joelhos até o térino da consagração.

Terminada a consagração, o Preto-Velho volta ao banco e, enquanto os filhos de fé cantam pontos de despedida, ele se retira para a Aruanda.

Depois disso, o filho de fé deve colocar dentro do barco as metades das velas que faltam queimar, e as acende para entregá-lo ao mar.

São formadas duas alas de cada lado, ou uma só, dependendo do número de filhos de fé, do lado direito e esquerdo do Babalaô.

Cantando o ponto de oferendas a Yemanjá, entram na água até mais ou menos a cintura e depositam seus barcos. Voltam aos seus lugares e aguardam a sequência da obrigação.

O Babalaô, acompanhado por todos os outros, ajoelha-se para a prece de agradecimento ao Pai Oxalá e à Yemanjá. Após a oração, o filho de fé deve pegar sua vela de cera branca e ir procurar o seu OTÁ (pedra). No lugar em que o encontrar deve deixar sua vela. O otá deve ser lavado nas águas do mar.

Terminada a obrigação, o filho de fé volta ao preceito, até o meio-dia do dia seguinte.

Figura 71: Obrigação a Yemanjá – 1ª fase.

Figura 72: Obrigação a Yemanjá – 2ª fase.

Figura 73: Obrigação a Yemanjá – 3ª fase.

Imagens da Obrigação a Yemanjá

Figura 74: Médium diante da oferenda pronta para entrega

Figura 75: Médium sendo consagrada a Yemanjá

Figura 76: Barco maior conduzido pelo Babalaô

Figura 77: Médiuns levando as oferendas para o mar

Figura 78: Procissão a Yemanjá durante a festa em Praia Grande-SP

Capítulo 10

Oxum

1. Lenda africana sobre Oxum

Conforme já citamos anteriormente, as divergências encontradas nas lendas dos diferentes Orixás africanos fazem que utilizemos das fontes que nos merecem crédito. Entre essas citamos Pierre Verger, Roger Bastide, Nina Rodrigues e Edison Carneiro. Da lenda sobre Oxum contada por Pierre Verger na sua obra *Orixás*, da Editora Corrupio, extraímos o seguinte:

"Oxum é a divindade do rio Oxum que corre na Nigéria, em Ijexá e Ijebu. Segundo a lenda, Oxum era a segunda mulher de Xangô, tendo vivido antes com Ogum, Orunmilá e Oxóssi".

As mulheres que desejam ter filhos dirigem-se a Oxum, pois ela controla a fecundidade, graças aos laços mantidos com *Iyámi-Àjé*. Sobre este assunto, Verger cita a seguinte lenda:

"Quando todos os Orixás chegaram à terra, organizaram reuniões onde as mulheres não eram admitidas. Oxum ficou aborrecida por ser colocada de lado e não poder participar de todas as deliberações. Para se vingar, tornou as mulheres estéreis e impediu que as atividades desenvolvidas pelos deuses chegassem a resultados favoráveis. Desesperados, os Orixás dirigiram-se a Olodumaré e explicaram-lhe que as coisas iam mal sobre a terra, apesar das decisões que tomavam em suas assembleias. Olodumaré perguntou se Oxum participava das reuniões e os Orixás responderam que não. Olodumaré explicou-lhes então que, sem a presença de Oxum e do seu poder sobre a fecundidade, nenhum de seus empreendimentos poderia dar certo.

De volta à terra, os Orixás convidaram Oxum para participar de seus trabalhos, o que ela acabou por aceitar depois de muito lhe rogarem. Em seguida, as mulheres tornaram-se fecundas e todos os projetos obtiveram felizes resultados".

Oxum é chamada de Ìyálóòde (Ialodê), título conferido à pessoa que ocupa o lugar mais importante entre todas as mulheres da cidade. Além disso, ela é a rainha de todos os rios e exerce seu poder sobre a água doce, sem a qual a vida na terra seria impossível.

Figura 79: Uma representação africana de Oxum

2. Resumo histórico da vida de Maria

Caro leitor sobre a vida de Maria, leia o item 2 do capítulo IX.

Figura 80: Imaculada Conceição

Figura 81: Nossa Senhora da Glória

3. Sincretismo religioso

Somente no segundo século da nossa era os historiadores católicos começaram a conceber a ideia de Maria Virgem, daí dar-lhe o nome pomposo de Nossa Senhora da Conceição, o que significaria que ela teria concebido pelo espírito do próprio Deus, sendo consequentemente mãe de seu filho Jesus sem que o pai, o velho judeu José, tivesse participação carnal nessa concepção. Ora, por uma questão de lógica, os negros africanos reduzidos, miseravelmente à condição de escravos, só poderiam encontrar similitude entre a Mãe de Jesus com a doce menina Oxum.

Os historiadores judeus nos contam que, pela lei mosaica, a jovem mãe solteira judia deveria ser apedrejada até a morte, para que a raça não degenerasse. Todavia, quando um cidadão judeu que merecesse o respeito de sua comunidade e fosse viúvo, desejasse amparar essa mãe solteira, bastaria que a acompanhasse ao templo e diante dos doutores da lei se responsabilizasse pela paternidade da criança.

O rabino marcaria então as bodas dentro do menor espaço de tempo possível e, por um acordo consensual, todos passariam a aceitar a mãe e o filho, como legítimos, embora como em toda sociedade sempre haveria más línguas que, por meio de mexericos, procurariam discriminar mãe e filho. O pai não seria sempre reconhecido como um homem bom e santo.

Fruto natural desses acontecimentos, fizeram que Oxum fosse sincretizada com Imaculada Conceição e, em consequência, com todas as chamadas Nossas Senhoras: Nossa Senhora da Glória, Nossa Senhora Aparecida, etc. Na Bahia é também identificada como Nossa Senhora das Candeias.

4. Características de Oxum

Oxum é, dentre os Orixás femininos cultuados no Candomblé, a mais meiga e delicada. É aquela que todos desejam possuir por companheira e não por aventura. Não tem os rasgos de irritabilidade nem a impetuosidade de Inhaçã, mas é figura marcante, justamente pela nobreza que abriga. É a mulher com jeito de menina e a menina com a malícia de mulher.

Oxum encerra o princípio da fecundidade, não na cerimônia religiosa visando a procriação em que não apareça como principal homenageada, seja para gerar o filho de um rei ou para que a terra, Mãe dadivosa, apresente fartas colheitas. Entre os povos africanos criadores, é comum ofertar-se parte do gado sadio a Oxum. Esse gado somente poderá ser utilizado em trabalhos de carga ou para fins alimentícios se todos os demais rebanhos já tiverem sido exterminados. Há alguns anos, os jornais ocidentais anunciavam que em meio à fome e à miséria que existe na Nigéria, ainda havia tribos que se recusavam a abater matrizes ou mesmo garrotes, principalmente fêmeas, alegando serem os mesmos consagrados ao Orixá da fecundidade. As mulheres, nas diferentes aldeias, costumam fazer oferendas quase sempre constituídas por cabras brancas, todas as vezes que esperam ou que desejam o nascimento de filhos varões.

Como dissemos anteriormente, Yemanjá e Oxum têm características que muitas vezes se aproximam e geralmente até mesmo se confundem. Acreditamos mesmo serem dualidades de um mesmo Orixá. Oxum é a menina que no ato de deixar de ser virgem já concebe ou é fecundada. Yemanjá é o complemento como a mãe madura, senhora absoluta. Oxum seria a moça no dia do casamento, Yemanjá seria aquilo que o cancioneiro popular chamaria de "Mulher de Trinta". Tanto é fato que, na Umbanda, ocupam a mesma faixa cromática, ou seja, a mesma cor, o azul, e até mesmo a festividade religiosa em homenagem a Yemanjá, que reúne quase sempre mais de meio milhão de pessoas nas areias da Praia Grande e Mongaguá, em São Paulo. É realizada durante a semana que principia no primeiro sábado que antecede o dia 8 de dezembro (dia consagrado à Imaculada Conceição – Mamãe Oxum) e prossegue até o primeiro domingo posterior a essa data.

5. Elemento – Domínio – Metal – Ervas – Flor Sagrada

Elemento: águas doces (rios, cachoeiras)
Domínio: amor, fertilidade, parto e gestação
Metal: ouro
Erva: oriri
Flor Sagrada: palmas e rosas brancas

Para os banhos podem ser usadas as seguintes ervas: oriri, pétalas de rosas brancas, jasmim e vitória-régia. Durante o período da obrigação a Oxum deve ser feito um banho especial que mostraremos no item 14.

6. Datas comemorativas – dia da semana

A mais importante data comemorativa do Orixá Oxum é o dia 8 de dezembro, todavia, em virtude do culto a Yemanjá, não raras vezes essa data comemorativa é realizada também no dia 12 de outubro, data consagrada a Nossa Senhora Aparecida, padroeira do Brasil, ocasião em que muitos umbandistas assistem missas na Basílica de Aparecida do Norte para, em seguida, ofertar flores no rio Paraíba.

Na Bahia, por causa do sincretismo com Nossa Senhora das Candeias, também é comemorado o dia 2 de fevereiro.
O dia da semana consagrado a Oxum é segunda-feira.

7. Saudação à Oxum

No Brasil, quer na Umbanda, quer no Candomblé, a saudação mais comum é:
Aiê – Ieu, Mamãe Oxum!

8. Cores representativas

Na Umbanda, sua cor é geralmente o "azul água-marinha". Já no Candomblé, geralmente a cor predominante é o amarelo-ouro ou amarelo-cobre-também chamado de ouro-velho, não sendo raros os tecidos brocados com estampas nas cores supracitadas.

9. Instrumentos de culto

Qualquer disparidade aparentemente encontrada no culto ao Orixá nas diferentes nações candomblecistas prende-se ao fato de que nos últimos 50 anos, salvo raras exceções, os objetos de culto foram sendo paulatinamente substituídos por similares que nada têm a ver com os originais. Exemplos: abebés,[9] espadas, filós e até mesmo capacetes que não eram confeccionados senão em cobre ou latão, hoje, principalmente pela influência do carnaval carioca, passaram a ser confeccionados com espelhos, paetês, lantejoulas, etc. que, embora aumentando a beleza plástica, ferem profundamente a tradição.

Na Umbanda, o principal instrumento de culto é a guia com contas de cristal "azul água-marinha" entremeadas de miçangão amarelo-ouro, por influência do Candomblé.

No Candomblé, Oxum se caracteriza, além da roupagem já descrita, pela utilização de uma espada curta amarela e pelo abebé que, geralmente, tem no centro uma estrela de cinco pontas. O filá nem sempre é utilizado nos candomblés brasileiros, mas, quando o são, são feitos de vidrilhos e miçangas amarelo-ouro.

---

9. Abebé é um leque de forma circular, geralmente confeccionado em latão.

Oxum costuma dançar como quem nina uma criança no colo. Mais recentemente, encontramos Oxum duelando com um inimigo hipotético, utilizando uma espada curta de latão. Na sua quase totalidade, os Orixás hoje se apresentam com um instrumento característico em um dos braços e um buquê de flores no outro.

No Candomblé, as guias de Oxum, além de pedras nas cores amarelo, amarelo-ouro ou metálicas, geralmente levam também búzios espalhados.

10. Características dos filhos de Oxum

Quase tudo o que foi dito sobre Yemanjá também poderia ser estendido a Oxum, cujo relacionamento com seus filhos se equivale por representarem, ambos, o princípio criador. Também é aplicado aos filhos de Oxum, ainda mais emotivos que os de Yemanjá, a denominação de chorões. A sensibilidade dos filhos de Oxum é ainda maior e, não raras vezes, chamamos, principalmente as mulheres, de dengosas e de flores de estufa, que fenecem ao menor motivo.

Os filhos de Oxum, essencialmente honestos e dedicados, esperam merecer as atenções que procuram despertar e sentem-se desprestigiados quando tal não acontece.

Um fato a ser considerado é o de que os filhos de Oxum tendem a guardar mais tempo alguma coisa que lhes tenha atingido e olham com muita desconfiança quem os traiu uma vez; por outro lado, são menos vaidosos que os filhos de Yemanjá ou Inhaçã, embora aparentem, mesmo em roupas discretas, uma certa realeza. Ternos e muito carinhosos, são consequentes, seguros e buscam sempre a companhia de pessoas de caráter. Preferem não impor sua opinião, mas detestam ser contrariados. Custam muito a se irritar, mas quando o fazem também custam a serenar.

Oxum parece ocupar no coração das pessoas o espaço destinado à figura da mãe, e esta característica faz que seus filhos sejam naturalmente bem quistos e, não raras vezes, invejados.

O homem e a mulher filhos de Oxum são, a exemplo de Yemanjá, muito ligados ao lar e à família em geral.

11. Pontos riscados

Na Umbanda, os pontos mais usados para Oxum são a meia lua e o coração. No Candomblé, usa-se também a estrela de cinco pontas.

Figura 82: Pontos riscados de Oxum

12. Pontos cantados

O ponto cantado em sua letra singela é apenas uma oração, uma reza cantada a qualquer orixá. No Candomblé, esses pontos recebem o nome de "CANTIGAS OU INGOROSSIS". Mostraremos dois pontos de Oxum do Candomblé extraídos do trabalho "Melodias Registradas por Meios Não Mecânicos", Arquivo Folclórico da Discoteca Pública Municipal de São Paulo, 19º volume, 1946. Mostraremos, ainda, alguns pontos populares de Oxum cantados na Umbanda.

OXUM DÊ JOGÁ JOGÁ (Oxum)

Bahia, Capital Candomblé (kêto)

OXUM DÊ JOGÁ JOGÁ
(Oxum)

Bahia, Capital Candomblé (kêto)

Oxum dê jogá jogá
Oxum dê pirarucum
Oxum dê pirarucum
Oxum dê pirarucum

OXUMARÊ KOBÊ GIRÓ

Bahia, Capital Candomblé (kêto)

Oxumarê kobê giró
Kobê giró
Oxumarê kobê giró
Kobê giró

OXUMARÊ KOBÊ GIRÓ
Bahia, Capital Candomblé (kêto)

Pontos de Oxum na Umbanda

Aieieu, aieieu mamãe Oxum
Aieieu, aieieu Oxum maré
Aieieu mamãe Oxum, aieieu Oxum maré
Aieieu mamãe Oxum, aieieu Oxum maré

Hoje é dia de Nossa Senhora
De nossa mãe Yemanjá
Oxum dilê dilê dilê
Oxum dilá dilá dilá
Aieieu aieieu mamãe Oxum
Aieieu aieieu Oxum maré
Aieieu mamãe Oxum aieieu Oxum maré
Aieieu mamãe Oxum aieieu Oxum maré

Eu vi mamãe Oxum na cachoeira
Sentada na beira do rio
Eu vi mamãe Oxum na cachoeira
Sentada na beira do rio
Colhendo lírio lírio eh!
Colhendo lírio lírio ah!
Colhendo lírio pra enfeitar nosso congá
Colhendo lírio lírio eh!
Colhendo lírio lírio ah!
Colhendo lírio pra enfeitar nosso congá

Ela é uma flor
No jardim do Senhor
Ela é uma rosa
Uma rosa em botão
Ela é uma flor
No jardim do Senhor
Ela é uma rosa
Uma rosa em botão
Ela é toda candura
Ela é toda pureza
Ela é todo amor

Ela é... Senhora da Conceição
Ela é toda candura
Ela é toda pureza
Ela é todo amor
Ela é... Senhora da Conceição

Oh! Nanã cadê Oxum?
Oxum é das ondas do mar
Ela é dona do congá
Salve Oxum, Nanã!

Sinda Mamãe, ô sindê
Mamãe Sinda da Cobra Coral
Sinda Mamãe, ô sindê
Ela é Sinda da Cobra Coral
Com seu manto bordado de ouro
Diadema cheio de estrelas
Saravá nossa Mãe suprema, saravá
Saravá Oxum, dona da cachoeira

Estrela que ilumina o céu
Estrela que clareia a cachoeira
Saravá mamãe Oxum, oi saravá
Protegei-me por esta vida inteira

Vai buscar, vai buscar, vai buscar
Proteção de Mamãe Oxum
Para este filho em seu congá
Seja bem-vinda mamãe Oxum
Nossa mãe de muito amor
Venha nos salvar
Pela cruz do Senhor
Pela cruz do Senhor
Oxum suas águas correm
És dona da cachoeira
Oxum suas águas correm
És dona da cachoeira

Oxum minha Mãe formosa
Mamãe Oxum, Mamãe Oxum
É a dona da cachoeira
Mamãe Oxum é dona deste congá
Vem salvar os filhos teus
Vem teus filhos saravá

Baixou, baixou
A Virgem da Conceição
Para tirar perturbação!
Se tiveres pragas de alguém
Desde já sejas perdoado
Levando pro mar ardente
Para as ondas do mar sagrado!

13. Comida de santo (Orixá) a animais consagrados a Oxum

O principal prato oferecido a Oxum é o *umulucum* preparado com feijão fradinho (miúdo) e ovos. Come também, e com muito gosto, a muqueca de peixe. Hoje em dia é muito comum substituir o feijão fradinho pelo feijão branco, pela dificuldade de se encontrar o primeiro e pela facilidade de se trabalhar o segundo.

Outro prato oferecido a Oxum é o *adô,* que é constituído de camarão seco, sal, cebola e feijão. Oxum gosta ainda de *axoxó,* que é feito com feijão fradinho cozido e servido em salada com carne-seca cozida e desfiada, temperados com cebola em rodelas finas, pimenta do reino, cheiro-verde, tomate e pimentão picados. Oxum gosta ainda de chupar cana.

Os animais consagrados a Oxum são: a cabra e o cabrito brancos.

14. Obrigação a Oxum na Umbanda

COMPOSIÇÃO DOS BANHOS

1. Vassourinha
2. Guiné pipiu
3. Alfazema
4. Jurema
5. Eucalipto
6. Espada-de-são-jorge (uma para cada banho)
7. Picão-da-praia

DEFUMAÇÃO

1. Incenso
2. Mirra
3. Benjoim
4. Alfazema
5. Alecrim
6. Patchuli
7. Pichuri ou noz-moscada

MATERIAL NECESSÁRIO

Na obrigação a Oxum não se utiliza toalha, por ser um Orixá da cachoeira. Utiliza-se em seu lugar o alguidar do batismo, ou seja, a obrigação a Oxalá.

1 vela de quarta, branca
1 metro de fita azul (3 cm de largura)
1 metro de fita branca (3 cm de largura)
1 quartinha média de louça ou barro
1 pemba branca
7 velas azuis
7 velas amarelas
1 vela preta e vermelha (para o paô)
7 velas marrons

7 metros de fita azul ou branca (1 cm de largura)
1 vidro de mel
1 champanhe branca
7 palmas brancas (tingidas de azul)
7 palmas amarelas
Alguidar do batismo

SEQUÊNCIA DA OBRIGAÇÃO

Antes de chegar ao local da obrigação, os filhos de fé devem dar o Paô para Exu.

Chegando ao local, em primeiro lugar acende as velas marrons, pedindo proteção a Xangô para os trabalhos, já que a cachoeira é uma pedreira.

Figura: 83

Em seguida, passa pela defumação e vai procurar uma pedra onde possa depositar sua oferenda. A pedra deve ser mais ou menos grande para que o filho de fé possa riscar os pontos com a pemba. Na falta de uma pedra ampla, procura-se um lugar onde, mesmo em pedras separadas, possa fazer sua obrigação.

Quando encontrar o local adequado, vai riscar na pedra os seguintes pontos: uma meia lua, simbolismo do orixá Oxum; um triângulo circundado por estrias, cujo vértice deve ficar do lado oposto ao filho de fé; uma estrela de cinco pontas rodeada por estrias; dois triângulos entrelaçados, também estriados (o símbolo da Umbanda); um cruzeiro das almas, cujo significado nessa obrigação é que nos servimos delas para progredirmos espiritualmente. É através das almas que praticamos a caridade, é a alma do Preto-Velho, a alma da Criança, a alma do Caboclo, etc.

Além desses cinco pontos faz-se mais dois pontos da entidade do filho de fé, no mínimo, para completar um número de sete pontos. Se o filho de fé quiser fazer mais pontos de suas entidades, deve colocar sobre cada um deles as duas velas necessárias.

Em seguida, o filho de fé amarra carinhosamente uma vela azul e uma vela amarela com fita azul ou branca (1 cm de largura). Elas deverão ser tantas quanto os pontos riscados, mas nunca menos do que sete, e serão colocadas no centro de cada ponto.

Do lado direito, o filho de fé fixa a vela de quarta branca (para o seu Anjo de Guarda), a garrafa de champanhe e o vidro de mel. Em seus pés fica o alguidar e a quartinha.

As flores brancas (tingidas de azul) serão amarradas com fita branca (1 cm de largura) e as flores amarelas serão amarradas com fita azul (1 cm de largura). O filho de fé deve ornamentar a sua oferenda do modo que mais lhe agradar.

Antes de acender as velas, o filho de fé deve dirigir-se para o local onde estão as guias, a fim de cruzá-las com o curiador (champanhe) e o mel. As guias estão dentro de um alguidar enroladas como ninhos dentro de uma simbologia bem aplicada à ocasião, por ser Oxum sincretizada com Maria Imaculada, a mãe de Jesus, e seu elemento, a água doce, um dos princípios criadores.

Ao lado do alguidar que contém as guias, coloca-se um outro contendo conchas; ambos estão iluminados por velas azuis e amarelas. Há duas ocasiões em que o filho de fé pode receber essa concha. A primeira seria durante o batismo (obrigação a Oxalá) e a segunda, na obrigação a Oxum. Dependendo da época, ela se torna difícil de encontrar, eis o motivo de haver duas oportunidades.

Depois de dar sua cota do curiador, o filho de fé volta ao lugar onde está sua oferenda e vai acender suas velas, principalmente a de quarta, que deve ser oferecida ao seu Anjo de Guarda, e as velas azuis e amarelas atadas com fita azul ou branca devem ser oferecidas a Oxum.

Terminando de acender as velas, o filho de fé deve pegar seu alguidar e sua quartinha, e dirigir-se ao local onde se encontra o Babalaô (ao pé da cachoeira). O mesmo se encontra sentado em um banquinho, tendo ao seu lado os alguidares com as guias e as conchas, além de um ogã.

Chegando a sua vez de consagração, um dos ogãs pega sua toalha e sua quartinha. O ogã que auxilia diretamente o Babalaô ajuda o filho de fé a ajoelhar-se aos pés da cachoeira.

O Babalaô pede ao filho de fé que segure seu alguidar com as duas mãos e que, quando abaixar a cabeça, permita que a água possa correr sobre ela e caia dentro do mesmo. Durante esse ato, o Babalaô faz a consagração e pede a Oxum que aceite o filho de fé como seu filho, protegendo-o e auxiliando-o, aceitando-o seu sacrifício e sua oferenda, e que dê seu axé através das águas da cachoeira que correm por sua cabeça. Tudo isso em nome de OLORUM, OXALÁ, IFÁ, ao que o ogã responde com a saudação AIÊ-IEU MAMÃE OXUM. O Babalaô pega uma das conchas e cruza novamente a cabeça do filho de fé, dizendo: "Diante do altar natural da cachoeira e pelo seu sacrifício, eu cruzo o seu camatuê (cabeça) por OLORUM OXALÁ-IFÁ. O ogã que o auxilia lhe prepara a guia que é colocada no pescoço do filho de fé.

Terminada essa parte, enquanto o filho de fé se encontra de joelhos, o ogã pega a quartinha e a passa para o Babalaô, que a enche com a água da cachoeira. O ogã envolve a cabeça do filho de fé com a toalha e o ajuda a levantar-se.

O Babalaô coloca a quartinha dentro do alguidar junto com a concha, recomendando-lhe que quebre o alguidar no caminho da cachoeira, onde houver pedras para que se desfaça com o tempo. Isso deve ser feito de forma a não perturbar a continuidade do trabalho, nem prejudicar os filhos que ainda serão consagrados. Se o local da cachoeira formar tanque ou for uma cachoeira com queda d'água considerável, pode depositá-lo inteiro no fundo, que a água se encarregará de dissolvê-lo. O alguidar que recebeu o axé da primeira obrigação (batismo) e que nós despachamos na cachoeira é a união do filho e a mãe. O filho de fé e a mãe natureza.

A concha que o filho de fé recebe do Babalaô servirá para batizar seus filhos de fé, quando os tiver. A quartinha será utilizada para guardar o "otá" dessa obrigação, até o dia em que o filho de fé fizer o assentamento do seu congá. Servirá também para a cerimônia de batismo de seus filhos de fé.

Após sua consagração, o filho de fé volta ao seu lugar, pega sua vela de quarta e vai à procura de seu otá (pedra sagrada) e onde o encontrar, deverá deixá-la. Deverá lavar o seu otá no mel e no curiador, colocando-o, em seguida, na quartinha, que já contém a água da cachoeira. Em seguida, derrama em volta da oferenda todo o mel e a champanhe que restaram nos vasilhames, sempre pedindo a proteção de Mamãe Oxum.

Terminada essa parte, deve juntar-se aos demais filhos de fé que já devem estar em torno do Babalaô, esperando para fazer a prece de encerramento.

Ao se retirar do local, deve levar consigo os vasilhames e o lixo para jogá-los em local adequado.

Ao chegar em casa, deita-se novamente na esteira e volta aos preceitos até o meio-dia, do dia seguinte.

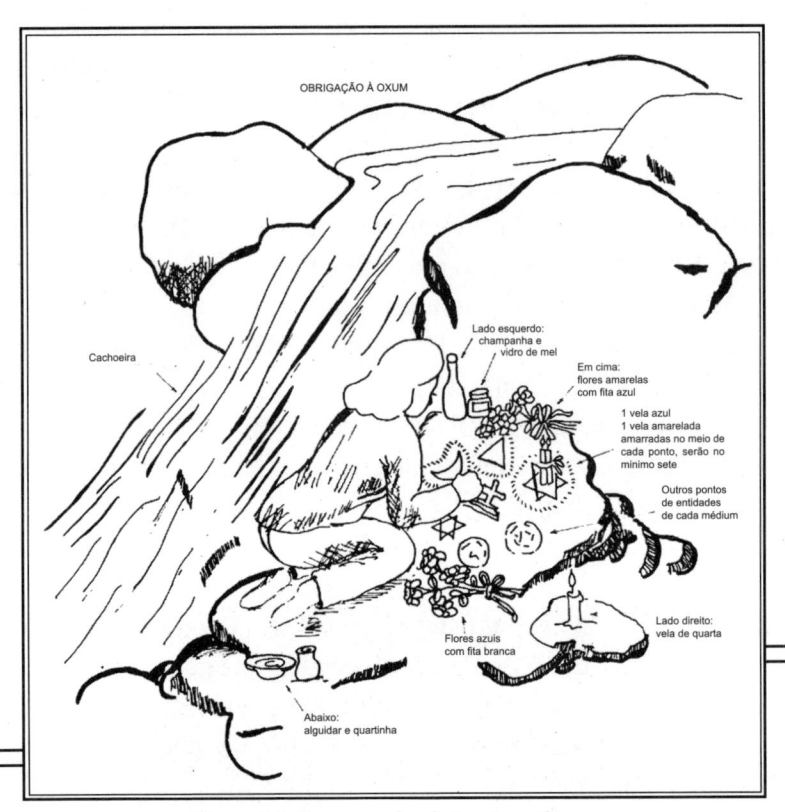

Figura 84: Esquema da obrigação a Oxum

Figura 85: Médium sendo consagrado a Oxum

Figura 86: Médiuns completando a obrigação a Oxum, após a consagração

Figura 87: Detalhe das obrigações após a consagração

Figura 88: Babalaô na cachoeira após a consagração

Capítulo 11

Xangô

1. Lenda Africana sobre Xangô

Xangô é rei, diz a maioria dos cânticos populares em homenagem a ele. Na verdade, como todos os outros Orixás, Xangô deverá ser descrito sob dois aspectos distintos: o histórico e o divino.

Historicamente, Xangô teria sido o terceiro rei de Oyó, filho de Oraniam e Torosi, filha de Elemjê, rei dos Tapás. A figura do rei guerreiro confunde-se com a da divindade africana, existindo mesmo quem acredite que Xangô seria a divinização de um grande rei (a exemplo do que aconteceu com Jesus, que, filho do homem, é também considerado como o filho de Deus). Xangô foi o grande soberano dos reinos yorubás.

A nós ocidentais ainda choca a ideia de um homem ter várias esposas, o que poderíamos dizer então de um deus que as tivesse? Todavia, a sociedade africana aceita esses fatos com a maior naturalidade. Xangô, Orixá viril, era esposo de três iabás: Oiá (Inhaçã), Oxum e Obá, que, por ciúmes, viviam a infernizá-lo. Tinha especial predileção por Oxum, por ser esta pouco mais que uma menina. Todavia, Inhaçã, mais temperamental e feminina, era quem mais exigia do rei, tentando monopolizar suas atenções. Dividindo suas atenções entre a doce e meiga Oxum e a temperamental e voluptuosa Inhaçã, pouca atenção dedicava a Obá, mulher de agir primeiro e pensar depois, impetuosa, guerreira, mas também tola e ingênua. Enciumada, procurou saber, justo de Inhaçã, como fazer para merecer mais atenção e intimidade de Xangô. Este a respeitava e até a louvava como guerreira, mas esquecia-se dela como mulher, o que muito a magoava. A ladina Inhaçã disse-lhe então que, se quisesse realmente ganhar o amor de Xangô, ela deveria cortar uma de suas próprias orelhas e servi-la como refeição a Xangô (razão por que em toda manifestação de Obá, no Candomblé, ela se apresenta com uma das orelhas cobertas com um lenço ou com uma das mãos).

Enquanto Obá preparava o encantamento receitado por Inhaçã, esta, intrigante, avisava Xangô de que Obá lhe preparava uma cilada em que ele só teria olhos para Obá depois que provasse da comida encantada. Naturalmente, essa situação tornava a permanência de Xangô no lar um verdadeiro inferno. Por outro lado, Xangô era intempestivo em suas ações, o que fazia com que o povo mais o temesse que o estimasse. Aborrecido por esses desacordos, Xangô desaparece no mato. É dado por morto (teria se enforcado). Todavia, sua liderança era inquestionável e seu povo, depois de procurá-lo por toda parte desesperadamente, solicitava sua presença. Foi quando ele apareceu e disse a todos que, como rei e como deus, os governaria do céu. Compreenderam então que ele tinha partido para o Orum[10] e havia se transformado em Orixá.

O raio fulminante é o castigo de Xangô. Entre os yorubás, a morte por raio é considerada infame. A casa que é atingida por um raio é considerada marcada pela cólera de Xangô, e o proprietário deve pagar onerosas multas aos sacerdotes deste Orixá.

Xangô é um Orixá muito popular no Brasil e nas Antilhas. Em algumas regiões do Nordeste brasileiro, seu nome designa um conjunto de cultos chamados de "Xangôs".

Conforme Pierre Verger (*Orixás*), na Bahia é comum ouvir que existem 12 Xangôs: Oba Afonjá, Obalubé, Ogodô, Oba Kossô, Jakutá, Baru, Airá Intilé, Airá Igbonam, Airá Adjaosi, Dada, Aganju e Oranian. É uma lista um pouco confusa, pois Dada é o irmão de Xangô, Oranian é o seu pai e Aganju é um dos seus sucessores.

---

10. Céu.

No Brasil, Xangô é sincretizado com São Jerônimo e com Moisés.

Figura 89: Uma representação africana de Xangô

2. Resumo histórico da vida de São Jerônimo

Jerônimo nasceu na Dalmácia, localizada na atual Croácia, no ano de 340, na cidade de Stridon, atual Stridova. Sendo considerado bem-nascido, veio a herdar dos pais uma pequena fortuna, que utilizou viajando para Roma, onde se instruiu com alguns dos melhores mestres da Retórica e onde viveu uma juventude um tanto liberal. Estudou Latim com Donato, o mais famoso professor dessa época. Dedicou-se ao estudo da Gramática, da Retórica e da Filosofia. Tinha grande afeição pelos escritores clássicos e formou uma rica biblioteca pessoal, copiando à mão os livros que não podia obter. Passava dias inteiros lendo e aprendendo os grandes autores latinos, como Cícero, Virgílio, Horácio e Tácito. Seus autores gregos preferidos eram Homero e Platão.

Batizado pelo papa Libério, aos 25 anos de idade, viajou pela Gália e, com alguns amigos da Aquileia, formou uma pequena comunidade religiosa, cuja atividade principal era estudar a Bíblia e outras teologias.

Dessa comunidade, destacou-se um grupo de senhoras, e a familiaridade religiosa com essas damas causou suspeita e provocou alarme entre os seus próximos. Em 385, deixou Roma e dirigiu-se para o Ocidente. Em Antioquia, seguiu acompanhado de duas ricas damas romanas: Paula, viúva, e Eustóquium, sua filha, que se juntando com outras piedosas mulheres resolveram viver como monjas em Belém, sempre sob a orientação de Jerônimo. Aí pôde ele obter o texto hebraico que utilizaria para complementar sua tradução latina da Bíblia (*Vulgata*) e consultar os grandes conhecedores da Bíblia (os rabinos israelitas).

Jerônimo afirmava que a exatidão da tradução da Bíblia "se deve à Sinagoga". Ainda em Belém, escreveu *Questiones Hebraicas* (Disputas Hebraicas) e uma série de comentários sobre Isaías, Jeremias, Ezequiel e outros profetas.

Ainda em Antioquia, foi ordenado sacerdote, aos 30 anos de idade. Depois seguiu para Constantinopla para ver e ouvir Gregório Nanzianenso, grande teólogo da época. Ali permaneceu durante três anos, tornando-se amigo de dois grandes eruditos da Igreja Oriental, Basílio e Gregório de Nissa.

O alto teor herético dos ensinamentos da Igreja, principalmente no Oriente, levaram o imperador Teodósio e o papa Damaso a convocar um sínodo em Roma. De volta a essa cidade, Jerônimo foi convidado a participar desse evento exercendo o cargo de secretário no lugar de Ambrósio, que estava doente. Após o sínodo, o papa manteve-o como seu secretário, tendo como principal tarefa fazer a revisão do texto latino da Sagrada Escritura, comparando-o com o original hebreu. A sua tradução (*Vulgata*) substituiu todas as demais existentes até então, tornando-se a tradução oficial da Igreja.

Enquanto o papa Damaso esteve vivo, Jerônimo permaneceu em Roma. Era procurado por muitos fiéis, que o viam como um espelho de virtude, penitência e sabedoria. No livro *Um Santo Para Cada Dia,* das Edições Paulinas, temos a seguinte citação: *Toda vez que terminava um livro ia fazer uma visita às monjas que dirigia na vida ascética num mosteiro não distante do seu. Ele as escutava, respondendo às suas perguntas. Essas mulheres inteligentes e vivas foram como um filtro às suas explosões menos oportunas, e ele as recompensava com o sustento e o alimento de uma cultura espiritual bíblica.* Este homem extraordinário estava consciente de suas próprias culpas e de seus limites (batia-se no peito com pedras por causa de seus pecados), mas estava consciente também dos seus merecimentos.

Figura 90: Imagem de São Jerônimo

Com o falecimento de Damaso, em 384, os inimigos de Jerônimo iniciaram um movimento de difamação, fazendo com que ele voltasse, acompanhado de Paula e Eudóxia, para Belém. Viveu nessa cidade durante 34 anos, em uma gruta próxima a Cova do Presépio. Paula, Eudóxia e outras ricas matronas venderam seus bens e foram também para o Presépio, seguindo a orientação espiritual de Jerônimo. Com o dinheiro dessas senhoras, construiu um mosteiro para homens e outros três para mulheres. Faleceu, em Belém, aos 80 anos, em 30 de setembro de 420.

A Igreja declarou-o padroeiro dos estudos bíblicos e doutor da Igreja. Seu título de santo foi-lhe dado pelos seus serviços prestados à Igreja, e não por sua santidade.

3. Resumo histórico da vida de Moisés

Moisés foi o profeta da Tribo de Levi. Conforme a tradição judaico-cristã, foi o autor dos cinco primeiros livros do Antigo Testamento. É considerado pelos judeus como o seu principal legislador e líder religioso. Os muçulmanos o consideram um grande profeta.

Segundo a tradição, Moisés foi adotado pela filha de um faraó e educado na corte como um príncipe egípcio. Aos 40 anos, após matar um feitor egípcio, foi obrigado a partir para o exílio, para escapar da pena de morte. Fixou-se na região montanhosa de Midiam, situada a leste do golfo de Acaba. Quarenta anos depois, no Monte de Horebe, foi convocado pelo Deus de Abraão como o Libertador de Israel.

Conduziu o povo de Israel até os limites de Canaã, a Terra Prometida a Abraão. Teria sido no Monte Horebe, na Península do Sinai, que recebeu os Dez Mandamentos do Deus de Abraão. Depois, o seu código de leis teria sido ampliado para aproximadamente 600 leis. Esse código é denominado de Lei Mosaica.

Conforme a maioria dos historiadores, no período entre 1250 a.C. e 1210 a.C., conduziu o povo de Israel pelo deserto. Morreu, aos 120 anos, após contemplar a Terra de Canaã, no alto do Monte Nebo.

Alguns historiadores consideram a narrativa do seu nascimento como adaptação da lenda do nascimento de Sargão, o fundador da dinastia de Acad, 2.360 anos a.C. A Lei Mosaica teria sido inspirada no Código de Hammurabi.*

Outros escritos mostram que Moisés foi um sacerdote iniciado nos Templos Sagrados do Egito. Seu nome iniciático era Assarssif e foi genro do poderoso sacerdote Jetro, do povo de Midiam, que teria sido seu principal mentor. Moisés teria reunido as 12 tribos e retirou-se para o deserto. Esses povos, mais tarde, se espalhariam por toda Europa, também levando a Palavra Divina, a Lei – o Torah. Esse povo que saiu do Egito com Moisés era descendente dos Celtas, o que mostra que eram judeus, porém não eram semíticos.

---

*N. E.: Sugerimos a leitura de *O Código de Hammurabi*, Madras Editora. Ver também: *Moisés e Akhenaton*, de Ahmed Osman, Madras Editora.

Figura 91: Imagem de Moisés

4. Sincretismo religioso

O sincretismo religioso prende-se ao fato de que uma das razões aventadas pela própria Igreja Católica para justificar a escravidão era a de tornar possível a cristianização dos negros pagãos, ou seja, o povo dominante impondo sua vontade, seus valores e sua religião ao povo dominado.

O negro, ao chegar ao Novo Mundo, recebia geralmente um nome cristão e, a princípio, o nome do lugar de origem. Exemplos: José de Angola, Maria da Mina, etc. Além dos nomes cristãos, eles eram obrigados a aceitar, sem restrição, a crença que lhe era imposta pelo branco; mas, no íntimo, todo cativo sonha com a liberdade, por isso, é fácil compreender como, impedido de cultuar o Orixá africano Xangô, cultuava São Jerônimo, como lhe ensinavam os brancos.

Os negros consideravam Xangô um rei, um sábio. Isso facilitou as assimilações sincréticas com São Jerônimo e Moisés, cujas imagens revelam homens maduros e sábios. Seriam os transmissores orais e gráficos dos ensinamentos divinos.

O sincretismo de Xangô com Moisés deve-se a dois fatos principais: o primeiro deles é que Moisés tinha facilidade de comunicação com o Deus dos judeus, de quem recebeu as tábuas da Lei, e o segundo é que falava muito próximo do Deus da Sarsa Ardente. Sua representação artística, feita pelo inesquecível Michelângelo, mostra-o como uma figura humana, forte, viril, madura e, ao mesmo tempo, um ser humano acima da média, um semideus, líder do povo israelita, para quem a virilidade é primordial. O judeu não pode imaginar um outro judeu que não possa conceber (constituir família), vide Joaquim, o pai da Virgem Maria, que chegou a ser acusado por não ter descendência. Dessa forma, a aproximação com o Xangô africano fica bem mais fácil, tanto o monge católico quanto o profeta israelita, além da autoridade de interpretar a Lei de Deus, tinham uma inegável afinidade com o sexo oposto.

Os santeiros (fabricantes de imagens de santos), juntando esses dados e baseando-se em antigas pinturas e esculturas medievais, passaram a representar o Xangô umbandista como a figura de Moisés, tendo ao lado o leão dócil, símbolo da submissão da força à autoridade da Lei.

Vários apóstolos são, eventualmente, sincretizados com Xangô. Poderíamos dizer que, por serem os transmissores orais dos ensinamentos divinos propagados por Jesus, teriam também algo a ver com a Lei, principalmente São Pedro que além de "herdeiro" da Igreja de Cristo é também, simbolicamente, o detentor das chaves do rei (*orum*, céu?). Por se tratar de pessoa de idade avançada está, na verdade, mais perto de Nanã que de Xangô.

É interessante registrar que, em alguns cultos da América Central, Xangô é sincretizado com Santa Bárbara, para nós Inhaçã, uma de suas esposas.

5. Características de Xangô

Xangô é o homem maduro, aquele que sabe o que quer e como conseguir. É o homem chamado de "homem na idade do lobo", muito difícil de ser enganado. É o Senhor da Lei. Segundo Pierre Verger

(*Orixás*), Xangô é viril e atrevido, violento e justiceiro; castiga os mentirosos, os ladrões e os malfeitores; por esse motivo, a morte pelo raio é considerada infamante.

Ministro da justiça do panteão umbandista, Xangô é visto sempre com um misto de admiração e respeito. É temido e adorado, e também é solicitado em todas as pendências, notadamente as judiciais.

Popularmente, é comum acenderem-se velas marrons (cor da pedra e da terra) a Xangô com o intuito de direcionar a justiça em nosso favor.

6. Elemento – Domínio – Metal – Ervas – Flor Sagrada

Elemento: o fogo celeste e as rochas.
Domínio: os raios, os trovões, a justiça e as questões jurídicas.
Metal: estanho.
Erva Sagrada: louro.
Flor Sagrada: lírio branco.

Para os banhos, podem ser usadas as seguintes ervas: alecrim-do-mato, erva-tostão, parreira, folha de limão e folha de goiabeira. Durante o período da obrigação a Xangô, deve ser feito um banho especial, que mostraremos no item 15.

7. Datas comemorativas – Dia da Semana

Geralmente, a sua data é comemorada em 30 de setembro, data do falecimento de São Jerônimo, no ano de 420, mas, por questões regionalísticas, também é comemorado no dia 29 de junho, dia de São Pedro.

O dia da semana consagrado a Xangô é quinta-feira.

8. Saudações a Xangô

As principais saudações a Xangô são:
Sàngó dê! Sàngó dê!
Káwóó Kábiyesi!
(Xangô está chegando! Venham ver e admirar o Rei!)
Dessa expressão yorubana vieram as formas abrasileiradas de saudar Xangô:
Kaô kabeci meu pai!
Kaô – kabecilê!
Kaô kabê inci lobá! (salve o deus rei e sua rainha).
Algumas vezes encontramos em alguns terreiros a saudação:
Kaô – cabecinha!
Essa saudação é fruto da desinformação reinante no terreiro.

9. Cores representativas

Na maioria dos candomblés, predominam as cores vermelho e branco, quer na indumentária (tecidos estampados com essas duas cores), quer nas guias (colares). Na Umbanda, há quem utilize como cor de Xangô o roxo, por se tratar de Orixá idoso. Todavia, essa cor, como veremos no próximo capítulo, é exclusiva do Orixá Nanã.

Na quase totalidade das tendas de Umbanda, a cor é o marrom (cor da pedra e da terra). O Conselho de Culto da Federação Umbandista do Grande ABC padronizou para Xangô uma guia sóbria e discreta constituída de sete contas brancas de cada lado do ponto de fechamento da guia, e as demais contas marrom compõem o corpo da guia, que é de porcelana.

10. Instrumentos de culto

Tanto a guia como o machado (*oxé*) de duas lâminas são os instrumentos de culto de Xangô, quer na Umbanda, quer no Candomblé. O *oxé* é semelhante ao machado de duas lâminas de Zeus da Ilha de Creta.

Quando manifestado no Candomblé, Xangô dança com passos firmes e seguros, portando em uma das mãos o *oxé*. Sua vestimenta cobre apenas o dorso (expõe os ombros), usa calça sob o saiote, que quase sempre é feito de tecidos estampados, com as cores predominantes vermelho e branco. Destacamos que, ao contrário do que acontece com os candomblés da Bahia, os candomblés do Rio de Janeiro (geralmente disseminado pelos subúrbios) cada vez mais sofisticam a indumentária, e hoje é comum vermos riquíssimas roupas de Santo confeccionadas com brocados, e outros tecidos, em que se usa e abusa dos fios dourados e prateados. Xangô usa ainda, como adereço, uma coroa com o aspecto de coroa imperial (não nos esqueçamos que Xangô é rei).

Nem todos usam os adornos (braceletes) nos braços. No Rio de Janeiro, normalmente quando se usa esse tipo de adereço, ele geralmente forma conjunto com a coroa. Outro detalhe importante é que, além das variações de cores que existem nos diferentes tipos de nação, parece haver nos candomblés, de origem não angolana, uma certa predileção pelo branco puro para Xangô.

Aos poucos, vêm sendo abandonados os antigos e tradicionais paramentos de latão, prata, etc., que são substituídos por verdadeiras obras de arte em miçangas, paetês, plumas, etc. Isso se deve, em parte, à familiaridade no uso desses materiais por parte das escolas de samba do Rio de Janeiro. Quase sempre, quem frequenta o Candomblé frequenta também as escolas de samba.

Raramente são vistos no Candomblé de hoje o *xerê* (cabaça contendo em seu interior pequenos grãos ou pedrinhas que, quando agitada, imita o barulho da chuva) e o *Labá* (capanga de couro no qual Xangô guardaria seus *Edun Ará*, "meteoritos").

11. Características dos filhos de Xangô

O filho de Xangô é, por excelência, calmo e muito ponderado. Costuma pesar os fatos com muito cuidado, procurando sempre pôr panos quentes em qualquer disputa. Só toma decisões depois de pesar e analisar todos os ângulos dos problemas apresentados, procurando ser o mais justo possível.

Dedica-se de corpo e alma a tudo o que se propõe a fazer, mas desilude-se com muita facilidade também. É sonhador por excelência e acha sempre que tudo dará certo, deixando-se levar com muita frequência pela ilusão e pelo sonho. Sempre procura apresentar seus propósitos e planos da maneira mais bonita, mais enfeitada, mais clara possível, sem observar o que há de viável neles. Nunca procura ver a fundo se há realismo no que se propõe a fazer.

Os filhos de Xangô geralmente são capazes de grandes sacrifícios, mas aborrecem-se profundamente se algo que programaram não dá certo. Não admitem mudanças de programação, mesmo quando não depende deles a realização do plano programado. Costumam ficar remoendo muito o que lhes acontece ou o que não se realizou como eles queriam. Separam, com muita frequência, a realidade de si, levando seus pensamentos para altas esferas.

Por serem muito honestos, magoam-se com muita facilidade com a ingratidão das pessoas, achando que todos têm obrigação de serem honestos e precisos em suas decisões.

A filha de Xangô geralmente é muito crédula, acredita em tudo o que lhe dizem. Magoa-se profundamente por coisas que não tenha feito e que tenham dito que ela fez. Guarda mágoas profundas, mas não consegue guardar raiva.

Em relação ao lar, não gosta de sair de casa, prefere o aconchego da casa. É excelente mãe de família, mantendo o lar em perfeita harmonia, não permitindo desavenças entre os familiares e dando possibilidades a todos de se defenderem sempre que for necessário.

12. Pontos riscados

Xangô, que representa a Lei e a Justiça, é representado por um machado alado com as duas lâminas exatamente iguais, o que significa que a lei atingirá a todos que a violem, sem distinção, em uma analogia ao símbolo ocidental da justiça, que é uma balança de dois pratos iguais. Esse machado estilizado recebe o nome de *osé* (*oxé*). Além do *oxé,* o machado sagrado e o raio também são representações de Xangô. Os africanos pretendem identificar, em uma tempestade, os raios de Xangô. Os raios que troam mais forte e que causam maiores danos recebem o nome de *zazi zazi* enquanto os raios mais fracos (ou ouvidos a maior distância) e que causam menores danos são chamados de *zazi zazi mambembe,* ou raios fracos, que são considerados raios de Inhaçã.

Machado de duas lâminas

Raio

Figura 92: Pontos riscados de Xangô

13. Pontos cantados

O ponto cantado em sua letra singela é apenas uma oração, uma reza cantada a Xangô, Inhaçã ou qualquer Orixá. Citamos alguns pontos do Candomblé, normalmente chamados de "CANTIGAS OU INGO-ROSSIS", extraídos do trabalho "Melodias Registradas Por Meios Não Mecânicos", Arquivo Folclórico da Discoteca Pública Municipal de São Paulo, 1º volume, 1946. Já na Umbanda, contamos com centenas de pontos cantados, dos quais reproduziremos os mais populares.

AIRÁ
(Xangô)

Bahia Capital Mº = 54
Candomblé (Kêto)

A - i - rá a - i - rá   Ê fi - ri - mã Ba - i - zô   Ê fi - ri
mã fi - ri - mã   Ê fi - ri - mã Pa - i - zô

Airá Airá
Ê Firimã Baizô
Ê Firimã Firimã
Ê Firimã Baizô

AIRÁ DA KEM KÉ XORÔ
(Xangô)

Bahia Capital M⁰ = 54
Candomblé (Kêto)

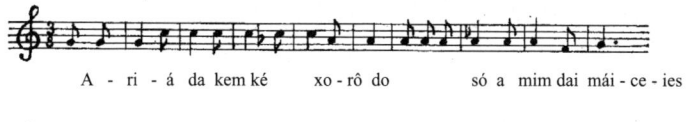

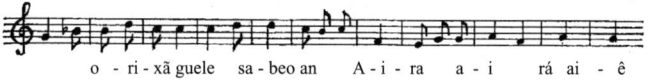

A - ri - á da kem ké   xo - rô do   só a mim dai mái - ce - ies

o - ri - xã guele sa - beo an   A - i - ra   a - i   rá ai - ê

Ariá da kem ké xorô do
Só a mim dai mãi celes
Orixá guela sabeo ãn
ariá airá aiê

OLO TIRÊ LA TIBÁ
(Xangô)

Bahia, Capital M⁰ = 112
Candomblé (Kêto)

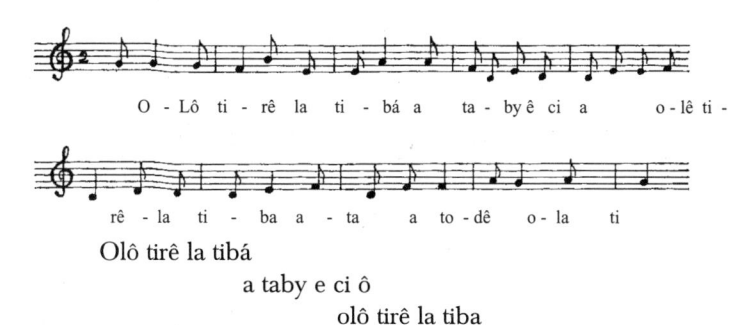

O - Lô ti - rê la ti - bá a   ta - by ê ci a   o - lê ti -

rê - la ti - ba a - ta   a to - dê   o - la   ti

Olô tirê la tibá
a taby e ci ô
olô tirê la tiba
ata ô todê

AIRÁ – AIRÁ
(Xangô)

Bahia,Capital M° = 84
Candomblé (Kêto)

A - i - rã a - i - rá A mo - ni - Lê A - i - rá mo - ni

lê A - - - i - rá a-moni-tê a - i - ra mo - ni - lê

Airá airá amonilê
    airá monilê
      Airá amonilê
        airá monilê

AROLÊ KÔKÔMILODE
(Xangô)

Bahia,Capital
Candomblé (Kêto)

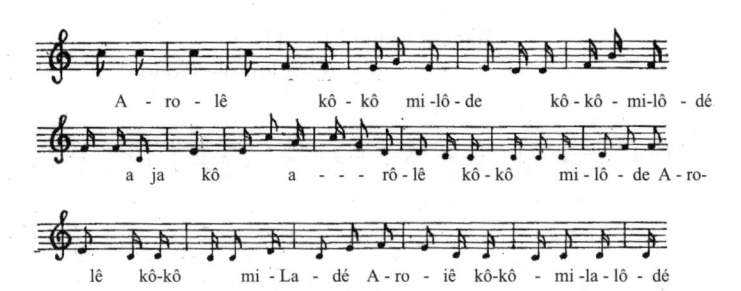

A - ro - lê kô - kô mi - lô - de kô - kô - mi - lô - dé

a ja kô a - - - rô - lê kô - kô mi - lô - de A - ro-

lê kô-kô mi - La - dé A - ro - iê kô-kô - mi - la - lô - dé

Arolê kôkômilôdé
  kôkômilôdé aja kô
    Arolê kôkômilôdé
      Arolê kôkômilôdé
        Arolê kôkômilôdé

Pontos de Xangô na Umbanda

Por detrás daquela serra
Tem uma linda cachoeira
Por detrás daquela serra
Tem uma linda cachoeira
Mas ele é Xangô e Agodô ô
Que arrebentou sete pedreiras
Mas ele é Xangô e Agodô ô
Que arrebentou sete pedreiras

Quem rola pedra na pedreira é Xangô
Quem rola pedra na pedreira é Xangô
Quem rola pedra na pedreira é Xangô
Quem rola pedra na pedreira é Xangô
Firmou na coroa de Zambi... firmou na coroa de Zambi
Firmou na coroa de Zambi é Kaô
Firmou na coroa de Zambi... firmou na coroa maior
Meu pai é Xangô Agodô e Kaô
Firmou na coroa de Zambi... firmou na coroa de Zambi
Firmou na coroa de Zambi é Kaô
Firmou na coroa de Zambi... firmou na coroa maior
Meu pai é Xangô Agodô e Kaô

Machadinha da ponta de ouro
É de ouro, é de ouro **(bis)**
Machadinha que corta mironga
É machadinha de Xangô **(bis)**

Cachoeira da mata virgem
Onde mora meu Pai Xangô **(bis)**
Água rolou Nana Buruquê
Pedra rolou, saravá Pai Xangô **(bis)**
Saravá Pai Xangô
Eh, eh, eh, eh, eh ah!

Se ele é filho de fé
Bate a cabeça lá no congá

Lá do alto da pedreira
A faísca vem riscando
Aguenta essa gira de força
Que a faísca vem queimando **(bis)**

Quando a lua apareceu
O leão da mata roncou
A passarada estremeceu
Olha a cobra coral, piou, piou, piou
Olha a coral piou
Salve o povo de Ganga ô
Chegou o Rei da Umbanda
Saravá nosso Pai Xangô

Bamba aruê, a terra é da Jurema
O leão veio das matas
O meu grito é muito forte
Meu machado tem bom corte
O meu rei é Xangô

Quenguelê, quenguelê Xangô
Ele é filho da cobra coral **(bis)**
Olha preto tá trabalhando
Olha branco não tá olhando **(bis)**

Lá do alto da pedreira
Pai Xangô se assentou
Quem rola a pedra na pedreira
É meu Pai Xangô
Quem rola a pedra na pedreira
É meu Pai Xangô
Kaô, kaô meu Pai

*Kaô Xangô das suas 7 Montanhas
Pedra rolou
Lá na pedreira* (bis)
*Firmei meu ponto meu Pai
Lá na cachoeira
Tenho meu corpo fechado
Xangô tem a pemba na mão
Vem descendo lá da Aruanda
Pra me dar proteção*

*Xangô escreveu a justiça
Firmou sua pemba em uma pedra
Ele escreveu a justiça
Quem deve paga, quem merece recebe*

14. Comida de Santo (Orixá) e animais consagrados a Xangô

Segundo Pierre Verger, nas festas africanas de Xangô, quando a animação é geral, realiza-se o sacrifício animal de um carneiro no templo de Xangô. Derrama-se o seu sangue nas pedras de raio. A cabeça do animal é cortada.

Iyá Sàngó, acompanhada por um grupo de mulheres, segura a cabeça cortada e, balançando-a da direita para a esquerda, dá voltas em torno da praça, passando entre os grupos de *elégùn,* até o momento em que Xangô, proclamando sua aceitação à oferenda, apossa-se de um deles. Um só *elégùn* é escolhido por Xangô entre os numerosos iniciados, que estão, todos, suscetíveis de serem por ele possuídos. O *elégùn* eleito, homem ou mulher, tornando-se Xangô, toma a cabeça do carneiro sacrificado, aproxima-a de sua boca para lamber-lhe o sangue. A entrada em transe é, muitas vezes, violenta, e o *elégún* debate-se entre os braços de seus companheiros, que o sustentam e arrastam-no para o templo.

A mesa de Xangô geralmente é farta. Além de carneiro, come galo, cágado (ajapá) e omalá (caruru especial). Nas festas dedicadas a Xangô, raramente faltam iguarias como o acarajé de Inhaçã, afinal, ela é uma de suas esposas.

Há também uma prática no terreiro, quase secreta, na qual os testículos do galo ofertados a Xangô são preparados em um molho especial rico em azeite-de-dendê e camarão seco esmagado. Esse prato é considerado afrodisíaco.

Xangô é também um grande consumidor de vinho de palma.

15. Obrigação a Xangô na Umbanda

Composição dos Banhos

1. Samambaia
2. Tapete de Oxalá
3. Eucalipto
4. Picão-da-praia
5. Barba-de-velho
6. Guiné
7. Alfazema

Defumação

1. Incenso
2. Mirra
3. Benjoim
4. Alfazema
5. Guiné
6. Pichuri ou noz-moscada
7. Espada-de-são-jorge

Cortar a espada em sete pedaços e reservar um pedaço para cada banho.

Material da Obrigação

1 vela de cera branca grande
1 vela preta e vermelha (para o *paô*)
7 velas marrons
1 pemba branca
7 pedaços de 1/2 metro de fita branca

1 cerveja preta
1 caixa de fósforos
Flores: marrons, brancas ou roxas
Toalha marrom (com rendas e bordados brancos)

Sequência da Obrigação

Sendo **XANGÔ** o Orixá da pedreira, será este o reino da natureza em que será dada a obrigação.

A obrigação será sempre oficiada pelo Babalaô, que é assistido por ogãs.

No local da obrigação, após o "PAÔ e a DEFUMAÇÃO", o médium procura uma pedra na qual possa estender sua toalha. Encontrando-a, antes de colocar a toalha, deve traçar sobre a mesma o ponto de Xangô, similar ao da própria toalha, utilizando para isso a pemba. O ponto e a toalha devem ser dispostos de forma que as lâminas do machado se voltem para a pedreira e o cabo para o filho de fé. A seguir, começa a preparar a obrigação firmando a vela de cera branca (acendendo-a), de forma que sua luz ilumine o trabalho, facilitando assim a disposição da oferenda. Ao redor e de maneira adequada, vai arrumar as sete velas marrons que deverão estar com as fitas brancas amarradas; ajeitar graciosamente as flores para que estas decorem o trabalho. Na pedra, o filho de fé deverá riscar no mínimo dois pontos das entidades com as quais ele trabalha (no caso, evidentemente, de conhecê-los). Se da oferenda constar algo onde será ofertada a bebida (exemplo: caneca de barro, ou outra), esta será depositada sobre a toalha, na qual também estarão a pemba e o charuto sem as embalagens. Antes de iluminar toda a obrigação, irá depositar parte do curiador no alguidar preparado pelo Babalaô para recebê-los, sempre mentalizando a tríade divina por Olorum, por Oxalá, por Ifá, esse alguidar estará iluminado por sete velas marrons. Retornando, o filho de fé iluminará todo o seu trabalho, acendendo todas as velas e o charuto, aguardando em oração sua consagração.

As guias que receberam o curiador serão passadas no machado (ficarão presas ao machado, sendo enfiadas pelo cabo). O Babalaô se aproximará do filho de fé, acompanhado de dois ogãs; um trará o alguidar com o curiador e o outro auxiliará o Babalaô transportando o machado com as guias. O filho de fé estará de joelhos, diante de sua obrigação, e com as costas das mãos apoiadas na pedra em que se acha a toalha. O Babalaô molha as guias no curiador e, ao retirá-las, deixa que o excesso de curiador se derrame por sobre o filho de fé, pedindo ao Orixá que aceite o sacrifício e a oferenda que o filho lhe oferece, dando-lhe o seu espírito de justiça, e que este aprenda a nunca condenar ninguém precipitadamente, nunca julgando por antecipação, sem pleno conhecimento de todos os fatos; em suma, nunca condenar sem antes haver honestamente julgado. Faz a saudação dizendo: salve meu pai Xangô, *Kaô Kabe In Cilobá*. O filho deverá permanecer nessa posição até o retorno do Babalaô, que, ao terminar de consagrar o último filho de fé, retorna ao primeiro, toma o machado de Xangô das mãos do Ogã e volta abençoando os filhos de fé, sempre invocando o Orixá. Ao fazê-lo, comprime o gume do machado, na cabeça do filho de fé, para que este saiba que a justiça atinge indistintamente a todos que a desrespeitam, como um machado de dois gumes. Após a consagração, o Babalaô ordena que todos procurem seus otás,[11] com a vela de cera. Onde encontram o otá, deixam a vela, retornam, lavam-no no curiador, despejando o restante em torno da toalha.

Logo após, poderá voltar para a sua casa, onde continuará o preceito até o meio-dia do dia seguinte.

A toalha para Xangô pode ser feita em branco, com os detalhes em marrom, ou em marrom, com os detalhes em branco; a forma de realizá-la fica a gosto do filho de fé, e além do machado ritualístico, pode aplicar também pontos de entidades com os quais trabalha e que se afinem com a linha de **XANGÔ**.

---

11. Pedras.

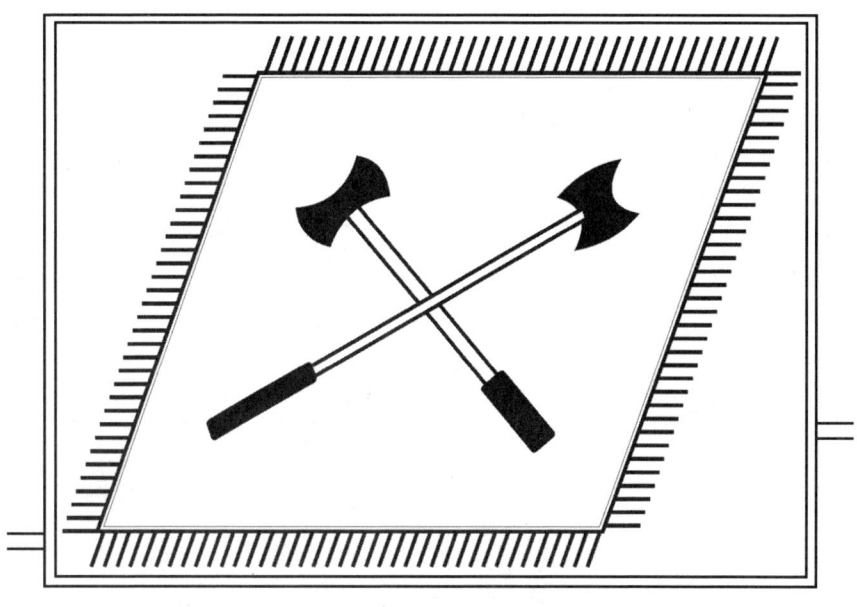

Figura 93: Modelo de toalha para a obrigação a Xangô

Obrigação a Xangô

1. As flores deverão ser arrumadas sobre a toalha.
2. Sete velas marrons, atadas com fitas marrons dispostas ao redor da toalha.
3. O filho de fé deverá colocar-se abaixo da base dos machados.
4. No caso de se conhecer outros pontos de Xangô, riscar pelo menos uns dois sobre a pedra.
5. Vela de cera branca deve ser acesa logo que se inicie o trabalho, iluminando-o.
6. Curiador, canela, pemba e charuto sobre a toalha.
7. Antes de estender a toalha, deve-se riscar o mesmo ponto do desenho na pedra com a pemba; depois, coloca-se a toalha sobre o mesmo.
8. Antes de acender as velas marrons, depois de tudo arrumado, o filho de fé colocará parte de seu curiador no alguidar em que se encontram as guias, voltando depois à posição inicial.

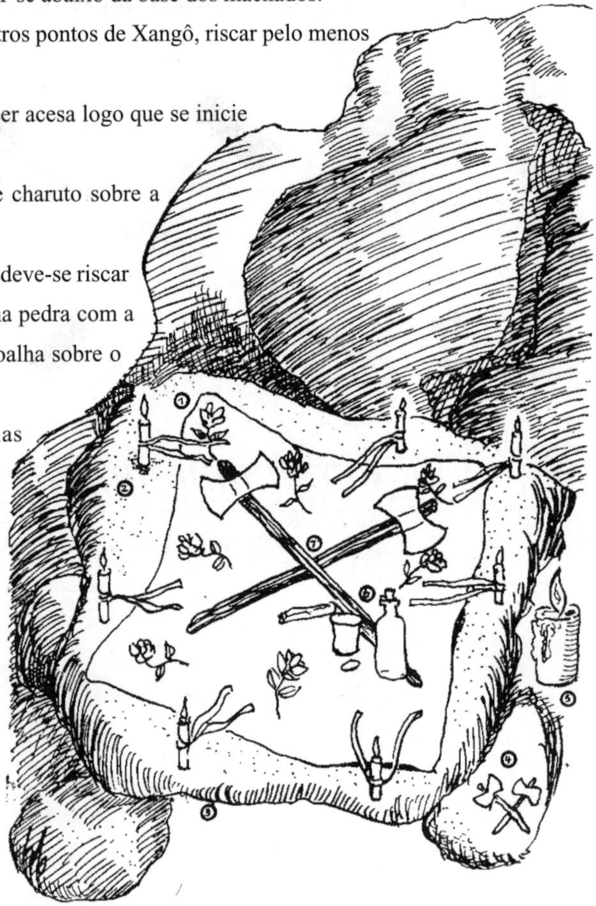

Figura 94: Esquema da obrigação a Xangô

Figura 95: Guias recebendo o curiador

Figura 96: Médium sendo consagrado a Xangô

Figura 97: Médium sendo consagrado a Xangô

Capítulo 12

Nanã Buruquê

1. Lenda africana sobre Nanã Buruquê

Segundo Pierre Verger, Nanã Buruquê é uma divindade muito antiga e é cultuada em uma vasta área africana. É conhecida também pelos nomes de Nanã Buruku, Nanã Bukuu, Nanã Brukung, ou ainda Brukung. Em uma região chamada Ashanti, o termo Nanã é utilizado para as pessoas idosas e respeitáveis, e significa *mãe*.

Cita ainda a existência de várias divindades como o nome inicial de Nanã ou Nenê. Essas divindades recebem o nome de Inie e desempenham o papel de Deus Supremo. Em todos esses Templos há um assento sagrado salpicado de vermelho, em forma de Trono ashanti, reservado à sacerdotisa de Inie, no qual só ela pode tocar.

Todos os iniciados ligados ao Templo têm grandes bengalas salpicadas de pó vermelho e, em torno do pescoço, usam trancinhas (cordinhas trançadas) sustentando uma conta achatada de cor verde.

Várias são as lendas sobre Nanã Buruquê. Pierre Verger faz referência a uma pesquisa datada de 1934, conduzida por J. C. Guiness. Essa pesquisa foi feita na região do Adélé, por meio de um informante do Kotokoli.

Na fronteira dos países Haussa e Zaberima (Djerma) há um rio chamado Kwara (Níger), que deu seu nome a uma cidade situada às suas margens. Em uma gruta, no fundo do rio, vivia outrora um grande ídolo chamado Brukung e com ele viviam sua mulher, seu filho e um homem chamado Langa, que era criado de Brukung. Viviam todos juntos na gruta. Na cidade de Kwara vivia um homem chamado

Kondo, um homem bom que era conhecido, mesmo nos locais mais distantes, pelo nome de Kondo Kwara. Tinha o costume de todos os dias colocar oferendas de galos e de pito (beberagem), e algumas vezes um carneiro nas margens do rio onde Langa vinha pegá-los e os levava para a gruta debaixo d'água.

Figura 98: Uma representação africana sobre Nana Buruquê.

Um dia, porém, um grupo de pescadores haussa veio da Nigéria para pescar no rio Kwara. Roubaram as oferendas, e Kondo ficou tão contrariado que foi para Gbafolo, na região Kotokoli, e instalou-se com sua família em Dkipileu, a seis ou sete milhas dali. Brukung, por sua vez, foi viver em uma gruta na floresta próxima de Dkipile. Kondo soube disso e recomeçou a colocar suas oferendas. Langa reapareceu também, trazendo assentos que fizera na gruta de Kwara. Mais tarde, Kondo reencontrou Brukung. Porém, pouco tempo depois, uma invasão ashanti obrigou Brukung e os seus a refugiarem-se em Shiari.

Nanã Buruquê é conhecida no Novo Mundo, tanto no Brasil como em Cuba, como a mãe de Obaluaiê. É considerada como a mais antiga das divindades das águas. Sua atuação se faz sentir sobre as águas dos lagos e da lama dos pântanos.

2. Resumo histórico da vida de Sant'Ana

Os dados biográficos sobre os pais de Maria, Ana e Joaquim são muito escassos no Evangelho. Os chamados textos apócrifos, como o livro de São Tiago (150 d.C.), trazem dados mais substanciosos a respeito de Ana e Joaquim.

Em função dessa falta de dados no Evangelho, muitas vezes encontramos dados copiados da Sagrada Escritura, a respeito de Ana (mãe de Samuel).

A Sagrada Escritura nos conta que a mãe de Samuel (Ana), na aflição da esterilidade que lhe tirava o privilégio da maternidade, dirigiu-se com muita fé em oração ao Senhor e prometeu consagrar ao serviço de Deus o futuro filho. Quando obteve a graça, após ter dado à luz o pequeno Samuel, levou-o a Silo, onde estava guardada a Arca da Aliança, e o confiou ao sacerdote Eli, após tê-lo oferecido ao Senhor. Em função dessa narrativa, o livro apócrifo de São Tiago conta a história dos pais de Maria, Ana e Joaquim. Segundo Tiago, Ana e Joaquim residiam em Jerusalém, nas proximidades do templo, e eram judeus piedosos. Ana e Joaquim formavam um casal justo e observante das leis judaicas. Joaquim era um pastor próspero e o casal possuía certa fortuna que lhes proporcionava uma vida tranquila. Dividiam suas rendas anuais em três partes: a primeira era conservada para o próprio sustento; a segunda era destinada ao culto judaico e a terceira parte era distribuída entre os pobres.

Contudo, a despeito das suas virtudes, Joaquim e Ana não tinham sido abençoados por Deus com filhos e, um dia, quando Joaquim foi ao Templo para fazer suas oferendas, o sacerdote Rubem reprovou-o pelo fato de não gerar filhos, chamando-o de indigno, uma vez que era o único sem descendência entre as Tribos de Israel.

Joaquim retirou-se para o deserto para rezar, onde jejuou e orou por quarenta dias. No fim desse período, Joaquim em seu retiro e Ana em Jerusalém, receberam a visita de anjos que lhes disseram que Deus havia ouvido os seus pedidos. O anjo disse a Ana:

"O Senhor ouviu teu choro. Conceberás e darás à luz e, por toda a Terra, se ouvirá falar de Maria, a tua filha". Quando Joaquim voltou a Jerusalém, Ana fora avisada de sua chegada; correu para saudá-lo e atirou-se em seus braços exclamando com muita alegria: "Agora sei que o Senhor derramou sua bênção sobre nosso lar; pois eu era como uma viúva, era estéril, mas agora meu seio já concebeu, seja bendito o Altíssimo!".

Em Jerusalém, em 8 de setembro do ano 20 a.C., nasceu a menina que recebeu o nome de Miriam, que em hebraico significa "Senhora da Luz", e traduzido para o latim ficou Maria.

Figura 99: Imagem de Nossa Senhora Sant'Ana.

Ana fez o voto de consagrar a menina prometida por Deus ao serviço do Templo. Mais tarde, quando completou 3 anos, Maria foi levada pelos pais Joaquim e Ana para o Templo, onde foi educada, ficando aí até os 12 anos. A tradição não dá notícias sobre a morte de Joaquim e Ana.

O culto deles foi muito difundido na Igreja desde o século VI, sendo muito conhecido no Brasil.

3. Sincretismo religioso

Sendo considerado o mais velho Orixá feminino do panteão africano, Nanã Buruquê facilmente encontrou similitude na avó de Jesus e a mãe de Maria, a mais antiga santidade do ageológio católico.

O negro africano escravizado era obrigado, como já dissemos, a aceitar a cultura e a religião impostas pelo branco dominante. Ora, a avó de Jesus, que era Deus segundo lhe explicavam os padres católicos, só poderia ser comparada à velha Nanã, afinal não cabia a Nanã a função de zelar pelo final de suas vidas?

Os cristãos, em geral, e a Igreja Católica Apostólica Romana, em particular, fazem apenas referências vagas quanto aos antecessores de Sant'Ana. A história sagrada parece se deter apenas aos acontecimentos relativos a São Joaquim e Sant'Ana, pouco ou nada revelando sobre as origens que permanecem envoltas em uma névoa de mistério, conforme já vimos anteriormente.

4. Características de Nanã Buruquê

A mais velha das senhoras da água e, consequentemente, a mais experiente e amorosa dos Orixás é, ao mesmo tempo, ponderada e intransigente. É também muito ciosa e possessiva, qualidade esta que transmite aos seus filhos de fé. É confundida muitas vezes com o próprio Obaluaiê, que, segundo algumas lendas africanas, seria seu filho. Na verdade, ela é a soma maior de conhecimentos e de experiência que um ser divino ou mortal possa conhecer, o que faz do Orixá algo todo especial. Por exemplo, acredita-se que a soma de tantos conhecimentos adicionados ao cansaço do corpo físico facilita a transição ou a transposição da ponte que existe entre a vida e a morte.

Se imaginássemos essa ponte como existindo fisicamente, nós teríamos, de um lado do rio, a figura de Nanã. A paisagem do lado de cá seria uma paisagem de desolação, das plantas velhas e murchas, mas a paisagem do outro lado dessa mesma ponte, ou seja, Obaluaiê, seria o frio e a escuridão total.

Nanã, como todas as iabás ou mães d'água, é também considerada o Orixá das chuvas, não de um estado de chuva como, por exemplo, Inhaçã (Senhora das Tempestades), mas sim o Orixá de uma forma mais ampla e geral e, curiosamente, é muito raro a realização da obrigação a Nanã sem a presença da chuva. Como curiosidade, em várias ocasiões quando nos dirigíamos ao rio Branco (litoral de São Paulo) para a obrigação a Nanã, pudemos documentar um fato curioso: a chuva era intermitente, cessava quando se fazia a oferenda e recomeçava quando se fazia a consagração dos filhos de fé.

Nanã é também considerada a *deusa da lama,* visto que como sua obrigação é dada em um rio que morre no mar, quase sempre suas margens estão enlameadas pelas variações das marés.

5. Elemento – Domínio – Metal – Erva – Flor Sagrada

Elemento: pântanos e lagoas
Domínio: morte, vida e saúde
Metal: chumbo
Erva: manacá
Flor sagrada: rosas rubras

Para os banhos, podem ser usadas as seguintes ervas: manacá, folhas de berinjela, pétalas de rosas rubras, melão-de-são-caetano, folha-da-fortuna.. Durante o período da obrigação a Nanã, deve ser feito um banho especial que mostraremos no item 14.

6. Datas comemorativas – Dia da Semana

Em todo o Brasil é aceita como data comemorativa de Nanã aquela estipulada pelo calendário católico apostólico romano. Sant'Ana é festejada unicamente em 26 de julho.

Nanã é uma entidade que praticamente não tem culto exterior, a exemplo do que acontece com outros Orixás. Os filhos de fé mais dedicados, nessa data, costumam fazer oferendas em esteiras, nas proximidades da foz de um rio.

O dia da semana consagrado a Nanã é sábado.

7. Saudações a Nanã Buruquê

No Brasil, quer na Umbanda, quer no Candomblé, sua saudação é uma só:
Salubá Nanã!
Ao que os filhos de fé respondem:
Salubá, Nanã Buruquê! Salubá!

8. Cores representativas

Na Umbanda, a cor aceita é praticamente, sem discussões, a roxa, utilizada no manto e nos trajes de Sant'Ana. A tradição é tão forte que, ainda nos dias de hoje, geralmente, a mortalha ou a renda que cobre o corpo dos mortos é roxa ou negra. Lembramos também que a cor utilizada até recentemente nos trajes cardinalísticos era predominantemente roxa. Na gíria carioca, irreverentemente, chama de cardeal ao sambista ou malandro, que até a década de 1950 aparecesse elegantemente trajado de terno branco, sapatos, polainas e meias roxas.

No Candomblé, as cores são muito variadas, em virtude das diferentes nações africanas, mas, em quase todos os cultos de nações autênticos, são utilizadas variações de cor azul, sempre acompanhadas do branco.

Nos trajes ritualísticos, geralmente mais simples que os demais Orixás, utilizam-se também tecidos estampados nas cores mencionadas.

Mais recentemente, temos encontrado alguns candomblés "DE PAETÊS, PLUMAS E LANTEJOULAS" que apresentam variações que vão do lilás ao roxo grená. Geralmente luxuosas, essas vestimentas são confeccionadas em tecidos mais sofisticados.

Chegamos a ver uma indumentária para Nanã, em veludo lilás, tão luxuosa que se diria digna de um rei.

9. Instrumentos de culto

Na Umbanda, o único instrumento de culto destinado ao Orixá Nanã é a guia feita com contas de porcelana roxa, intercaladas com cristal de miçangão branco. No Candomblé, o principal instrumento de culto é o *ebiri*, que deriva da bruxuleante figura da vassoura mágica. A princípio, esse instrumento era apenas uma vassoura feita com talos da folha do dendezeiro, que simbolizava a varredura dos restos dos mortos. Difere do *xaxará* de Obaluaiê, que é mais reto que o *ebiri*.

No presente, o *ebiri* é um instrumento decorativo que pouco ou nada lembra a vassoura de outrora. Ele é confeccionado com talos de folha de palmeira, de forma que a parte mais grossa dos talos ficam todos na base, dando à peça uma forma cônica. A parte mais fina é torcida e amarrada no meio, lembrando um cabo de guarda-chuva. Sobre esses talos é tecida, com palha-da-costa, uma renda que os envolve totalmente.

Utilizam-se ainda contas de miçangão brancas, azuis ou roxas para decorar o *ebiri*, que às vezes recebe também duas ou três cabaças decoradas como complemento. Búzios também são utilizados nessa mesma decoração, o que acaba resultando em um objeto agradável aos olhos e muito procurado pelos turistas estrangeiros que, ignorando o seu fim religioso, o levam apenas para fins decorativos.

Além do *adê* (coroa característica) e do *filá* (cortina de contas e lantejoulas que oculta o rosto do Orixá manifestado) não se encontram outros objetos característicos de Nanã.

Nos candomblés, Nanã dança segurando o *ebiri* como quem segura uma criança. Sua dança é mais lenta que os demais Orixás, como se embalasse um bebê. Mais recentemente, traz no outro braço um buquê de flores nas cores do Orixá.

10. Características dos filhos de Nana Buruquê

Nanã é a mais velha das Orixás. Talvez por isso seja a mais amorosa e também a mais egoísta. Os filhos de Nanã são muito possessivos e tendem a cercar seus amigos.

São exclusivistas e não admitem dividir suas ideias. Dedicam-se sem reservas a seus amigos e parentes; porém, procuram sempre criar barreiras para que encontrem novas amizades e novos caminhos.

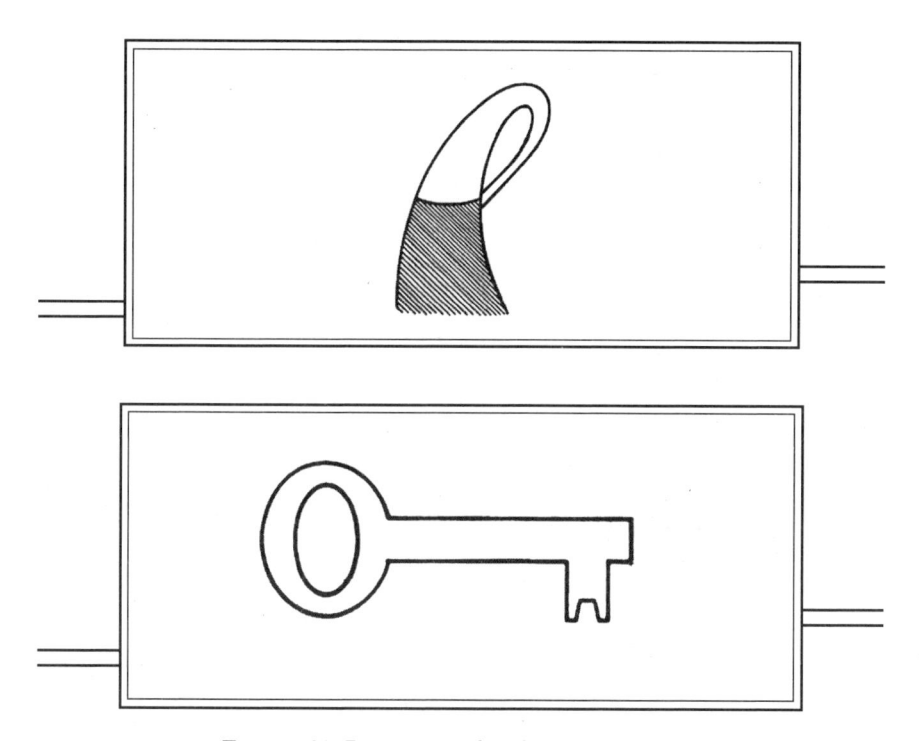

Figura 100: Pontos riscados de Nana Buruquê.

São rabugentos e costumam guardar no seu íntimo tudo aquilo que lhe fazem. O filho de Nanã jamais esquece o que lhe fazem, mesmo que depois lhe peçam desculpas. Eles sempre comentam e tocam no assunto quando há oportunidade.

Gostam de estar rodeados de amigos; porém, não abrem mão de sua presença, fazendo questão de que seja notada e comentada.

Vestem-se muito bem e possuem um pouco a intransigência de Ogum. São resmungões e acham dificuldade em tudo que precisam fazer, esperando sempre que os outros façam ou resolvam seus problemas.

Por serem demasiadamente possessivos, não admitem que seus filhos e familiares mais próximos tomem decisões sozinhos ou que seus companheiros saiam sós.

11. Pontos riscados

Os pontos riscados de Nanã são o *eberi,* que representa o Orixá.

A chave é fruto de uma confusão do Orixá Nanã com a figura de São Pedro, que teria as chaves do céu.

12. Pontos cantados

O ponto cantado, em sua letra singela, é apenas uma oração, uma reza cantada a Nanã Buruquê ou qualquer outro Orixá. Citamos alguns pontos do Candomblé, normalmente chamados de "Cantigas ou Ingorossis", extraídos do trabalho "Melodias Registradas Por Meios

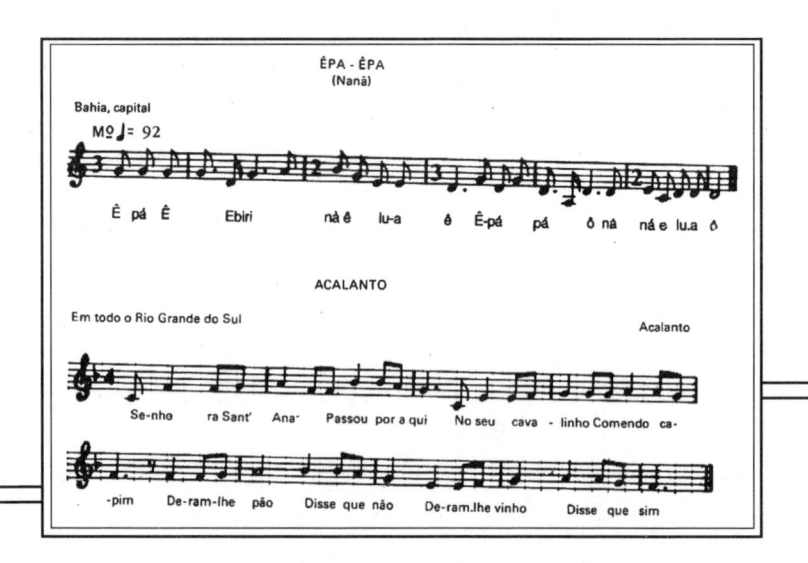

Não Mecânicos, Arquivo Folclórico da Discoteca Pública Municipal de São Paulo, 1º volume, 1946. Já na Umbanda, contamos com centenas de pontos cantados, dos quais reproduziremos os mais populares.

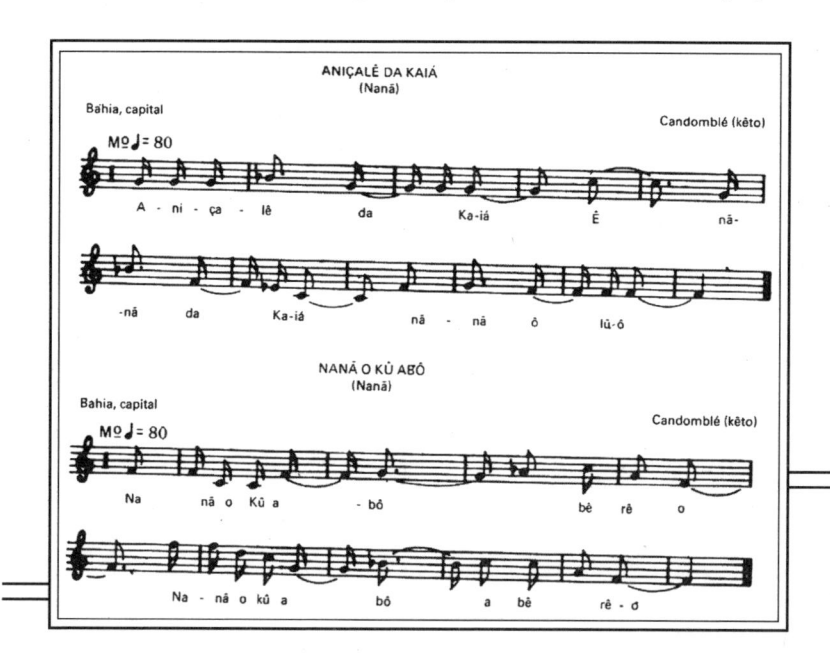

Pontos cantados de Nana Buruquê na Umbanda

Querê Querê, Salubá, Querê Querê
Salubá Nanã Buruquê
Saravá, Sapatá, Sussurê
Querê Querê, Salubá, Querê Querê
Querê Querê, Salubá, Querê Querê
Salubá Nana Buruquê
Saravá, Sapata, Susserê
Querê Querê, Salubá, Querê Querê

Quem vem de Aruanda é Nanã
Nana Buruquê
Na fé de meu Pai Oxalá
Meu Pai Oxalá

Pra ver os seus filhos Nanã
Nana Buruquê Salubá

São flores Nanã, são flores
São flores, Nanã Buruquê
São flores Nanã, são flores
São flores, Nanã Buruquê
São flores Nanã, são flores
São flores de Obaluaiê
São flores Nanã, são flores
São flores de Obaluaiê

Oh! Nanã cadê Oxum
Oxum é das ondas do mar
Ela é dona do congá
Salve Oxum, Nanã!

Atraca, atraca que eu vi Nanã
Ei-ah! (bis)
É Nanã, é Oxum, é a Sereia do mar
Ei-ah!
É Nanã, é Oxum, é Mamãe Yemanjá
Ei-ah!

Nanã, Santa serena
Eu lhe peço sua bênção (bis)
Irmã de Nosso Senhor
Livrai-me da aflição (bis)

Quando Nanã vem à Terra
Filhos pedem ajoelhados
Sua missura, Nanã Divina
Não nos deixe abandonados

Saravá, Nanã
Sua proteção
Sarava, Nanã
Dai-nos sua bênção

Senhora Sant'Ana
Dai-nos vossa proteção
Valei-nos avó de Aruanda
Valei-nos com sua bênção

Com seu manto consagrado
Com sua estrela bendita
Valei-nos Senhora Nanã
Livrai-nos das horas aflitas

13. Comida de Santo (Orixá) e animais consagrados a Nanã Buruquê

Nos candomblés mais antigos é comum servir-se a Nanã carneiro, galinha, conquém (galinha d'Angola), cabra, acaçá (bolo de milho ou arroz, cozido em ponto de gelatina), aberém (bolo semelhante ao acaçá, feito no formato de bolas), sempre com os tradicionais condimentos.

Por tradição, não se usam talheres nas festas para Nanã, usando-se apenas as mãos. Usam-se, às vezes, folhas de mamona ou bananeira.

14. Obrigação a Nanã Buruquê na Umbanda

COMPOSIÇÃO DOS BANHOS

1. Caroba ou Carobinha
2. Capim-santo
3. Guiné-pipiu
4. Picão-da-praia
5. Alecrim-do-campo
6. Manjericão-do-campo
7. Alfazema

DEFUMAÇÃO

1. Rosa Branca
2. Incenso
3. Mirra
4. Benjoim
5. Alfazema ou Alecrim
6. Pichuri ou Noz-moscada
7. Cravo-da-índia

MATERIAL NECESSÁRIO

1 vela preta e vermelha
1 vela de quarta branca
7 velas roxas
1 vela de cera branca
7,5 metros de fita roxa ou branca
1 alguidar número 000
1 esteira
1 guia
1 caixa de fósforos
1 champanha rosé
Flores brancas ou roxas
1 toalha para obrigação

As fitas devem ser atadas nas velas com muito cuidado e carinho. A toalha deve ser feita em tecido branco; no centro deverá ser bordado um *ebiri* e, em cada canto, uma cruz; o *ebiri*, as quatro cruzes e o babado deverão ser de cor roxa. A toalha deverá ter no mínimo 70 x 70 centímetros e o material da toalha, o tipo de bordado e tudo o mais deverá ser de acordo com o gosto do filho de fé. Como as flores roxas são difíceis de ser encontradas, os filhos de fé podem tingi-las artificialmente, usando violeta genciana ou corante para cobertura de bolos.

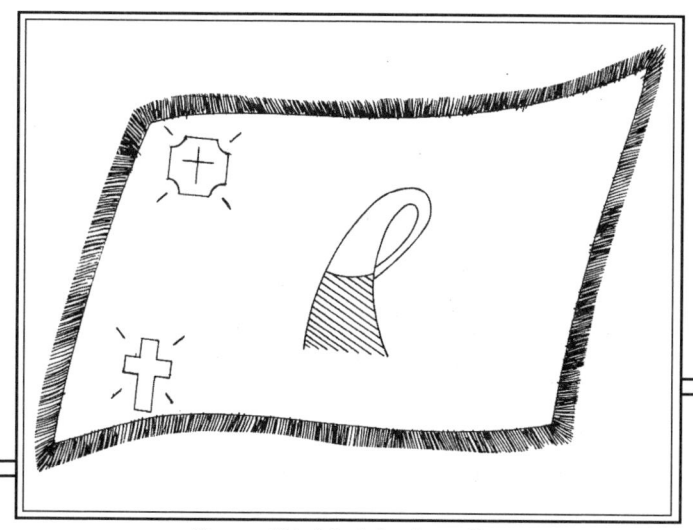

Figura 101: Modelo de toalha

SEQUÊNCIA DA OBRIGAÇÃO

Na semana que antecede à obrigação, os filhos de fé devem preparar uma armação de madeira para servir de base para a esteira, a fim de que a mesma flutue melhor quando colocada na água. Essa armação é feita de acordo com o gosto do filho de fé. A obrigação a Nanã é dada às margens de um rio, e em local onde os filhos possam deslizar a esteira para a água após a consagração.

Chegando ao local da obrigação e, após ser dado o Paô a Exu, os filhos de fé devem montar a armação e fixar a esteira na mesma; em seguida, todos os filhos devem passar pela defumação, e, depois, colocar sua esteira à beira do rio; sobre a esteira deverá colocar a toalha; a posição correta da toalha é com o *ebiri* em pé, em frente do filho de fé; no canto direito inferior da toalha e sobre a esteira deverá ser colocada a vela de quarta que, quando for acesa, deve ser oferecida ao Anjo da Guarda; no canto esquerdo superior da toalha, e também sobre a esteira, será fixada a vela de cera branca que, quando estiver acesa, deverá ser oferecida a Oxalá; ao redor da toalha, e sobre a esteira, serão distribuídas as sete velas roxas. Em volta da toalha devem ser arrumadas as flores.

Antes de acender as velas, o filho de fé deverá abrir a garrafa de champanhe e dirigir-se onde está o Pai Espiritual; nesse local, encontra-se o alguidar com as guias, que estará iluminado por sete velas roxas, e as guias estarão enroladas imitando ninhos, por ser Nanã o Orixá mais velho, protetor das famílias e da mulher grávida. O filho de fé deverá cruzar o alguidar com o champanhe por OLURUM, OXALÁ E IFÁ, e, em seguida, retornar ao seu lugar, colocando a garrafa do seu lado direito, acendendo as velas, a começar pela de quarta, depois a de cera e, a seguir, as roxas. Após acender todas as velas, ajoelha-se e fica em posição de prece, segurando o pequeno alguidar em suas mãos. Assim que o Pai Espiritual iniciar a consagração, todos devem cantar pontos de Nanã. Na hora da consagração do filho de fé, o Ogã se aproximará trazendo o alguidar com as guias e ficará do lado esquerdo do filho; quando o Pai Espiritual se aproximar, o filho de fé abaixará a cabeça e levantará o pequeno alguidar na altura do rosto para que o mesmo possa receber parte do curiador que vai consagrá-lo. O Pai Espiritual toma em suas mãos uma das guias que está no alguidar submersa no curiador e pronuncia a frase:

A QUEM EU CONSAGRO ESTE (A) FILHO(A)?

O ogã responde:

A NANÃ, MEU PAI!

O Pai Espiritual torna a perguntar:

POR QUEM CONSAGRO ESTE (A) FILHO(A)?

A NANÃ, MEU PAI, responde o Ogã.

Neste momento, o Pai Espiritual coloca a guia no pescoço do filho de fé e, com a garrafa de champanhe nas mãos, pede a Oxalá a permissão para consagrar esse filho; em seguida, cruza sua cabeça com o curiador em nome de OLORUM OXALÁ e IFA, enquanto o ogã responde com a saudação:

SALUBÁ NANÃ BURUQUÊ!

Quando o Pai Espiritual terminar de cruzar a cabeça do filho de fé, o ogã cobre-lhe a cabeça com a toalha.

O filho de fé deverá permanecer nessa posição até que todos tenham sido consagrados e com a cabeça coberta até o fim dos trabalhos. Quando o último filho de fé for consagrado, o Pai Espiritual dará ordem para que todos se levantem. Antes que isso aconteça, o filho de fé deverá colocar o alguidar sobre a toalha e rodear a mesma com o champanhe que sobrou, saudando Nanã. Assim que o Pai Espiritual der a ordem, fará a saudação "É SALUBÁ NANÃ", por três vezes. Na terceira vez, o filho de fé pegará sua vela de quarta na mão e empurrará a esteira para que ela flutue na água. Depois de todos os filhos fazerem o mesmo, espera-se que as mesmas tomem a força da correnteza. Quando elas principiarem a se afastar da margem, o filho de fé procurará o seu otá, deixando sua vela de quarta onde o encontrar. Se ele avistar o seu otá na beira d'água, ou dentro dela, poderá pegá-lo, desde que procure outro em outro local para deixar a vela.

Terminada esta parte, continuará fazendo o preceito até o meio-dia do dia seguinte.

A obrigação de Nanã é feita quase na foz do rio, porque o Orixá Nanã é um elemento velho, quase no fim da vida, representando a transição do fim da vida material e o início da vida espiritual. O fim do rio é o começo do mar.

Figura 102: Esquema da obrigação a Nanã Buruquê

Figura 103: Médium sendo consagrada a Nanã Buruquê

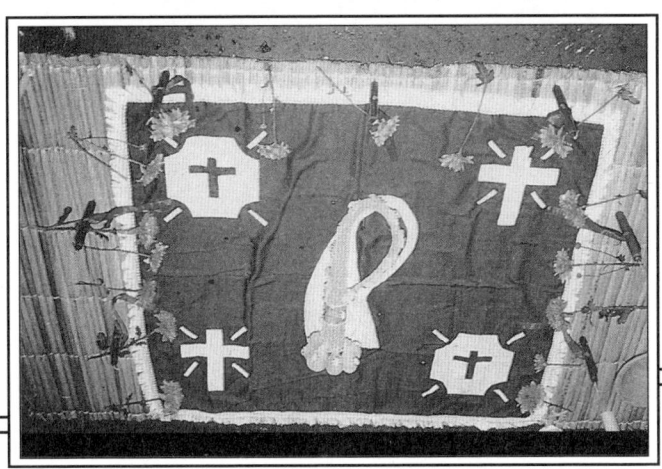

Figura 104: Toalha já preparada para a obrigação a Nana Buruquê

Capítulo 13

Obaluaiê

1.Lenda africana sobre Obaluaiê

Obaluaiê é conhecido também como Omolu. Segundo Pierre Verger, Obaluaiê significa "Rei Dono da Terra" e Omolu significa "Filho do Senhor". Obaluaiê é considerado o deus da varíola e das doenças contagiosas.

Obaluaiê e Nanã Buruquê são frequentemente confundidos em certos locais da África. Em algumas lendas fala-se a respeito da disputa de Obaluaiê e Nanã Buruquê contra Ogum. Verger considera essa disputa de divindades como o choque de religiões pertencentes a civilizações diferentes, sucessivamente instaladas em um mesmo lugar e datando de períodos respectivamente anteriores e posteriores à Idade do Ferro. Muitas são as lendas sobre Obaluaiê. Transcreveremos, aqui, duas delas narradas por Verger em sua obra *Orixás*.

A primeira lenda diz o seguinte:

Obaluaiê era originário de Empé (Tapá) e havia levado seus guerreiros em expedição aos quatro cantos da Terra. Uma ferida feita por suas flechas tornava as pessoas cegas, surdas ou mancas. Obaluaiê chegou assim ao Território Mahi no norte do Daomé, batendo e dizimando seus inimigos, e pôs-se a massacrar e a destruir tudo o que encontrava à sua frente. Os mahis, porém, tendo consultado um babalaô, aprenderam como acalmar Obaluaiê com oferendas de pipocas. Assim, tranquilizado pelas atenções recebidas, Obaluaiê mandou-os construir um palácio onde ele passaria a morar, não mais voltando ao país Empé. O Mahi prosperou e tudo se acalmou.

A segunda lenda é originária de Dassa Zumê e diz o seguinte:

Um caçador Molusi (iniciado de Omolu) viu passar no mato um antílope. Tentou matá-lo, mas o animal levantou uma de suas patas dianteiras e anoiteceu em pleno dia. Pouco depois, a claridade voltou e o caçador viu-se na presença de um Aroni, que declarou ter intenção de lhe dar um talismã poderoso para que colocasse sob um montículo de terra que deveria ser erguido defronte de sua casa. Deu-lhe também um apito, com o qual poderia chamá-lo em caso de necessidade. Sete dias depois, uma epidemia de varíola começou a assolar a região. O Molusi voltou à floresta e soprou o apito. Aroni apareceu e disse-lhe que aquilo era o poder de Obaluaiê e que era preciso construir para ele um templo, e todo mundo deveria, doravante, obedecer ao Molusi. Foi assim que Obaluaiê (chamado de Sapata pelos fon) instalou-se em Pingini Vedji.

Figura 105: Uma representação africana sobre Obaluaiê

2. Resumo histórico da vida de São Lázaro

Conhecido como o médico dos pobres, Obaluaiê é representado como uma pessoa idosa, portadora de moléstia contagiosa. É chamado de Senhor dos Cemitérios (Calunga Pequena).

Na verdade, entre os africanos, ele era ao mesmo tempo adorado e temido por representar o Orixá da Peste (qualquer doença epidêmica) e por extensão também o "ORIXÁ DA MORTE".

Os quimbandeiros lhe dedicam especial atenção e muitas vezes é confundido com Exu. Na verdade, é um Orixá como os demais e não se enquadra entre as entidades negativas. Segundo a lenda, Lázaro retornou do mundo dos mortos, por determinação de Jesus, daí a confusão.

Sobre a vida material terrena de São Lázaro sabemos que: ele nasceu na Betânia, tinha duas irmãs, Marta e Maria. Há quem afirme ser Maria, irmã de Lázaro, a mesma Maria Madalena que, na casa dos fariseus, se regenerou aos pés de Jesus Cristo, porém, segundo São Lucas, essa não é a verdade.

Lázaro, segundo a história sagrada, foi um dos maiores amigos de Jesus Cristo, e dizem ser provável ter sido ele um de seus primeiros discípulos. Sabe-se que, quando Jesus pregava pelo mundo, foram lhe dizer que seu amigo Lázaro, a quem tanto amava, estava enfermo, e Jesus lhes respondeu:

Esta doença não é para a morte, mas para a glória de Deus, pois seu filho será glorificado por ele.

Permanecendo ainda pelo espaço de dois dias do outro lado do Jordão, foi então que Jesus disse aos seus discípulos:

Lázaro, nosso amigo, dorme; vou despertá-lo do sono.

Chegando a Betânia, soube por intermédio de Marta que tinha vindo ao seu encontro, que seu amigo havia morrido, e que se encontrava enterrado há quatro dias.

Teu irmão ressuscitará – disse lhe Jesus *– Eu sou a ressurreição e a vida, quem crê em mim, ainda mesmo morto, viverá, e quem vive e crê em mim, não morrerá jamais. Crês isso?*

Respondendo afirmativamente, Marta, chamando ainda sua irmã Maria, disse-lhe:
O Mestre está cá e chama-te.

Maria, vindo ao encontro de Jesus, exclamou:

Senhor, se tivesse estado aqui, meu irmão não teria morrido.

Vendo Jesus que Maria chorava, chorou também, e perguntou lhe:
Onde o sepultaste?

Maria indicou-lhe o túmulo de Lázaro. Jesus para lá se dirigiu, e, apesar da recomendação da irmã, que o corpo já exalava mau cheiro pelo fato de estar enterrado há quatro dias, mandou que retirassem a pedra que tapava a gruta que servia de jazida ao morto, e Ele, olhando para o céu, disse:

Pai, dou-vos graças por me escutares. Quanto a mim, sabia que me ouvia sempre, mas digo-o por causa dessa multidão que me cerca, a fim de que creiam que sois vós que me haveis enviado.

Após ter dito estas palavras, ordenou Jesus, com voz, forte:

Lázaro, vem para fora!.

Envolto em faixas, coberto seu rosto com um sudário, atado nos pés e nas mãos com tiras de pano, ergueu-se Lázaro do túmulo, para espanto de todos.

Desatai-o e deixai-o andar! – disse Jesus aos que o acompanhavam.

É inútil dizer como o temor e a admiração se apoderaram dos assistentes e muitos creram em Jesus. A notícia desse fabuloso milagre correu rapidamente, formando duas correntes entre os judeus. Uns que francamente reconheciam a divindade de Cristo e outros, principalmente os orgulhosos escribas e fariseus, que se encheram mais ainda de ódio, tramando a morte de Cristo.

Alguns dias após o ocorrido, Lázaro com as irmãs deram um banquete de agradecimento ao divino Mestre pelo prodígio realizado. João é o único evangelista que tece considerações sobre o milagre.

A narração, com muito detalhes, constitui um dos pontos relevantes do quarto evangelho, pois a ressurreição de Lázaro assume, além do fato histórico, o valor de símbolo e de profecia, como prefiguração da ressurreição de Cristo. A casa de Betânia e o túmulo foram alvo de peregrinações já na primeira época do Cristianismo, como cita o próprio São Jerônimo. Mais tarde, os peregrinos medievais nos dão notícia de que, ao lado do túmulo de Lázaro, tinha surgido um mosteiro construído por Carlos Magno.

Lázaro teve o privilégio de ter dois túmulos, pois morreu duas vezes.

O primeiro túmulo, de onde foi tirado e ressuscitado por Jesus, ficou vazio, uma vez que a tradição oriental mais antiga considera Lázaro bispo e mártir de Chipre. Antigos afrescos encontrados na ilha parecem confirmar a presença de Lázaro em Chipre.

Outra lenda nos conta que Lázaro saiu da Palestina e foi para Marselha, tendo sido eleito bispo e perseguido por Nero.

Há quem afirme também que, três dias após ressuscitado, Lázaro havia se embriagado e, em uma briga, matou um homem; todavia, esta passagem não consta nos Evangelhos.

Figura 106: Imagem de São Lázaro

3. Resumo histórico da vida de São Roque

Segundo a tradição, Roque nasceu por volta do ano 1300 na cidade francesa de Montpelier. Ainda jovem, após estudar alguns princípios de Medicina, vendeu todos os seus bens e destinou o dinheiro aos pobres. Com o intuito de se dedicar ao ensino da fé cristã, iniciou uma peregrinação a Roma, percorrendo várias partes da Itália. Na região da Toscana, ficou hospedado na cidade de Acquapendente e, no hospital local, passou a servir as pessoas que estavam infectadas pela peste, conseguindo realizar curas admiráveis e inexplicáveis.

No caminho de regresso à França, passou por Rimini, hoje uma das regiões mais procuradas para veraneio na Itália. Nesse local, Roque dedicou-se à pregação do evangelho e continuou curando pessoas com peste. Após tantas curas e contato com os infectados, acabou contaminado na cidade de Piacenza, vendo-se obrigado a se retirar para um bosque nos arredores da cidade para não contaminar outras pessoas. Todos os dias, recebia a visita de um cão que lhe levava um pãozinho que retirava da mesa de seu dono, um homem bem posicionado socialmente, cujo nome era Gottardo Pallastrelli. Após ver essa cena várias vezes, decidiu seguir o cão e penetrou no bosque onde encontrou aquele pobre moribundo. Diante da surpresa, levou-o para casa, alimentou-o e aplicou-lhe alguns curativos.

Gottardo afeiçoou-se a Roque, que lhe lia trechos do Evangelho e abraçou a fé cristã, peregrinando com ele. Outras versões populares dão conta de que foi o cão quem curou Roque, após lamber-lhe a ferida de sua perna várias vezes, quando estava no bosque. Após a cura, decidiu voltar a Montpelier, mas no norte da Itália, em Angera, alguns soldados o prenderam acusando-o de espião. Foi levado para a prisão, onde morreu entre os anos 1376 e 1379.

Sua devoção se espalhou rapidamente a partir do século XV. Desde Veneza se estendeu o culto até o mundo germânico e aos Países Baixos. Em 1447, quando ocorreu uma nova epidemia de peste, foi fundada em Veneza uma confraria destinada à hospedagem de enfermos vitimados pela doença e que ficou conhecida como Confraria de São Roque. Tal instituição promoveu a devoção do santo, construindo capelas e mais centros de acolhimento por toda Itália. Uma das igrejas mais famosas desse santo está localizada próximo ao museu do Louvre e foi construída por Luis XIV em 1563.

Desde o final do século XIV, converteu-se em um dos santos mais populares, ao qual recorrem as pessoas acometidas por doenças epidêmicas. O papa Gregório XIII o declarou santo no século XVI. Os principais templos dedicados a São Roque estão em Montpelier e Veneza.

Figura 107: Imagem de São Roque

4. Sincretismo religioso

Uma das lendas conta que Obaluaiê havia contraído uma moléstia contagiosa que lhe transformara a face, daí manter sempre a face oculta por um *filá* de palha da costa. O negro africano, tornado escravo no Brasil, via na figura de São Lázaro o leproso, a figura que mais se aproximava do Orixá da peste, da bexiga (varíola) e de todas as moléstias, principalmente as transmissíveis. É, ao mesmo tempo, que a ele se socorrem aqueles que temem por um parente, amigo ou líder importante que se encontre enfermo.

As oferendas a Obaluaiê são sempre consideradas práticas mágicas, visando aproximar a saúde e afastar a morte, ponto final de todas as doenças.

Em algumas regiões também é sincretizado com São Roque, e nestas ocasiões isso se deve muito mais à figura representativa do santo (um homem com roupas medievais) acompanhado de cães que lhe lambem os ferimentos (uma antiga crença popular acredita que quando um cão lambe uma ferida humana, esta se cicatriza mais rapidamente), do que pela própria história do santo católico.

Nesses casos, é comum nos candomblés expressões tais como: *Eu sou filho de Obaluaiê, mas o meu usa chapéu*, para diferenciar de São Lázaro, cuja figura é representada sem esse adereço.

5. Características de Obaluaiê

Obaluaiê, também chamado de Sapatá, Xapanã, Xankpanã, Omolu e Babalu, é o Orixá da doença e de sua principal consequência, a morte. É um Orixá taciturno, de difícil trato e que necessita de várias obrigações para ser abrandado.

É também complacente quando o pedido é feito por mães ou esposas em favor de maridos ou filhos. É o mais temido de todos os Orixás e o que menos se sensibiliza com o destino de seus seguidores. É um rei déspota que não admite contestações.

Em virtude da sua ligação com a morte, é também chamado de Orixá dos cemitérios, sendo cultuado preferencialmente nos chamados cruzeiros das almas.

Goza de grande intimidade com os Exus justamente porque estes, quase sempre, habitam sua casa, o cemitério (calunga pequena). Não confundir com a calunga grande, que é o mar (reino exclusivo de Mãe Yemanjá).

6. Elemento – Domínio – Metal – Ervas – Flor Sgrada

Elemento: terra
Domínio: morte, vida, saúde e doenças epidêmicas
Metal: chumbo
Erva: eucalipto
Flor Sagrada: dálias escuras

Para os banhos, podem ser usadas as seguintes ervas: eucalipto, guiné-pipiu, folha de bananeira, alfavaca e trombeta. Durante o período da obrigação a Obaluaiê, deve ser feito um banho especial que mostraremos no item 15.

7. Data Comemorativa – Dia da Semana

Apesar de São Lázaro ser festejado em 17 de dezembro, no calendário católico, Obaluaiê é cultuado principalmente no dia de finados (2 de novembro) em virtude da sua ligação com os mortos.

Há também um culto generalizado a Obaluaiê, nas tendas de Umbanda que não fecham na quaresma em virtude da sua familiaridade com os Exus.

O dia da semana consagrado a Obaluaiê é sábado.

8. Saudações a Obaluaiê

A saudação tradicional para Obaluaiê em todo o Brasil é:
Atotô Obaluaiê!
Ao que os filhos de fé respondem respeitosamente:
Atotô, meu Pai!

9. Cores Representativas

Obaluaiê, por representar a morte, a ausência da vida e consequentemente a ausência da luz, só poderia ter uma cor, o preto, a escuridão, o nada.

Na Umbanda e no Candomblé, o preto é utilizado juntamente com o branco.

No passado, atribuíam-se-lhe outras cores: o marrom e o roxo, em virtude da afinidade com Nanã Buruquê.

10. Instrumentos de Culto

Na Umbanda, o único instrumento de culto desse Orixá é a guia de contas de cristal brancas (grandes) intercaladas com contas pequenas de porcelana (10 milímetros para o cristal e 6 milímetros para a porcelana). Isso ocorre porque a luz deve sempre superar a sombra. Na guia, o branco significa a presença soberana da luz (Oxalá), e o negro, a ausência da mesma.

No Candomblé, o instrumento principal é o *xaxará*, variação reta do *ebiri* de Nanã Buruquê. O *xaxará* seria, a princípio, uma vassoura velha, gasta, mais curta que o *ebiri*. Nos atuais candomblés *de plu-*

mas, paetês e lantejoulas, a antiga vassoura gasta acabou assumindo o aspecto de um bastão reto e cônico, adornado de búzios e de contas brancas e pretas.

Além disso, no Candomblé, como insígnia real, é utilizado um longo *brajá* (barajá) de búzios que trazem na ponta uma cabaça pequena, adornada de palha-da-costa, búzios e contas, com a particularidade de, ao contrário dos demais *brajás* e guias, ter o fecho embaixo no ponto onde se insere a cabaça.

Sua vestimenta é *sui generis* e difere de todos os demais Orixás. É constituída de uma calça branca presa nos tornozelos com fitas, encimada por um saiote longo de palha-da-costa, um capuz de palha-da-costa que começa no alto da cabeça, cobrindo o rosto e o dorso, fazendo que fiquem visíveis apenas os braços, as mãos e os pés do filho de fé manifestado com o Orixá.

Sua dança é bastante cadenciada e tem, como um balé, passos especiais. Sua festa maior é denominada Alubajé ou Batucajé, ocasião em que, além dos atabaques usuais, *Run, Run-Lé e Run Pi*, se costuma utilizar (embora muito raramente) um atabaque especialmente construído para o Orixá, que chega a medir até quatro metros de altura.

11. Características dos Filhos de Obaluaiê

Os filhos de Obaluaiê são muito controvertidos. Seu caráter, às vezes, é taciturno, calado, fechado em si próprio. Às vezes têm piques de alegria, descontração e satisfação, indo de um polo a outro com facilidade e com muita frequência. Gostam de ocultismo, têm certa tendência para tudo o que é misterioso. Frequentemente estudam Astrologia. Gostam das artes e das pesquisas, dedicando-se muito a isso.

Convivem melhor com pessoas idosas do que com as mais jovens. Não têm a paciência necessária para suportar arroubos da mocidade, mesmo seus filhos. Os filhos de Obaluaiê mais jovens sempre procuram pessoas mais idosas para conviver.

Não gostam de aglomerações, preferem o isolamento, dedicando seu tempo em coisas que consideram de maior utilidade. Raramente se abrem a respeito de seus problemas; preferem "curtir" a mágoa ou a dor sem participar a ninguém.

São muito sentimentais e, frequentemente, são profundamente negativistas.

12. Pontos riscados

O cruzeiro das almas é o símbolo universal de Obaluaiê. Além do cruzeiro são utilizadas cruzes de todas as formas da mesma natureza das que são encontradas nos campos-santos.

Figura 108

13. Pontos cantados

Apresentaremos para Obaluaiê um *ingorossi* do Candomblé e alguns pontos cantados na Umbanda.

UIÊ ÔRI RÚMBA
(Omolú)

Bahia, capital — Candomblé (gege)

U - iê ô - ri rúmba xa - mo - lu ô - ri rûm-ba. U- iê o - ri rûm-ba xa - mô - lu ô - ri rûmba

Pontos de Obaluaiê na Umbanda

Se vê um velho no caminho
Pede a bênção
Se vê um velho no caminho
Pede a bênção

Atotô Obaluaiê
Atotô Babá
Atotô Obaluaiê
Atotô é Orixá

Meu Pai Oxalá é o rei
Venha me valer
Meu Pai Oxalá é o rei
Venha me valer
E o velho Omolu
Atotô Obaluaiê
E o velho Omolu
Atotô Obaluaiê

Abalou o céu
Abalou o mar
Abalou sereia
Abalou Iemanjá

*Eu vi Santa Bárbara dizer
Salve Obaluaiê
Na fé de Oxalá*

*Eu vi Santa Bárbara dizer
Salve Obaluaiê
Na fé de Oxalá*

*O senhor das almas
Não seja para mim severo
Ele é Omolu
Senhor do cemitério*

*O velho Omolu
Vem chegando devagar
Apoiado no seu cajado
Vem na banda saravá*

*Vem chegando um velhinho
Para lhe abençoar
Vem chegando um velhinho
Para lhe abençoar
Velho atotô, saravá Pai Oxalá
Velho atotô, saravá Pai Oxalá*

*Oxalá é o rei do mundo
Oxalá é o meu senhor
Omolu, dono da peste
Obaluaiê, atotô!*

14. Comida de Santo (Orixá) e Animais Consagrados a Obaluaiê

Obaluaiê come bode, porco, galo, conquém e pipocas.

Um prato especial de Obaluaiê é o *doburu* (pipocas) com coco, que normalmente é servido também acompanhado de comida de Inhaçã (acarajé).

O *doburu* com coco é servido em um alguidar de louça ou barro, imaculadamente limpo. O *doburu* é constituído de pipocas, coco fatiado, regado a mel e sem sal.

15. Obrigação a Obaluaiê na Umbanda

COMPOSIÇÃO DOS BANHOS

1. Arruda ou tapete-de-oxalá (boldo-do-chile)
2. Guiné
3. Alecrim-do-campo
4. Caroba ou Carobinha
5. Estigma de Milho
6. Capim-santo
7. Cipó-cruz ou Cipó-cruzeiro
8. Azeite de dendê (duas colheres)
9. Pipoca feita em azeite de dendê

DEFUMAÇÃO

1. Incenso
2. Mirra
3. Benjoim
4. Alfazema
5. Rosa Branca
6. Cravo-da-índia
7. Pichuri

MATERIAL NECESSÁRIO

1 alguidar número 3 ou 4
1 vela de quarta branca
7 velas pretas
7 velas brancas
7 velas azuis
1 vela vermelha
1 vela preta e vermelha
3,5 metros de fita branca cortada em pedaços de 50 centímetros

5 metros de fita preta cortada em pedaços de 50 centímetros
1 metro de pano preto (esse pano deve ser maior do que a toalha)
1 vidro de mel
1 coité
1 coco cortado em fatias
1 garrafa de vinho branco doce
1 toalha
1 saca-rolhas
3 caixas de fósforos
Pipocas estouradas em azeite de dendê sem sal e sem açúcar
Cravos coloridos

  Para essa obrigação seguem-se os mesmos preceitos, obrigações e abstinências que para as demais. Para a confecção do banho, coloca-se em uma vasilha, quatro a quatro e meio litros de água para ferver, juntam-se as ervas e as duas colheres de azeite de dendê; à parte, estoura-se um punhado de pipocas, também no azeite de dendê (sem sal ou açúcar); a quantia deverá ser a de um prato de sopa cheio. Quando a pipoca estiver pronta, coloca-se a mesma para ferver no banho. Depois de frio, e um pouco antes do banho ser tomado, coa-se a infusão em um pano branco, felpudo e virgem, que só deve ser usado para isso, nesta e em todas as obrigações; as ervas devem ser reservadas para o despacho em água corrente, de preferência em um rio.

  O banho deve ser preparado pouco tempo antes de ser usado, e deve ser tomado na hora de ir dormir; após o banho de higiene corporal, é despejado sobre o corpo, dos ombros para baixo. Na cabeça só se coloca o amaci, salvo as exceções; deve-se esperar uns cinco minutos antes de se enxugar, com uma toalha limpa, fazendo uma breve fricção sobre o corpo.

  A essa altura, as brasas já devem estar acesas no turíbulo e, nesse momento, coloca-se uma certa quantia dos ingredientes de defumação sobre ela. É feita passando-se sobre o turíbulo diversas vezes, em várias direções, para que o corpo seja totalmente envolvido pela fumaça. Ao deitar-se para o descanso noturno, deve-se, de preferência, usar apenas um camisolão branco e nada mais. Ao deitar-se na esteira, deve-se fazer uma prece a Obaluaiê pedindo para que ele dê sua proteção. No dia da obrigação, deve-se tomar apenas um lanche e, antes de se dirigir ao local predeterminado, toma-se um banho de Obaluaiê, faz-se a defumação e veste-se a roupa branca, que também deverá ser dessa cor internamente. As mulheres devem abster-se de pintura no rosto, nas unhas e de ter os cabelos muito arrumados. Homens e mulheres devem abster-se de todo e qualquer adorno, incluindo relógios, e só levar consigo a guia de Oxalá, que foi recebida por ocasião da primeira obrigação. Para preparar melhor o banho, deve-se esvaziar todas as caixas de ervas, misturando-as muito bem, e em seguida, encher novamente as caixinhas, para que não haja sobras nem faltas. Deve-se proceder da mesma forma com relação à defumação, tomando o cuidado de raspar ou ralar o *pichuri*, que é o único ingrediente que necessita de manipulação. A caroba é utilizada especialmente para os

Figura 109: Modelo da toalha para obrigação a Obaluaiê

banhos de Obaluaiê por ser muito purificante e sensivelmente antialérgica. Se uma médium estiver menstruada, nada a impede de realizar sua obrigação; isto é um fato natural e não implica sua exclusão, salvo se o período para o cumprimento da obrigação lhe trouxer desconforto material. Se um casal estiver fazendo suas obrigações juntos, cada um deve preparar sua obrigação separadamente, fazendo cada um para si, assim como a confecção da toalha. O preceito só terminará ao meio, dia do dia seguinte. A obrigação de Obaluaiê é a única que não tem otá. As fitas brancas deverão ser atadas nas velas pretas e as pretas, nas velas brancas. A toalha deverá ser branca com a barra preta e, no centro da mesma, deverá ser bordado um Cruzeiro das Almas em cor preta; deve medir em torno de 70 x 70 centímetros. A toalha pode ainda ser preta com barra branca.

Figura 110: Outro modelo de toalha para obrigação a Obaluaiê

SEQUÊNCIA DA OBRIGAÇÃO

A obrigação de Obaluaiê é feita na Calunga Grande (o mar) e despachada na Calunga Pequena (o cemitério). Depois de dado o paô a Exu, o filho de fé deverá seguir para o local onde será realizada a obrigação. Em primeiro lugar, o filho de fé deverá acender a vela vermelha, pedindo proteção a Ogum, acendendo em seguida, as velas azuis, que serão oferecidas a Yemanjá com os mesmos propósitos, devendo voltar ao seu lugar.

O Pai Espiritual delegará a vários ogãs suas responsabilidades, para que os mesmos possam orientar os filhos que estão preparando suas obrigações. O filho de fé deverá estender na areia o pano preto e, sobre o mesmo, sua toalha, de modo que a base da cruz fique voltada para sua direção. A posição correta do filho de fé é de frente para o mar. Entre cada toalha deverá haver um espaço de um metro livre.

No canto direito da toalha, ao lado do médium e na areia, será firmada a vela de quarta; ao redor da toalha, serão distribuídas as velas pretas e brancas, intercaladas e distribuídas uniformemente. Entre as velas serão colocados os cravos, que deverão ter somente a flor sobre a toalha, o cabo deverá estar para fora; no canto esquerdo e sobre a toalha, ao lado do médium, será colocado o coité, onde serão colocados o vinho e o mel, cujas garrafas deverão permanecer junto à vela de quarta. Na areia, à altura da base da cruz, coloca-se o alguidar com as mesmas, mais ou menos até a metade, e sobre as pipocas, ao redor do alguidar (na parte interna), arruma-se o coco fatiado. Deve ser acesa, em primeiro lugar, a vela de quarta, que será oferecida ao Anjo da Guarda e, a partir dela, são acesas as demais, que serão oferecidas a Obaluaiê.

Os filhos de fé devem manter-se em seus lugares à espera do ogã que virá defumá-los, um a um, enquanto cantam o ponto de defumação. Em seguida, será passado entre os filhos de fé o alguidar com as guias, onde cada filho depositará primeiro o vinho e depois o mel, oferecendo e saudando Obaluaiê. As guias deverão estar arrumadas no alguidar em forma de cruz. Quando o Pai Espiritual traz o alguidar, coloca-o defronte a vela de quarta, ajoelha-se ao lado (o filho de fé também já deverá estar ajoelhado em frente da vela de quarta), para que o filho cruze o alguidar. Quando todos já tiverem depositado seu curiador no alguidar, o Pai Espiritual voltará ao primeiro e iniciará a consagração, enquanto todos cantam pontos de Obaluaiê ao som de palmas.

Um ogã colocará o alguidar ao lado do canto esquerdo da toalha do filho de fé que será consagrado (que já deverá estar de joelhos, com a cabeça sobre o alguidar e as mãos em posição de pedir graças, isto é, com as palmas voltadas para cima), colocando-se ao seu lado direito e tirando-lhe a toalha do pescoço, aguardando. O Pai Espiritual se ajoelhará ao lado esquerdo do filho e, tomando uma das guias do alguidar, pronuncia a frase:

A quem consagro este filho?

O ogã responde:

A Obaluaiê, meu pai!

O Pai Espiritual pergunta:

Por quem consagro este filho?

Responde o ogã:

Por Obaluaiê, meu pai!

Nesse momento, o Pai Espiritual coloca a guia que foi consagrada a Obaluaiê no pescoço do filho de fé, tomando em suas mãos o coité (com vinho e mel), pedindo a Oxalá permissão para a consagração do filho e, em seguida, cruzará a cabeça do mesmo com o curiador, em nome de *Olurum, Oxalá e Ifá*, enquanto o ogã responde com a saudação:

Atotô, Obaluaiê!

O Pai Espiritual acaba de derramar todo o curiador na cabeça do filho de fé, e aquele ogã que ficou aguardando do lado direito do filho cobrirá sua cabeça com a toalha, devendo ficar assim até o final dos trabalhos. Quando o Pai Espiritual terminar a consagração, dará ordem para que todos os filhos levantem e coloquem o alguidar no centro da toalha. Em seguida, pegam o saco com as pipocas que levaram, voltam as costas para a toalha, avançam um passo à frente e, quando ouvirem o Pai Espiritual fazer a saudação: *atotô*, todos os filhos começam a jogar as pipocas com a mão direita sobre os ombros para trás, alternando os ombros esquerdo e direito, até que termine toda a pipoca. O chão deverá ficar forrado com as pipocas, para que, quando a toalha for retirada, fique bem destacado o local onde estava assentada. Quando todos os filhos terminarem, voltam-se para sua toalha e colocam o coité dentro do alguidar, cruzando-o com o mel e orando a Obaluaiê. Quando terminarem, colocam o frasco dentro do coité; junto ao redor da base do alguidar, os cravos, arrumando para que fiquem juntos, apagam as velas que estão acesas, reunindo aquelas que estão apagadas ou as que terminaram. Colocam tudo sobre a toalha e amarram-na em forma de cruz; depois inverte-se a posição do alguidar para que se possa amarrar o pano preto, de forma que não haja possibilidade de cair nada de dentro. Feito isso, tampam o vinho e ficam ao lado do Pai Espiritual, para a prece de encerramento dos trabalhos.

No dia seguinte, leva-se a oferenda ao cemitério, defronte ao Cruzeiro das Almas, desata-se o nó do pano e da toalha, e coloca-se ambos na mesma posição que estavam na praia (a base da cruz ao pé do médium); arrumam-se os cravos como estavam durante o trabalho e acendem-se as velas que estavam por terminar; derrama-se todo o vinho no alguidar e, deixando a garrafa de lado, faz-se uma prece a Obaluaiê e volta para casa.

O pano preto usado para atar o trabalho é para isolar as pessoas das vibrações do material que ali está. O filho de fé poderá tomar banho, lavar a cabeça e a guia após se passar 12 horas do término da obrigação.

Figura 111: Guias no Alguidar

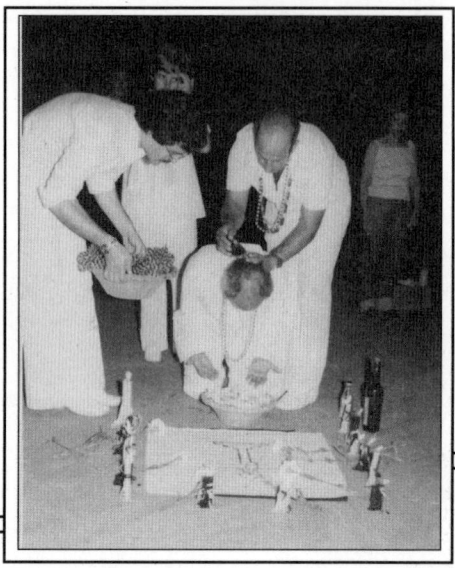

Figura 112: Médium sendo consagrado a Obaluaiê.

Figura 113: Médiuns jogando pipoca após a consagração